Across the Ancient-Modern Divide:
Interviews with Leading Archaeologists

李水城 主编
温成浩 副主编

穿越古今
海外考古大家访谈

下

上海古籍出版社

下册

罗泰　　　　斯文特·帕波

周南　　　　冈村秀典

伊安·霍德　　狄宇宙

马丁·琼斯　　中村慎一

加里·费曼　　勒洪·奥利维

加里·克劳福德　宫本一夫

乔纳森·马克·基诺耶　吉迪·谢拉赫·拉维

让-丹尼斯·维涅　　傅罗文

马克·波拉德

从《乐悬》到《宗子维城》

罗 泰
(Lothar von Falkenhausen)

美国加州大学洛杉矶校区（UCLA）艺术史系教授、美国艺术与科学研究院院士、美国总统文化顾问、加州大学洛杉矶分校国际教育委员会主席、加州大学洛杉矶分校蔻岑考古研究所副所长。罗泰教授在哈佛大学获得东亚研究硕士学位（1982）和人类学博士学位（1988）；本科时在德国波恩大学（1977—1979）和北京大学（1979—1981）分别学习两年；博士生求学期间在日本京都大学留学两年。毕业后曾任教于斯坦福大学和加州大学河滨分校（UC-Riverside），1993年起至今任教于加州大学洛杉矶分校。他的研究方向为东亚考古，主要研究中国青铜时代考古，研究领域涉及古代中国青铜器及其铭文、礼仪制度、地区文化、古代跨亚洲的文化交流和方法论以及考古学史等问题。目前已发表近百篇论文，最著名的是他的专著《乐悬：中国青铜时代的编钟》(*Suspended Music: Chime-Bells in the Culture* of Bronze Age China）与《宗子维城》(Chinese Society in the Age of Confucius [1000—250 BC]：The Archaeological Evidence）以及《剑桥古代中国史》关于春秋时代物质文化的章节。《宗子维城》获美国考古学会（SAA）2009年度最佳图书奖，是有关中国考古学的研究首次获此殊荣。他是长江上游盆地盐业考古与景观考古中美合作项目的美方负责人，《东亚考古学杂志》(Journal of East Asian Archaeology）的创刊主编之一。

采访 | 张良仁、张 莉[1]

整合 | 张 莉

终审 | 李水城

您最早是怎么对中国考古发生兴趣的？

我从小对考古感兴趣，但是在西方我们当时对中国考古一无所知。原来在波恩大学读书的时候，我的专业并不是考古而是汉学。我当时的初衷是想探索中国文化，在这个过程中很自然地发现最近几十年最重要的研究进展就在考古领域，而且当时西方学者基本没有能力真正深入到这个行业进行研究。我在中国学习的时候恰好碰上第一次可以学习中国考古的机会，我自然而然为之所吸引。在那之前，我基本没有什么考古背景，虽然对考古也有一些兴趣，看过通俗的考古书，包括德国的史前史，希腊、罗马等几个地中海周围国家的考古学，但并没有很专业的考古训练。我在波恩大学的时候也修过罗马考古的课程，以及较晚阶段的美术史，也就是中世纪到20世纪的美术史。我到中国学考古之前也不大清楚做一个考古学家应该干什么。最初，我把中国考古当做是汉学的一种形态，当时的想法不过是把考古作为全面了解中国文化的手段。没有想到后来会去美国留学，而且还会进入正式的人类学系。我最早开始学中国考古，那是1979年我到中国来留学的时候。那一年中国政府刚好将北大的考古学专业对留学生开放。当时我决定进入考古专业，我的主要目的并不是学考古，而是学汉语。因为学考古要描述具体的实物，要学很多词汇，所以我想通过学考古来学汉语。而且考古界的学问比较杂，也比较扎实，可以

---

1. 现任郑州大学副教授。

学到有关中国的很多有趣的东西。其实，那个时候我们留学生在人文学科能够学的课程比较有限，而且因为70年代末期、80年代初期离"文化大革命"还比较近，大部分学习的内容都是套话，我们在（德国）国内已经学过了，在中文教科书上都有。反过来讲，我觉得学考古就能够接触到在西方没法学的新东西。加上我想，学考古会给我一个很好的理由到处去旅行，为了去看考古遗迹和博物馆，顺便还可以了解中国各地的地理环境和民间习惯。我那个时候并不想将来做一个考古学家，也不认为会有这样的机会。

我刚到哈佛的时候还想做一个双学科的博士，也就是东亚系和人类学系两个学科的博士，而且当时哈佛校方也认可这样的学习，张光直先生又刚好是这两个系的教授，只是后来他因为学术政治的原因辞去了东亚系的职位。不过就我读双博士的打算，张先生对我说不必这样做，他告诉我有人类学的训练就可以，东亚系仅是着眼于一个区域的研究，而没有专门的方法论；既然对考古感兴趣，就要把考古地地道道地学好，不要做一半考古、一半其他学问，何况这还会花去大量的时间。所以我就听了张先生的建议。我后来的经历也证明，张先生的这个建议是正确的。同时，我自己觉得在人类学系做研究生，能够接触到全世界的古代文明，可以把中国作为一个社会科学的研究对象，放在全世界研究范围里进行对比，这当然是很有价值的，也是仅研究中国的汉学家做不到的。虽然任何一个学者的能力终究有限，不可能精通所有地区，但是人类学家能具备的世界观层次是远高于一般汉学家的。所以，我从汉学到人类学，转是转了，但是研究兴趣并没有发生变化，只是研究方向有一些改变，而且变得更加严谨了。

您后来是怎么到美国学考古的？

我当时在北大考古学专业学习。那个时候还没有考古系，只有历史系考古学专业。这个专业对留学生开放是因为那年是中美建交的第一年，美国学生第一次可以到中国留学，来的都是高级博士生，可以说水平都很高。中国政府当时也就比较看重他们，要给他们能够在比较高的水平上进行他们的汉学研究的机会。在这种情势下，考古学专业就开放了，我也就进去了。当时陆续来了两位张光直先生的研究生，他们的中文名字叫顾道伟（Goodrich）和高有德。当时我已经听说过张光直先生，我们波恩大学也有他的书，而且我自己也带着他的《古代中国考古学》这本书的第二版，是我爸爸从美国给我买回来的。当时我们在波恩大学的老师说，在西方有两个中国考古专家，一个是郑德坤，他写过一套四册的中国考古学，还有一个年轻的，叫张光直，只写了一册，所以当然郑德坤比张光直学问好。在我知道要来中国学考古学的时候，就先借了郑德坤的四册中国考古学读，张光直的书比较轻，就带到中国来了，到中国再看。郑德坤对材料的掌握在70年代末当然已经完全过时了，我那个时候不可能知道。但他从方法论上来说也是过时的，这一点连我当时都能意识到。总的来说，那套书非常枯燥，现在已经没有人看了，但当时还十分有威望。后来一看张光直的那本书就明白，尽管写得短些，学问实际上深了很多，而且也写得有意思得多，和郑德坤根本是不同层次的贡献。加上他当时在北大留学的两个学生，都对他赞誉有加。我就知道他不仅是一个世界水平的好学者，而且人品也非常好。我当时想，如果回德国的话根本就没有办法再学习中国考古，在中国也待不下去（当时外国学生还不可能在北大拿到博士学位，和现在不一样），但如果要继续学的话，必须要到别的地方。有两个选择，一个是去日本，一个是去美国。那个时候我日语还不够好，当然我并没有放弃去日本的愿望,后来不也是去了嘛!可是,那个时候最现实的是要先进入一个用英语的学习环境,美国当时唯一能专门学中国考古的地方就是张光直先生所在的哈佛。所以,我当时就给张光直先生写了一封信,从他的学生那里打听到他的地址。我跟他说,我是某某某,现在在中国学考古,如果去哈佛继续在你那里学,你觉得怎么样?张光直先生回信非常小心,他既不说"是",也不说"不"。他说,你先试一下,来学个硕士,然后再说。其实,他这个说法是对的,因为哈佛这个环境,不是随便每个学生都能忍受的,压力相当大,许多人会受不了。不但压力很大,而且自己要确定方向,导师也并不跟你说你要怎么样,你要自己知道该怎么做。张先生要先考验我一下,是很有道理的,对我自己也有好处。我第一次和张先生见面就是 1981 年 5 月他来北京的时候,当时我已经被哈佛录取了。他那时住在现在的台湾饭店,当时是另外一个名字。他约我在那里和他吃午饭。他当时就说,哈佛像是一个压力锅,不是每个人都会喜欢的,你先试一试。其实我 16 岁曾经到过一次美国,当时作为一个旅游者参观过一次哈佛,非常佩服,当然根本没想自己有一天会到那里上学。但后来我真去了哈佛,没有感觉完全陌生。当时我要是不去哈佛,而是回国,只是拿到我的中文文凭,会去做其他的事情。除了哈佛,我也没有申请美国的任何别的学校。这样的做法从现在的立场来讲,显得非常冒险,现在有学生申请我们这儿的时候,我第一句话就说,你不要只申请我们这里,被拒绝的可能性极大,你要好好申请所有可能的地方。我那个时候反正也没有想去别的地方,要么就去哈佛跟着张先生,要么就改行。

那您为什么会选择中国青铜时代作为您的研究方向呢?

我在北大的时候最喜欢俞伟超先生的课，一方面是因为俞伟超先生很会讲课，谈得很有意思；另一方面，也是因为我觉得战国、秦、汉时期刚好是历史时代初期，考古还比较起作用，再往后的阶段，则基本上文献是主流。秦汉之后的研究，虽然考古材料也能提供很多信息，但在当前中国考古学的情况下，晚段研究很难真正从历史文献里独立出来，还是文献历史的一部分；而且，晚段的研究对我们外国的汉学家而言尤其有限制，因为文献很多，很难全部看完，也就无法赶上中国学者的研究水平。所以当时我就想作一个研究汉代的专家。后来，我看我的同学巫鸿（现在已经是芝加哥大学的名教授）很认真地研究汉代的时候，就感觉到外国学者要进行汉代研究把握性也不大，那么就把专门的研究兴趣稍微往前移动到东周时期。东周时期同样属于那个有意思的时间段，有一定的文献但不是太多、考古资料比较丰富还可以单独说话。在研究东周的过程中，我还很自然地逐渐把焦点向西周延伸，因而，《乐悬》、《宗子维城》都是牵涉到整个周代。我下一本书也许还会再往前探索。

张光直先生刚开始对我这个研究方向并不是太满意，他觉得我们应该都去学习商文化。这里面可能有一个大家都不大清楚的原因，就是美国考古界都很重视文明的概念，也就是第一层次的文明。第一层次文明全世界只有六个，即中国、埃及、中美洲、南美洲、两河流域、印度，有的人也加上了非洲的尼日河流域；相比而言，我们常说的希腊、罗马都不属于这个行列，日本、韩国也在其外。中国之所以重要，就是因为她是第一层次文明的一个例子，这点大家都承认。尽管如此，中国考古学在张先生在世的时候在美国特别不受重视，虽然最近几年有所好转，在很多学校也有相关的课程和研究学者。但是我最初做中国考古的时候，尽管有搞中国美术史、中国历史的学者，但是真正做中国考古的只有张先生。他当时认为能够体现中国文明最基本形态的，就是进入文明时代的第一个朝代——商代，这也是因为夏代无从考证。张先生也愿意把夏朝考虑进去，他的提法比较广，说是三代，但是这其中张先生最重视的还是商代。每次张先生被邀请在跨文化比较的著作中介绍中国情况的时候，他都会写商文明。所以后来就有这样一种气氛，虽然美国考古学的主流到现在都不是很懂中国，但是至少大家都听说过中国有这么一个商文明是代表中国的古代文明阶段的；可以说张先生想把"商"等同于中国古代文明的标志（brand）。因此，在这种情况下我研究周代的中国，就会为刚听说商代的美国考古学界带来一定的迷茫，会过于强调中国文明的复杂性。张先生也许害怕，在当时的情况下，给美国的考古学家再介绍一套新东西，很容易让大家糊涂，还不如让大家都先进行商研究。这层考虑，张先生当时并没有明说，但我感觉他可能有这个想法。并且，如果我是做商研究的，他可以更直接地为我提供帮助。也许是我当时太大胆了，不过我也不希望完全跟着老师做，我成长的学术环境也不鼓励这样。

如果换成其他学生，可能就留在哈佛跟着一位老师一直学习下去。但是，我后来又去了日本，师从另一位教授。张先生很宽容，还到处给我写介绍信。我当初在北大期间给哈佛写申请书中就有写：我现在去你们那里学习，是因为我还没有办法去日本。毕竟，日本的学术研究水平非常高，尤其是在 80 年代的时候，美国也只能望其项背：全美做中国考古的学者只有张先生，同时期日本特别优秀的中国考古学家却有好几个。我在北大的时候也碰上了几个水平很高的日本同学，我当时就知道如果要达到第一流的研究水平，必须要去日本。但是首先要解决语言问题。我在北京留学的时候，虽然已经学了两年的日语，但还没有达到能够读学位的水平。留在北大拿学位也不可能，因为当时还没有恢复学位制，国外的留学生更不可能拿到北大的博士学位，后来才有变化。如果当时能够留在北大读学位，我可能也就留在那里了。我好几年以后和吉德炜先生提到这件事情的时候，他非常吃惊地说：如果这样的话，现在就没有罗泰了。的确我到哈佛和其他不同的地方学习，是一笔财富。不过如果我当时留在北大，应该也会学习得很愉快；或许会失去四处游历的机会，但可能也就收获了别的东西。无论如何，我在哈佛头三年期间，一方面在张先生的指导下学习中国考古，一方面进一步学习日语，为之后赴日学习打基础。如果我没有去日本学习，恐怕专业知识就不够深入，因为当年我在北大的时候，北大还没有开设我研究领域的研究生课程。俞伟超等先生的课讲得很好，但也只开了本科生的课，为研究生设置的专题研究课程很少，在哈佛也没有相关的研究专题课（张先生的学生很少，因此偶尔才有办法开这样的课）。我当时的阅读水平并不是最好的，每个学期能看完的书籍也达不到自己的预期目标，后来才慢慢训练出来。这方面当时在哈佛的中国同学都比我们有优势，但是我想还是应该试一试，尽量多下一些工夫。

您在回忆张光直先生的时候说，不管是教学方法，还是人品，他对学生的影响都非常大。特别是您在引用的《礼记·学记》中的"善待问者如撞钟，叩之以小者则小鸣，叩之以大者则大鸣，待其从容，然后尽其声"那段话来形容张先生的教学时，我们都非常感动。您可以大致地谈谈张先生的治学与为人么？

张先生当然不是一般的学者，颖悟绝伦。只要他愿意，任何一个学科他都可以做，都可以成为专家。他选择考古作为事业有其自身的非常具体的原因，在他的回忆录里面也有非常清楚的说明。这对考古来说是极大的幸事，一般很少有这么聪明的人进入考古的领域。所以他对学生的期待自然也就比较大。但有的学生不一定能满足这样的期待，出现这样的情况他好像办法也比较少。有的老师还有各种各样的手段，碰到那些不行的学生还能够尽量想办法。到了张光直先生那里，如果你自己非常清楚应该做什么，那么他会帮你很多很多的忙；如果你不清楚自己要做什么，那么他只好对你说声"对不起"。不是不值得跟你说话，他其实很愿意跟你说话，很愿意说很多话，可是如果连你自己都不清楚自己要做什么，那么他就没办法帮助你发展，就是这么一种困惑。我在培养学生的过程当中，发现这并不是张光直先生才有的一个问题，我也有。有的时候，碰到一些学生从一开始就非常清楚他们愿意做什么，我只要稍微指点一下方向，给他们一个空间，他们就能自己发展。这样的学生当然最理想。当然，还有一些学生还不太清楚他们的目标，经过我的指导，他们也可以做到那样。但是，张光直先生很善于调整每个学生的个人需要，只要这个学生愿意做，无论是做什么东西他都会支持，而且他都会尽他的力量提供各种各样的帮助，包括他自己不太懂的题目，例如我想写古代音乐的时候。所以，作为他的学生，好像我们每个人跟他的关系都很特别。我们每个人回忆张光直先生的时候都有一些独特的记忆，每个人记忆中的张先生都是不完全一样的。张先生很注重因材施教，这一点很不容易模仿，因为很多老师自己的个性太强，我也感到过这个危险。我并不是说张光直先生的特点是没有个性，他虽然个性也非常强,但是他并不让他的个性压制、妨害他周围学生的发展,这一点我非常佩服。所以我觉得这对于任何人都是一个很大的挑战。在我自己教学的过程当中,也试图不让自己对学生产生太大的影响。我要让他们自己发现他们的学习领域目标,让他们自己选择有用的东西,让他们自己钻研他们想做的东西,造出新的理论和方法。

我有一些和张先生一样的体会,每个学生都不一样,需要不同的对待方式,因为没有两个学生做一样的东西,他们做的方法不一样,方向也不一样。我们西方愿意做中国考古研究的人很少,他们能够去的地方也很少。比如,在中国,如果你想研究唐三彩的话,你不会找一个搞秦汉的考古专家当老师,对不对?但是在西方呢,也许只有一个秦汉考古的老师,那唐三彩你自己去了解吧,因为你就是专家,你必须对自己负责。老师可以发现逻辑上的问题或者常识上的问题,可是具体的问题他发现不了,那是要你自己做主的。我有一个学生,唐三彩研究得非常好。虽然我不太懂甲骨文,但我的学生中还有研究甲骨文的,而且他的博士论文写得非常好。张先生也是,所有的学生都各有各的兴趣,尤其是他在耶鲁任教的时候更是如此,因为他在耶鲁的时候他的工作范围并不只是中国,而是旧大陆的全部,所以他的学生研究的领域也都很广,除了中国以外还有非洲、印度、东南亚、日本、朝鲜等。张先生不但不怕学生超过自己,而且期待学生超过自己。我本人虽然并没有满足张先生对我的这种期待,但我对学生有同样的期待,而且有一些学生已经做到了。

能讲讲您在日本的求学经历吗？

1984 年秋，我在京都第一次见到林巳奈夫先生。我当时还在大阪上日语课，但从此以后就开始参加京都大学的研究活动。林巳先生是一个很严格的人，埋头做学问。他非常守纪律，每天早上上班，中午和助手在办公室吃便当，晚上回家。他始终住在京都大学的教员宿舍，据说条件极差。退休后才搬到他父亲给他留下的房子，在东京附近。我曾经到那里拜访过他几次，房子、环境都很美。林巳先生的公职在京都大学人文科学研究所，他的主要工作是做研究。他理解自己的工作任务是每年在人文科学研究所的所刊《东方学报》里至少发一篇长文。因为他是研究考古的，没有人比他研究的时代更早，所以林巳先生在那边工作时，每年《东方学报》上的第一篇文章总是他的，有时还有第二篇。根据这些文章，他每隔几年要出一本大书。我在京都留学期间，他刚好在编他的《殷周青铜器综览》。这本书共四大册，从各方面研究中国古代青铜器，是一部空前绝后的杰作。中国学者看过的少，其实该书非常值得译成中文[1]。林巳先生教书的主要方式是开研究会。那不是一般的课，参加者以学者为主，京都周边的学者和教员都会来，研究生已完成基本功课的也可以争取许可来参加。这样的研究会在学期中每两周在京都大学人文科学研究所的旧楼举办一次。我在京都时恰好是一个好几年的研究会的尾声，是"中国诸文明的形成"。后来又有了另一个主题，是"殷周时代の国々（殷周时代的国家）"。每次会有一个人做主题发言，讲自己最近的研究，气氛非常死板，但讨论内容极为丰富。参加者的想法往往十分有创造性。我一生中，后来再也没有在比较短的时间中学到

---

1. 林巳奈夫：《殷周青铜器综览》，广濑薰雄、近藤晴香译，郭永秉润文，上海古籍出版社，2017 年（第一卷），2019 年（第二卷）。

那么多东西。主题演讲结束后进行讨论,有时非常激烈,有任何错误林巳先生一定会严格批评,轮到做主讲的人往往十分紧张。我也曾讲过一次"青铜时代的山东半岛"(当时我考虑写博士论文的候选题目之一)。我谈了大概三四个小时,非常疲劳。会后要去喝酒,要么在外面的酒店,要么林巳先生带好几箱啤酒来,大家当场喝。林巳先生和许多日本学者一样,酒量大得惊人,偶尔会喝醉,但第二天总会准时上班。林巳先生除了办研究会以外,在京都大学文学部也讲课,每年讲一个学期,一周一次。我在京都两年,他的题目是玉器和三礼图。但林巳先生不喜欢教本科生,他就是给大家发一大批资料,常常缺课。我的印象是,林巳先生对中国考古特别热心,也特别喜欢做研究,但并不愿意给大众做宣传,也没有把吸引年轻学生当作他的任务。他的工作对象是学术界,培养了一代非常优秀的学者。他是一个非常难得的学术泰斗。其实,我在京都留学时,还有另外两个我常参加的研究会。首先要提到的是,樋口隆康教授每两周在泉屋博古馆(京都一家著名的私人博物馆)召开的研究会,题目叫"金文研究会",内容涉及中国青铜器的各个方面。泉屋博古馆有世界上最好的青铜器收藏,刚好那时对他们的编钟进行测音,十分符合我对中国古音乐的兴趣。樋口先生当时已从京都大学文学部退休,任泉屋博古馆馆长。参加该研究会的有十几个学生,其中好几个后来成了著名学者,包括浅原达郎、平田昌司、冈村秀典、宫本一夫、吉本道雅、松井嘉德等,现在都是日本古代中国研究的骨干,是我的好榜样。第三个研究会是"中国考古学研究会",以研究中国出版的考古报告为主。这似乎是一个半民间组织,每月进行一次,主要组织者是秋山进午教授,他后来到中国做过田野工作。我在日本留学期间看了很多书,参观了很多地方,中间还到台湾和中国大陆考察了三次。日本学者就是一天到晚看书，我很受他们影响。我参加各种研究会以后很快意识到，尽管学术讨论水平极高，但大家从来不谈什么方法论。这个现象的原因是，方法论是可以随时改变的，重要的是对具体材料的研究。研究会很符合当时日本学术界的情况，就是给参加者提供机会埋头苦读，除读书和看博物馆外什么都可以不管。参加研究会是自愿的，参与者并不会因此得到学分。将近20年以后，我被京都大学请去教课，那时又去参加一个研究会。那时林巳先生已经退休，但是有个研究西亚的学者——前川和也先生，他组织了一个有关古代文明比较的研究会，研究古代中国的学者也都去参加，是一个非常好的学习机会。

众所周知，您精通多门语言，并且您对您门下学生的语言能力要求也很高。能谈一谈为什么您对语言如此重视么？

我当然觉得，我们研究不同的文化，第一个要做的事情就是学习她的语言。我们现在带很多非汉学背景的考古学家到中国参加考古项目，效果很好，对大家也都很有用，但是他们永远成不了中国考古的专家。要做某个地区的专家必须要懂这个地区的语言，尤其是做中国考古，因为中国几乎所有的考古报告和研究文章都是用中文写的，如果不会中文，根本入不了这一行。同时，学语言自身也有好处，学一种语言就相当于学习一个文化，而且学多了，思维方式就会灵活一些，可以进入一个不同的思维体系，拓宽思路和视野，并进一步反作用于学术思想。再者，掌握了相关的语言，就可以和世界上所有对这个领域研究感兴趣的学者直接对话，能够直接阅读他们的著作。当然，有的国家相关的学者并没有几个，或许不值得为了这个目标下这么大的工夫。但是学语言本身也很有意思，除了学习不同地区研究中国考古的成果以外,可能还有其他值得了解的东西。

能否谈谈金石学的发展过程。您认为它从宋代到清代是文人的一种业余爱好,即玩古,还是(认为是一种)严肃的学问?它是否有自己的理论和方法?另外,您认为金石学对考古学的影响是什么?

我在北大留学时,老师曾经说金石学是已经过时的学问,警告我们不要碰它,一直到最近我都听老师的话。只是因为最近被拉进一个大型的世界各国金石学比较研究课题,我才开始对金石学做了初步探讨。金石学好像并没有被现代考古所取代。我30年前在北大时已模模糊糊地感到,金石学并未消亡,而是和考古学一同存在;有的学者甚至认为传统金石学比现代考古学更好玩,更吸引人。做青铜时代的不少学者就有这个倾向。做史前的较少,但也不是完全没有(连旧石器时代考古偶尔都能看出很传统的、带有金石学味道的观点)。奇怪的是,跟30年前相比,好像现在的考古学在很多方面和金石学更加靠近了。所以我认为有必要开展对金石学的研究,正确了解它和现代考古学的不同,了解他如何不知不觉地影响到那么多现代学者的研究。宋代欧阳修以来的金石学研究水平很高,当时的金石学是一个最前卫的学问,尽管也许不是严格意义的科学,但至少可以称为原科学(proto-science),很值得纳入严格的学术史甚至科技史范围。张光直先生在他的《中国古代考古学》一书中早已指出了这点。他很佩服吕大临的《考古图》对器物的描绘、准确的测量,指出它已十分接近现代器物学的研究方法。我甚至觉得,宋代金石学也许给其后一千年的学术建立起一个探索各种客观现象的基本模式。如果这个想法正确,它在中国思想史上的作用就可能类似于哲学在欧洲思想史上的作用。本杰明·埃尔曼（Benjamin Elman）曾经暗示过类似观点，但这个问题毫无疑问还需要更多的思想史专家去深究。

当然，金石学还应极力同经学等儒家传统的学问联系起来。在这方面，它是中国现在的考古学先声。尽管现代历史学和20世纪以前的传统史学不是一回事，而且现在的考古学和金石学也不是一回事，但是它们的构造有一定的相似性。我看了阿兰·施耐普（Alain Schnapp）的《过去的征服》这本书，就明白其实欧洲考古学也是这个样子，欧洲也有类似于中国金石学的"原科学"，英文普遍称之为antiquarianism。其实，中国的北宋时期和欧洲的文艺复兴有不少相似之处，其中一个相似的地方就是当时的知识分子离他们追求的古代已经非常遥远，存在一个壕沟，需要通过做学问来架一座桥抵达彼岸。Antiquarianism的定义中就包含失而复得的意思，如果没有这层含义就称不上复古。宋代想复活和当时的时代已是不同的孔子的时代的东西，他们研究复古艺术、金石学就是为了把已经失去的过去纳入到自己的环境中。在这个层面上，欧洲文艺复兴对希腊罗马文明的兴趣和中国十分相像。文艺复兴以来的物质文化研究，对欧洲近现代的所谓的民族认同有极大影响。同样，金石学在中国也起到了这样的作用。但是它们也有不一样的地方。比如欧洲的antiquarianism是在各个小国进行的，强调地域差别。中国则是统一的，强调各个地区对国家历史的贡献。还有，欧洲的古文献，除《圣经》以外，从来没有经典的位置，它们的可信性比中国更早受到怀疑。在欧洲17世纪到18世纪初出现了古今争论（querelle des anciens et des modernes），当时有学者认为，只能了解同时代的东西，不可能了解过去。这种态度给当时的学术界带来很大的冲击，这种局面一直到欧洲的金石学家提出手中掌握的具体材料不支持这种观点时才有所改善。后来大家承认不能轻易怀疑所有的东西。换句话说，在一些很关键的情况下，金石学给学术界带来一些标准，来确定传统的文化遗产中哪些是可靠的，哪些是虚构的。这样，欧洲的金石学就抢救了历史学。虽然金石学的材料也有作假等问题，但总带有一些过去的真实痕迹，能够让我们通过它来研究过去。这种态度在中国也有，但像欧洲的古今争论那样对传统那么激烈的攻击，要等到顾颉刚的疑古学派才发生。据陈芳妹教授的分析，在宋代以后，曾有一段时间金石学变成了一种玩古，跟真正的学问有所分离，而明清时代的考据学带来了金石学的复兴，成为学术的一部分。但学术性的金石学和玩古一直并存至今。诚然，北宋以后，有段时间青铜器研究由于客观的历史原因有所退步，但同样属于金石学范围的碑刻研究则一直保持在很高的水平。欧洲金石学同样有学术和玩古两方面，收藏家往往近于玩古，但也不见得。欧洲的金石学在18世纪以后逐渐变为现代意义的考古学，在这个过程中起到重大作用的是大学和博物馆一类的公共机构。

在中国，这种机构的出现基本上要等到民国时期。现代考古学被介绍到中国，和晚清、民国初年一部分学者对相关传统文化的真实性提出慎重的怀疑有关。在20世纪的20年代，引进考古学的史学界人士都希望能够反驳疑古派的思想。尽管疑古派并不是说古代不存在或者我们无法知道，而是对文献采取了比以前更加严谨的研究态度，传统史学界对他们极为反感，直到今天还能在一些学者的著作里看到20年代那些激烈的学术讨论遗风。其实，我认为疑古派的研究方法是正确的，可以用来确定古代文献的可靠性，能够为历史研究提供更加可靠的基础。但是在中国当时的历史状况下，不少人希望能够比较快和有效地通过某种可靠方法来证实传统文献的可靠性。民国政府愿意支持考古研究也和这种民族认同心理有关，认为如果否认古代文献的可靠性或许会影响民族自尊心。考古学能够被引入中国学术界并被中国学者进一步发展，就是因为大家认为这和国史有关，比金石学更为实用。所以尽管考古学提供了一个新的研究方法，但是研究目标仍然是旧的，是被传统历史学制约的。这样的话，现代考古学能够带来的优点没能充分发挥出来，因为引入时的主要任务是研究考古学以外的文献问题，这也就解释了为什么金石学和考古学到现在仍然并行存在。这并不是什么坏事情，是它自身的历史背景造成的。只有明白这些情况，我们才能进一步了解中国考古的学术文化以及它和其他地区不一样的地方，了解到这个背景也会让外国考古学家对中国考古学有更多的包容。另外，传统金石学的研究方法和研究角度在一定程度上也比较适合于中国传统的材料。所以我现在并不完全排斥金石学，而是提倡吸收它的优点。当然，我还是希望能够做以人类学为基础的考古学研究，并通过这种研究写历史。但是，金石学作为一个历史和文化现象及作为当代中国学术文化的组成部分是值得尊敬的，不能完全避开，也不用回避。

当年顾颉刚对考古也很支持，曾参与燕下都调查等考古活动，希望用所有可行的科学方法来研究历史。但是李济、傅斯年他们的学派在中央研究院建立了考古组，他们极力反对顾颉刚，希望能推翻顾颉刚的认识。李济认为，作为爱国主义者就不能疑古。大家当时最愿意肯定的是王国维，他虽然没做过考古，但是从甲骨文中识别出商王世系，是很伟大的发现，也让人认为考古学应该做更多这样的突破，以证实历史文献的真实性。在中国考古学后来的发展中，这个希望也的确实现了很多次。

现代考古学很复杂，西方的考古学也是从欧洲金石学发展来的，但也不一样，发展后自成体系。到了中国就变了模样。比如，很多学商周考古的学生后来往往研究器物，而不研究遗址，关心历史问题而不关心考古学文化内在的问题。一发现像是文字的东西就极力认为是文字，看到有人名的铭文就用各种手段在文献记载中找对应，这是金石学影响中国考古学较明显的例子。最近两三年还有更可怕的情况，纷纷有人写文章说新石器的考古学文化就是黄帝、炎帝的文化等。我本来以为大家已经脱离这种状态了。这都是过分信赖文献的结果，是很过时的，也不符合现代历史学研究的方法，是非科学的。还有，现在越来越多的学者研究私人收藏家手中的藏品，这里面因为藏品来源不清而有道德问题，而且缺乏相关的文化背景，这是回到了传统金石学中的阴暗一面。如果这样的所谓学术变得频繁，将来做学术史研究的人就会说：在20世纪20年代从西方、日本短暂引入了一套新方法，新中国建立后还普遍使用，直到21世纪的某段时间，又回到了以前的模式。我当然希望这种情况不要发生，可是依目前的趋势来看不排除有这种可能。

您和北大考古系合作进行长江流域的盐业遗址等考察，有什么新的发现吗？这个实际上是没有什么文献记载的。

有一些晚期的文献可以间接地反映这些情况。的确，基本上没有多少文献（记载）。在这里我们发现了一个早期的工业基地，开采当地的自然资产，生产了比他们自己需求的规模大很多的盐。这种生产当然是为了进行贸易，为了给楚地供应盐的资源。在制盐场附近发现的墓葬也反映了这一点，也已经证明了楚国商人曾到过那里。尽管这个地方离楚国领土有 400 多千米，而且交通相当困难，因为中间是三峡，但是他们到那儿去进行了盐业贸易。这是考古学很重要的一个新认识。其实盐业项目在技术史上也很有意思，他们换了两次制盐的方法，我们试图复原了。我们还从各个方面探索了当时的盐产量，以及除了盐以外是否有其他商品，比如肉酱、肉脯，盐厂里面发现了极多的动物骨头，好像就是用来做二级产品的，也应是用来贸易的，量也很大。整个盐厂和周围地区合起来组成了一个经济体系。更有意思的是，重庆那一带根本就不在商周时期的王朝政治控制之下，当地居民是我们现在称为少数民族的人，他们在自己地方性文化的环境里给周王国的中心地区生产盐。他们好像每年都从事这些生产，每年都跟他们长久以来的对手进行贸易。这反映了一个很有意思的经济现象：不同地区之间形成了一些持续年代很久、比较稳定的经济往来关系。这种实例在先秦时期的东亚大陆还很多。浙江一带做釉陶和原始瓷器的作坊、长江中下游红铜的矿产都是这样的例子。在长江中下游开采铜矿的并不是周人或之前的商人，而是当地的少数民族。他们把矿物冶炼成红铜锭之后，拿到特定的地方跟商人或周人交换，到底换什么并不是很清楚，但根据当地的考古发现可以判断，他们从商、周的中心地区得到的货物包括一些用他们提供的材料做出来的高级的用品，即商周青铜礼器。但除此之外可能还有别的东西，可能包括有机材料制成的东西，考古无法发现。这是一种跨地区的经济体系，这种中国古代文化的特点，和别的地方未必完全一样。

您的第二本书名叫《宗子维城》。这个词出自《诗经·大雅》，这首诗应该反映的是西周的封建制度。您为什么想到用它作您的书名？

那本书写的是社会考古。周代的核心社会就是一个宗族社会（lineage society），所以用《诗经》的这句话好像比较合适。它用诗的语言描述了当时的社会结构，里面写军队，写政治体系，然后写大宗，再写宗子维城。我把"宗子维城"用作书名，是因为书的焦点在宗族的内在组织方面。我有意不强调政治体系，尽管它跟宗族结构有很明确的关系。还有一点我觉得很好，它在这里写的是宗子维城，意味着只要你有宗子的话，你就不需要用石头或夯土修一个城了。欧洲人看到这句话，一下子就会想到有关斯巴达（Sparta）的一个典故。斯巴达这个城市，如果你现在去，几乎没有什么痕迹，其中一个原因就是他们不修城墙。曾经有人去斯巴达问当地人，你们的城市为何没有城墙？这人回答说：我们自己就是斯巴达的城墙。我在《宗子维城》里并没有写城市，但我另外写过一篇文章，中文版在徐苹芳先生的纪念文集中发表了，是有关中国古代城市的。在跨文明传统的比较研究中，大家都很强调有城市就有文明（urban civilization）。所以中国学者便大动干戈地到各地去找城市，越早越好。发现有围墙的遗址，就特别注意。可是我认为，至少在战国以前，城墙在中国并非文明的标志。安阳、二里头、周原这几个比较重要的政治中心无疑是城市，但它们都没有城墙，显然不需要这样的防御设施。西周早期在燕都（北京房山琉璃河）有城墙，但除此以外，西周就没发现一个有城墙的遗址。曲阜也许在西周晚期有，但它的城墙是否有这么早，好像还有不同看法。显然，"宗子维城"这句话恰好强调了这种情况，即在中国古代文化体系里宗族结构的重要性。中文书名表达了这个意思，但英文书名就没法表达。其英文书名原来应该是："The Social Archaeology of Late Bronze Age China"（中国青铜时代晚期的社会考古学研究）。如果我真起了这个名字，就不会有读者认为有意思了，所以我只好选了："Chinese Society in the Age of Confucius"（孔子时代的中国社会）。我选此书名时已经知道，夏含夷（Edward L. Shaughnessy）马上就会批评我说："不对，孔子就不是西周的人！并且周王国还不是现代意义上的中国！难道你不知道'China'这个词是从秦以后才用的吗？"这本书发表后不久，夏含夷果然写了书评挖苦我。我不明白他为什么认为我不知道这些常识。其实，我在书的引论部分仔细说明了为什么可以将西周中晚期称作"孔子时代"，当然不是因为孔子生活在那个时代，而是因为孔子经常回想西周时期，因为它是孔子所重视的礼制形成时期。另外，如果我把这本书称为《中国青铜时代晚期的社会考古学研究》的话，考古学家也许还会看到，但是一般汉学界根本不可能对这本书感兴趣，不可能想到这是跟他们有关系的。但我的意图刚好是，要指出考古学在一定程度上能够给思想史提供资料，能够让我们了解一些很关键的思想和意识是什么时候、在什么具体的情况之下形成的，也就是说，能够帮助我们更加正确地理解这些思想原来的意思。换一句话来说，一般的史学家应该多注意一下考古学的新贡献。所以我一把孔子放到书名里头，另外一部分读者也许就会被吸引过来。反正也有这个方面的考虑，我想指出这本书并不只是为考古学家写的。

您认为考古学作为人文科学和社会科学，不同和共通的地方分别在哪里？在《宗子维城》中您还关注了性别、社会地位标识，还有一些民族认同问题，您为什么会关注这些问题？

我觉得考古学既属于人文科学又属于社会科学，而且考古的资料又可以为这两者提供很重要的线索。只不过我在那本书里面主要讨论的是社会结构和社会发展，所以我采取了社会人类学的一些基本方法和基本概念，但是所占的分量也是比较轻的。我主要还是想讨论具体的材料，然后用社会科学的一些方法作一些初步的分析。但我在别的著作里，比如在有关乐器的那本书里，就比较偏向于人文科学。我从来不想把社会科学、人文科学和自然科学过分地分成三个完全不同的部门，它们彼此之间应该有很明显的联系，这也和德国的哲学传统强调这一点有关系。科学态度应当是统一的，无论你是搞自然、人文，还是社会科学。德国基本的哲学态度是这样的：无论你是做人文科学、社会科学，还是做自然科学，应该都把它们联系在一起。当然，那些具体的论证和范畴当然会有所不同。你搞考古，就不能像搞纯自然科学实验那样。其他的考古学家不能完全像在自然科学中那样，可以根据你的实验再重复一次，看看你做的是不是对。特别是如果还有很多的考古遗址没有发掘出来，我们就不知道将来会做到哪一步。你在一个遗址做过发掘，其实别的考古学家还可以再来发掘，验证一下你做得对不对，所以这跟自然科学还是有一点类似之处的。第二次发掘同一类遗址的时候，你的意图也不应该是重复上次的研究，而要用更新的方法来探讨一些新的课题。无论如何，作为学者，我们都要采取严谨的科学态度。作为一个学者，无论从事什么学科的研究，都必须要有这种严谨治学的态度。

　　性别、社会地位标识还有民族认同，都属于社会考古学比较重要的部分。而且在社会考古学的其他领域，在世界其他文化里，也有人非常关注这类题目。一方面，我想就国际考古学界比较广泛感兴趣的一些议题，给他们暗示或者展示一下，中国的材料在哪一方面会起作用。另一方面，我想鼓励中国考古学家在下一步研究里能做些更广泛的跨文化比较，多研究一下中国以外的文化。我这里只是在一定范围内进行研究，给大家提供一些例子。

我一直觉得，学了人类学的人都会认为，社会考古学是考古学家应该研究的基本对象。伦福儒的《社会考古学方法》这本书刚好是在我即将从哈佛毕业时出版的，我当时看了很受启发，就一直想应该也可以在中国做这样的研究。《宗子维城》就是我几十年来思考的结果。可以说，《宗子维城》这本书在很大程度上是社会考古学很多不同做法的实例集。

在社会考古的范畴中，根据现在的材料，我觉得，应该想办法多做些DNA研究。人骨的DNA研究，可以为我们根据墓地中墓葬的位置和对墓主性别分析得出的亲属关系提供一个科学根据。现在的技术好像可以做到，就像西北大学在磨沟也准备做的。我盼望磨沟发掘报告能早点出来。如果他们能够做出来，也许还真的能谈民族属性。原则上我对民族这个概念怀疑较多，我并不觉得在我研究的周代能看到各个小国家或者文化之间的差别，因为考古材料一般不会直接反映民族认同的不同。在考古材料中弄出"民族特点"好像是很不靠谱的研究。我在研究秦文化时，就具体指出，秦文化的所谓特点作为一种宗教思想的表现能够解释得通。这背后有没有民族差别是可以提出的问题，不一定完全没有，但好像主要的一部分因素不是。而且同一类文化现象后来也传播到秦以外的一些地方，这不是秦人去那里搞乱了，而是不同地方的人逐渐接受了这些宗教思想。至少目前我觉得是这样的，也许这还不是最后的解释，但这样的解释也不能排除，而且可能比一下子说是民族的解释更好一点。所以说，在可能范围内找科学根据，不能仅从物质文化看，还要寻找科学依据，然后再探讨关系，这是一点。另一点是，将来的发掘要注意，尽量取得完整材料，不要专门发掘有好东西的墓,而要全部发掘。上马墓地是目前唯一的可以根据墓葬内容把基本的社会分化复原出来的。当然还要多注意文物以外的方面,尤其是人骨、性别、疾病等等。总的来说,做考古工作花了这么多精力、这么多时间、这么多的钱,好像不应该浪费任何材料,应该好好收集,然后用最好的方法去分析。如果发掘时还没法分析的话,就先放在那里,不要扔掉,留给下一代用。还有一个我在书里完全没有提到的问题,也许在下一本书里会稍微谈一下,即社会变化、社会生活和自然环境的关系,社会变化跟环境变化或气候变化的关系问题。现在青铜时代有关这方面的材料还比较少,但是这些问题是很重要的。

但这还有个问题,就是现在搞科技考古的人只待在自己的实验室里搞,不跟搞考古发掘的人沟通,而且各发各的材料,互相没办法理解。那些搞科技的人不知道搞发掘的人的兴趣所在,搞发掘的人也不知道搞科技的到底能给他们解决什么问题,更不知道用的什么方法,有什么特点或者限制。所以他们即使看了数据也不明白它们说明了哪些情况。不同领域的人互相之间交流太少,那种真正整合的研究必须是几个专业的人在一起慢慢地谈。张光直在台湾、在河南做考古时就是这样,他找来一批他觉得最好的专家,然后带他们下田野,而且天天和他们谈话。就待在工地上。张光直先生会很仔细地跟他们谈问题,让他们知道希望他们解决什么问题,然后对方也会跟张先生谈他们的真实想法。

您在书中讲到西周晚期的礼仪制度改革时提出周人逐渐形成自己的礼仪制度和文化要到西周晚期。能否就这一方面再具体讲一讲?

这个也不是我最早提出的。以前王国维已经特别注意到了商代和周代之间的区别。商周是有区别的。后来20世纪有不少的学者，中国的学者也好，日本的学者也好，日本和欧美的汉学家也好，都注意到了。但所谓商周的这些区别并不是在武王克商的时候已经显现出来了的。20世纪90年代，英国的罗森夫人很明确地指出，周代并不是一开始就有别具特色的制度，是从西周中期以后才发生比较大的改变的，而且是系统性的改变，具有很重要的历史意义。这个观念我同意。早在20世纪30年代，容庚、郭宝钧以及瑞典的高本汉这些人，他们都意识到了这一点，注意到这是物质文化发展理念的一个变化，可能还涉及礼制内部的变化。只是他们没有看得更远，还没有把它当作一个历史现象，没有考虑到当时的礼制在整个社会体系中的作用。这方面应该说，罗森夫人是第一个比较大胆地作出一些解释的学者。我在她的基础上也陆续提出了一些自己的意见，后来我又分析出春秋中期类似的一个比较大的变迁。西周晚期的也好，春秋中期的也好，都很直接地反映出那个时候的社会变化。有关两个时代的其他文献资料也暗示出，在那个时候确实发生了一些重大的变化。

  第一次礼制改革，就是西周晚期的那次改革，背景刚好是西周王朝经过一段时间的分裂之后又统一了，但是力量不如以前那么强，而且统治阶层的人口也大量增加，尤其是西周王权的核心人群数量激增。从西周建立（夏商周断代工程认为是公元前1046年）到公元前9世纪中期，人口已经自然而然地增加到没法安排所有的人，所以必须想出一个办法，把王家里的那些能够拿到特权和财富、能够做地方政府首领的人，从另外一些亲戚里头分出来。可以说礼制改革还反映了一个家庭或家族制度的改革，也就是把家族里面或者宗族里面地位高的人和地位低的人区分得越来越细致、越来越系统。这在礼器上面也可以看到这种倾向，在墓葬的变化中也可以看出这条线索。第二次礼制改革不太一样，主要反映了春秋中期统治者的地位越来越高，而一般的贵族或者一般的原来有特权的人的地位越来越低这样一种趋势，加上有一些原来地位很低的人财富并不少于那些低级贵族，商代和西周时期以来的阶级分界线越来越不清楚。后来从春秋中期开始，在上层社会里面也可以看到一些分化，有一种人手里集中了很多不同的特权和财富；反过来，同一个地方，甚至跟他们有亲属关系的其他一些原来地位也相当高的人反而已经没有这些特权了，而且地位越来越低。在战国时代，发生了一些重要的社会变化，地位变得越来越具有象征性，这符合我们从史书上获得的一般性知识，但没想到在这些礼制里也有所反映但史书上没提到的这些变化，特别是在物质文化资料中反映的礼制变化，让我们比起史书更加具体、也更加清楚地看到这些，可是礼书中反而不太能看到变化在社会的每一个阶层里的表现。有一点也很奇怪，可以看出礼书的这些作者，显然并不以他们当时的实际情况作为出发点，而是以他们记忆中更早、更纯、更正统的另外一种礼制——第一次礼制改革之后，系统化的、有一定的内在逻辑性的那一种礼制——为出发点。后来的思想家则把这一套他们已经不怎么熟悉的礼制哲学化了。

他们后来已经不太明白他们继承或坚持的这套礼制的源头并不是西周初年就有的。他们把这套礼制跟西周初年的这些圣贤英雄联系在一起。最近几十年来的考古发现已经证明这是不符合历史事实的，而根据现代考古的成果可以明确地证明，这只是公元前6世纪到公元前5世纪以后儒家的一种思想意识。但是我们也可以证明，孔子所说的"述而不作"其实是真话，他并不是过于谦虚，因为各种考古的材料可以给我们暗示,孔子那个时候提倡的一些基本态度和对礼制的基本认识,是孔子之前一两百年就已经在上层阶级(即知识阶层)中间普遍就有了的,并不是从孔子才开始的。

孔子当然起了很大的作用。可以说他是一条纽带,把早期的这条织带又加工了。当时,他当然还不知道后来的人会怎么利用它。在他的那套思想体系里,他把原来作为一种宗教习俗的东西,也就是礼制的,当作一种哲学的理念,而且使其在更广泛的层次上超出了社会和宗教的范畴,这一点应该说是孔子或者孔子的嫡传弟子的一个很重要的贡献,对后来的历史产生了很大的影响,也是使中国和古代世界的其他文明发展不同的一个重要因素。所以我称这本书为《孔子时代的中国社会》,是有一定道理的。尽管我开始谈的这些资料发生的年代比孔子早好些年,而且还谈到了战国末年,但我谈的这些比较早的材料,对孔子的这套思想应该是有直接影响的,而后也通过孔子影响到下一代很多的思想家,并不只是儒家。当然,其中儒家无疑是比较正统的,也是一个焦点。

您在书中讲了西周时期周文化的扩张与融合,也就是"中国社会"形成的过程。您用考古材料还原的这个扩张与融合的过程,和我们在传世文献里看到的有没有什么差别?

差别不大,但可以从不同的角度重新认识(这个)情况。原则上,我的研究跟传统的历史观没有直接的矛盾。刚才说的"礼制",显然考古材料和传世文献是有一些矛盾的,但其实考古资料仅仅带来一种更确切的理解。说起社会的扩展,我应该说明的是,我在英文版尽量避免考古学的"文化"这个词,而用"社会制度"替代。换一句话说,"周代的中国社会"在很大程度上就相当于某一些考古学家所谓的

"周文化"。我认为,通过墓葬材料(即埋葬习俗的考古遗迹)这个标志,我们可以知道在当时的东亚大陆有什么人服从了周人的礼制,知道谁属于当时的社会主流,这个社会主流我觉得有充分的理由可以称为中国社会。从墓葬资料可以看到周人在西周和东周时期最典型的氏族组织。这种组织在时空里的分布一直在扩散。它原先主要分布在华北地区,即西周直接控制的范围。在西周晚期以后,逐渐扩张到其他地方,尤其是到西北的秦国和南部的楚国等地,它到长江下游又要稍微晚一些。这些跟周人的氏族组织相关的墓地、墓葬构造,以及相关的埋葬习俗,代表了一种文化认同,也就是说,代表周人的社会制度被原来处在周王国范围之外的人群接受了。当然也有一部分周人迁移到边远地区,但在这个扩散过程中,主要的因素恐怕还是周人的社会制度吸收了周围的各种"他者"。其实,这基本符合我们从历史文献所获知的情况,只不过从考古的材料可以把这个过程看得更加具体一些。有一个值得指出的现象,就是,周代社会称为"氏族"的单位里,既存在地位高的成员,也就是各种级别的有贵族身份的人,又有没有身份的人,即文献所谓的庶人。中国的读者也许会认为这是很自然的事,但其实一点都不自然,而是周代中国社会制度的特点。我称之为中国社会的一个原因是,它是后来延续下去的一个特点。在欧洲(尤其是欧洲大陆)的传统封建社会里,想都想不到这种情况:如果你有贵族身份的话,那你不可能是没有身份的人的亲戚,那种人也不可能属于跟你相同的社会单位,因为贵族和非贵族阶级分得清清楚楚。偶尔会有例外,但是贵族原则上不可能跟非贵族结婚,而且高级贵族不可能跟低级贵族结婚。伯爵和男爵的家庭通婚,那在某些情况下还做得到,但王家、侯家与男爵、伯爵通婚是根本不允许的。周代氏族社会与此不同。在每个氏族的大宗里面有比较高的地位一直传下来,但是大宗每几代就要分裂，分出来的支族的地位变低了，最后一个氏族里面，尽管大宗也许是王家或侯家等等，但是同一个氏族里也有很多支族是庶人。一个氏族的成员和氏族大宗的亲属关系越远，他是庶人的可能性就越大。还有一个特点我上面已经说到，一个氏族内不能通婚，甚至属于同一个姓族的氏族都不可以，必须嫁给属于别的姓族的氏族。大家都知道，这是异姓通婚的一个规则，好像是周人弄出来的，商人还没有，它进一步给周代的中国社会带来了凝聚性。上述的周制好像不但地理分布越来越宽，而且它的特征被越来越多的社会人士所分享了。所谓的庶人，原来不可能有礼器的，但到了春秋战国时期，地位比较低的人的墓葬也开始含有礼器，只不过不是铜器，而是陶制的皿器，一开始数量不是很多，但逐渐多起来了。一方面庶人变得越来越接近原来的高层，另一方面原来属于高层的特权失去了其社会意义。刚好在这个时间，许多原来有贵族地位的族群地位又下降了，变得和庶人越来越像，这种倾向在墓葬中可以明确看到。到了战国时期，除了最高级的统治者之外，一般的贵族已经没有什么青铜礼器了，也是使用这些陶制皿器，非统治者的墓葬所显现的地位差别变得越来越不明显。原来的礼制显然已经不重要，反而墓葬等级几乎完全是根据财富，而不是贵族地位而定的，这是战国时期的特点。历史文献也提到"礼崩乐坏"，墓葬的上述情况就是这些现象在考古上的反映。还有一个可以看到的现象是，社会最上层和非上层之间好像还真的形成了一个阶级的差异。统治者的墓葬，变得和一般的墓葬完全不同，内容极为丰富。原来还属于中层以上的贵族，慢慢下降，而最下面的可能还在上升，形成了一个比较统一的被统治者阶层，和统治者对立。《周礼》也提到"公墓"与"邦墓"之间的区别，应该是指这个时期的现象，并非西周初期的周公所制。在战国时期的这个新社会里面，还能够看到原来周人氏族组织的一些痕迹,但它沿着时代越来越淡化。这一系列的社会变迁在历史文献中也有所反映,但在很多方面不是太清楚,因此考古又给我们补充了很重要的新知识。

您的《宗子维城》一书获得了"美国考古学会2009年度最佳图书奖",是第一个获此殊荣的中国考古学研究著作。您认为您这本书的独到之处何在?为什么会在众多候选书籍中脱颖而出?

我认为我这本书能拿到奖,我是很幸运的。正是因为之前从来没有中国考古研究的书籍得奖,这样一本终于能够入流的研究中国考古的书出现之后,自然就引起了学术界主流的兴趣。今后在美国的中国考古研究学者逐渐增加,每两三年就能出比较好的总结中国考古的书,可能大家就不会再这么幸运,不会都能从美国考古学会拿到年度最佳图书的荣誉了。

当然,我这本书能够得奖,也反映了目前的一种趋势,就是大家对中国考古学越来越感兴趣。这是和越来越多的学者自己去中国看过、自己教过中国出身的学生有关的。张先生一辈子就想劝大家认识到中国考古学的重要性,不过当时西方学者去中国并不容易,即使能去都不知道该去哪里参观,很有可能就是去了也看不到什么考古材料,而且当时西方能看到的中国考古图书也没多少。最近几年,在美国的学者和中国的交流变得越来越容易,好书也出了几本,去中国旅游也更加便利,很多这边的老师又都有中国留学生。此外,我认为北美考古学家日益重视中国考古的关键在于,虽然很多人的专业并不是中国考古,但是通过这几年越来越多的合作项目,大家能够到中国进行田野工作,在中国的工作又都很开心,而且还认识了中国考古学家,也就明白了中国考古多么重要、多么好。正是在这种情况下，出现了和以前完全不同的氛围。所以当有了这样一本中国考古的书，大家觉得还都不错，就会考虑给这个荣誉。其实，张先生的任何一本书都值得授予这个奖，但是因为当时并不具备这个氛围，所以从没有拿到过，是非常不公平的。张先生算是拿到了别的荣誉，比如美国科学院院士，从这一点我们也可以看出，当时美国考古学研究的主流还是非常重视张先生的。但是，当时对张先生那么重视，并不是主要因为他进行的中国考古学研究，而是因为他对考古学理论与方法的贡献。我虽然并不否定理论与方法的重要性，但我自己对理论与方法并没有作什么贡献，这本书也没有这样的意图。

我这本书主要是把中国这几年最新的考古材料总结和介绍给大家，主要的目标读者是西方的考古学家还有西方搞中国历史的学者，以及日本的学术界，因为我当初写这本书就是日本学者的提议。我基本上就是把信息介绍出来，并没有很宏大的理论框架，而且书里面的材料也不适合从某一个具体的理论角度进行整体分析。我仅仅用了社会人类学的一些基本概念套在考古资料上，那是为了表达资料方便，而不是为了证实某一种社会人类学概念的合法性。我一开始写这本书的时候就决定把焦点放在社会单元，而排除政治史。这是因为考古材料比较适合直接谈社会，而用它直接谈政治会有各种冒险性。把这两者分开而集中谈其中之一，当然是一种方法论上的决定，将来很可能会有学者在研究同一套资料的时候采取不同的方式。

我这本书的主要目的是让大家知道要研究中国古代社会有什么样的考古材料，而且希望大家明白，中国除了张先生一直提倡的商文明以外，在稍晚的阶段还有如此的社会形态，也很有意思，可以解决很多人类学问题，并且能够和其他地方进行对比；对于研究中国历史的学者，我希望他们看了这本书以后能够意识到，不应该只考虑文献，还要注意到这些考古材料能够提供的背景，让他们更清楚地认识到所看到的传世资料和出土文字资料的内容。我是在为大家提供便利，并不是在创立新的理论模式。所以，我专门选择了最简单的理论，也就是比较任意地确定了三个阶层——家族、姓族、民族——来分析与之各自对应的考古材料，揭示这些材料从西周到东周发生的社会变化。最后的结论也并没有同大家以往对中国古代史的传统理解完全不同，只是在有些地方的提法不一样，具体的材料有差别，有的地方把重点稍微移动了一下，这当然并不是什么革命，但也还是一种值得关注的贡献吧。其中，书里涉及的文献和考古材料的关系，不仅在中国有，其他凡是有文字的古代文明也存在，比如埃及、两河流域、玛雅、希腊、罗马。中国也可以给这些地方的研究专家提供一个典范。再如，这本书中讲到的文献和考古的关系，也就是两方面都要研究，但不要结合得太早，要先"分进"再"合击"。"分进合击"是德国军队传统的战略口号，我的德国学生安可在海德堡学习考古的时候，就从不是做中国考古的教授那里听到了一模一样的提法；这也比较符合张先生提倡的"都要知道"的原则。关键的是，物质文化和文字资料有各自适当的研究方法，这些根本不同的方法尽量不要任意混合起来。

在美国，好像你在人类学系学考古，要写博士论文，几乎都得写社会复杂化。把社会复杂化基本框架描述出来的这个任务，应该说张光直先生在《古代中国考古学》就已经完成了。后来还有不少别的著作也从各个方面谈到了这个题目，包括刘莉的书等，但基本上也就是像张先生所写的那样。我在这本书里刚好牵扯到张光直先生没有谈到或者谈得较少、比较晚的、而且很复杂的一些情况。而且我一直对周代感兴趣,周代是最关键的社会复杂化已经发生过了很久以后的朝代。搞典型社会复杂化研究的人也许不该研究周代,他们应该主要探索龙山时代晚期到商代这段时间。因为他们最想知道的发展过程在周代已经结束了,周代是另外一个层次。我觉得这是一个很有意义的挑战,就没有写社会复杂化,而是把焦点放在其他方面。这样可以给大家一个实例,除了社会复杂化以外,社会考古学还可以探讨很多别的重要问题,而且这些研究也很有意思。好像美国人类考古学界看到这本书以后也确实有了些反应。

因为周代历史文献和铭文相当多,这个题目也与传统的中国考古学和金石学比较接近。当然我有意避开了金石学的做法。可以说这本书是一个实例,让大家知道,搞周代考古用不着完全沿袭金石学那一套,也可以做别的。但我并不是说,别人做过的更像金石学的研究没有价值。只不过我自己不想那么做,而且他们没做,刚好我可以去做。我是尽量实行北京精神中的"包容"。

您的著作研究方法与中国的考古学家有很大的不同,那您对中国目前的考古工作有什么评价?

我不想乱批评我们考古界的同行,他们做得非常好,非常不简单。但是,大家给研究生定的论文课题往往过分死板,其实研究生期间应该有机会从比较新的角度来研究一批材料,然后应该发展出一些新的看法。还好,我看有的研究生,他们还真的很大胆地这样做,比如现在在郑州大学教书的张莉,她写了一篇很优秀的博士论文,就是把一批考古材料用比较新的方法去分析,也得出了非常有意思的结论。但这恐怕是一个例外,绝大多数学生,又重新对过去的材料作分期分类，他们对这批材料熟悉了以后，就没有人要求他们真正用超过老师辈的方法。另外，大部分年轻考古学家的外文水平太低了（英语都这样，更谈不上其他的语言），不容易读懂国际上的出版物，这都是实际的问题。我希望这本书能够给他们起一些推动作用，让他们慢慢走出这么一个困境，让他们自己想想，哪怕是写一个博士论文专门来批评罗泰，都是可以的。希望不是完全用传统的方法去批判，而是找到更好的新材料和新方法，指出哪里有问题，可以把这门学科的工作做得更好。如果他们能做到这点，这本书就达到它的目的了。

　　大家经常说，中国上古或所谓三代考古的研究就是文献跟考古并重，但就像您说的那样，许多学者在还没有单独作好研究之前，就很早地把它们结合在一起，所以就有很多问题。关键在于既能够利用文献和考古学整合的优势，又避免那种跟着文献走并且过早地结合的弊病。

　　物质文化和文献这是两套非常不一样的资料形式，各有自己的研究方法。我当初作研究是从文献的角度开头，进入汉学领域，然后再接触到人类学的方法和考古学的这些材料，得到了双重训练，所以我对这两方面的需要都很敏感。我觉得很多的学者，西方的学者也好，中国、日本的学者也好，都有这个问题，就是他们过早地把不同的资料混合在一起，没有考虑到为了更好地利用这些资料，要先用不同的方法来分析，分析完了之后再结合起来，研究的结果会比较好。直接把资料拿出来进行比较往往容易产生一些问题，也就是说，对考古非常精通的学者随便处理他们并不熟悉的文献的时候，会让研究文献的专家觉得他们很无知；反过来，我们考古学家，对那些纯历史学家或者说纯以文献为主的历史学家使用考古材料的方式也很不满。因此，研究的时候先要考虑这两种不同的方式。等到两方面的研究各自做到合适的一定地步以后，自然也就可以（将二者）结合起来考虑，研究结果就会更加可靠，也更加有意义了。

我主张采取"分进合击"的研究方法也根本不是新方法，有点像德国 19 世纪一个将军的战略方式，就是要分开走，合起来打。打仗时不同的部队要分开走，然后都到一起的时候才合起来攻打敌方部队。过去还没有现代通信技术的时候，军事方面其实也很难做到，现在在军事上可能很容易，但我们搞人文科学和社会科学的还是不太容易做到。我作研究采取的就是这么一套方法。《宗子维城》里，我一开始就提出我要用这种方法。大家对从西周到东周这段时期的文献应该都已经比较熟悉了，所以我在这本书里面对这方面的内容谈得比较少，为了给大家机会多了解一下考古方面的内容。然而，有人在写书评的时候，一上来就说罗泰这个人否认文献资料跟铭文的重要性。其实，我并没有这个意思，我在书里也强调了它们的重要性。我只是认为，我们看文献已经看了几千年了，而考古材料都是最近几十年才出来的，还没有真正地被吸收进去，所以要对出土材料的一些图像文献作一些同样比较精深的分析。目前大多数人都来不及做这个工作。大家都忙着对付新的发现，尤其是做田野考古的一些同行，根本就没有时间做这个工作。大家都忙着写考古报告，而且写完报告马上就要着手下一个新的田野项目。当然，这是极为重要的，而且我们在西方常常羡慕中国的田野考古学者，能够直接接触很多具体情况。但是如果完全没有人总结这些工作，整个学术研究根本就没有希望发展下去。我们有的时候在国外，在中国作田野工作的机会自然少一些，反而就有时间多思考一些比较大的问题，能够考虑如何把各种新的发现、新的资料放在当时整个物质文化的发展的框架里。但这要慢慢来。我在这本书里也以提出问题为主,并不想给大家提供一些已经完全解决了的问题。那是不可能的,还需要花很多年的时间,要等待很多新的发现,以及发现很久材料的正式发表。文献的研究也需要花很多年的时间才能比较全面地明白,而且还经常有新的出土文献。就是传世的文献也还没有研究完,何况这些新出土的考古材料呢?还要耗费很多很多的精力。

我在《宗子维城》一书里也提到,考古学家也是做了很多年的工作后,才使我们注意到,从西周到孔子前后 250 年之间社会发展的一些脉络,有一样的地方,也有不一样的地方。可以看出,我们以前对文献的理解并不完全正确。或者文献在一定历史环境里面提出一件事情,在当时是很有意义的,可是并不符合他们写的更早一个时代的情况。我们考古学界有一个优点,就是处理的材料往往年代比较清楚一些,所以就可以想象、勾勒当时的情景。最有意思的一个例子,就是"三礼",尤其是《礼记》提到的周代礼器的使用,往往并不反映《周礼》、《仪礼》、《礼记》等书成书那个年代的事情,也不是周代最早或者说西周早期的事情,而是从西周晚期到春秋初年的情况,就是从公元前 850 年左右到公元前 600 年左右。在这一段比较短的时间内,礼器的组合才基本上符合后来那些礼书(包括东汉时期学者作的注释)里写的那些情况。青铜编钟也是这样的,文献提到的那些编钟的组合并不是春秋中期以后到战国时期的组合,也不是商代到西周早中期那个时候的情况,而是西周晚期到春秋初年这二百多年里的组合。这是很有意思的,如果我们不搞考古的话,我们永远不会知道。我们会认为,中国的礼制基本上没有变,因为后来的人对文献的理解基本上都是把它作为统一的事物来处理。我们现在可以想象,这套知识是逐渐地发展起来的,"三礼"等书在战国时代或者汉代初年成书的时候,是用不同时代的不同片段联结起来的。更有意思的是，战国时期的文人并不是根据他们当时流行的情况来描述铜器的组合，而描述着更早的，也许被认为更正确的组合，让我们可以推断，对礼制的学问已经哲学化了，变成一种从实际宗教习俗独立出来的知识体系。考古发现能够证明这一点，这是当时的一个非常重要的贡献。考古使我们能够知道当时他们用以成书的这些片段到底是属于哪个时期、属于哪种情况。

考古可以提供很多根本没有文献记载的东西，使我们能够更加全面地理解古代文化和现代文化，在这个基础上就可以作跨文化的比较。因为也许有的文献出现得很晚，不可避免地夹杂一些后来的文化理念；也许某些方面刚好没有文献记载；也许被记载下来的东西是出于偶然的原因；也许当时识字的人喜欢写这种东西而不喜欢写那种东西。还有不同地方之间的区别。但是考古却是一门社会科学，所以就可以采取社会科学的方法，在基本的跨文化的范畴内处理各方面的材料，让我们看到在中国符合这些材料的范畴是怎么样的。比如说，像国家、古代饮食营养、社会分层等等，反正在各种各样的范畴内加以处理。把这样的材料处理合适之后，再以同样的方法处理其他古代文明的材料。这样，我们可以作出一些很有意义的比较。如果拿这些古代文献来作研究，当然也是可行的，比如战国时代的思想家的各种思想跟古希腊时期的就可以进行比较。但是这种比较操作起来很困难，因为不但在语言上是不一样的，而且有的时候在整个文化环境里提出的问题也不太一样。把两种从完全不一样的文化环境里抽离出来的思维直接作比较的话，有的时候结果会不太理想。当然如果掌握好适当的方法，也能做得到。

总之，视点要符合问题的需要。但是把问题定好了之后，就不可以再说诸如"我是考古学家,所以我不管文献,所以我不管美术"之类的话。这是张光直先生一直对我们强调的:要研究古代中国,必须很踏实地做工作,任何一方面至少都能压下去,都要把握住。也许在你自己的领域里不一定非得这样做,但是如果涉及不同的方面的话就不得不这样了。比如你研究动物考古的话,就不能完全不了解礼书里面谈到的关于动物的作用,否则的话就不能深入地了解动物在礼制或祭祀等文化中扮演的角色。

这方面我们搞考古的人历来都做得比较好。目前以文献为主的历史学家也许还没有足够重视跨专业的研究,但是将来他们也必须这样做才能够得到新的突破。西方这个过程也是很慢,开始的时候大家都以文献为主,不太关心其他方面的材料。我们从 20 世纪历史学的发展史可以看出,随着研究的不断深入和展开,研究者的视野就会逐渐扩大。在这方面,我们搞考古研究的可以为史学家提供一定的帮助。

(据《南方文物》2011 年 2 期、2014 年 2 期两次采访重新整合而成)

周南

从瓦哈卡到赤峰：古代社会发展变化动因探索

周南（Robert Dick Drennan）

美国著名考古学家。1947年出生于美国肯塔基州。1965—1969年进入普林斯顿大学艺术与考古系学习；1969—1975年转往密歇根大学安娜堡分校（Ann Arbor）师从肯特·弗兰纳利（Flannery）教授，1970年获硕士学位，1975年获博士学位。1974—1977年受聘担任麻省安德沃（Andover，Massachusetts）考古研究基金会会长（R. S. Peabody Foundation for Archaeology）；1977年以来在美国匹兹堡大学人类学系任教至今。1978年以来兼任美国卡内基梅隆自然历史博物馆（Carnegie Museum of Natural History）人类学部兼职研究员；从1988年至今，担任拉美考古学出版中心主任；1992—1993年任匹兹堡大学拉美研究中心临时主任；1996—1999年和2000—2003年任匹兹堡大学人类学系主任；2009年至今任匹兹堡大学比较考古学研究中心主任和匹兹堡大学亚洲研究中心教授。

周南教授所获得的荣誉称号有：美国科学院院士、

美国科学促进会会员、哥伦比亚波哥大安第斯大学荣誉博士（Doctor Honoris Causa, Universidad de los Andes, Bogotá）等。他还先后获得美国考古学会授予的荣誉奖章（Presidential Recognition Award, Society for American Archaeology）、美国匹兹堡大学教务辅导奖等。2006年，被选为匹兹堡大学人类学系杰出教授。

周南教授主要的研究方向包括：复杂社会起源和发展的全球比较研究，尤其是酋邦社会的研究；考古学数据的量化研究（统计学、计算机应用和 GIS）；区域性聚落考古学研究；家庭考古学研究；群落研究；中美洲考古、南美洲考古和中国考古等。其代表作主要有：

1.《美洲的酋邦》（Robert D. Drennan, Carlos A. Uribe: *Chiefdoms in the Americas*, University Press of America, 1987）；

2.《普拉塔河谷殖民时代之前的酋邦（卷1）：人类居址的环境背景》（Luisa Fernanda Herrera, Robert D. Drennan, and Carlos A. Uribe eds, *Prehispanic Chiefdoms in the Valle de La Plata, Volume 1: The Environmental Context of Human Habitation*, University of Pittsburgh Latin American Archaeology Publications and Universidad de los Andes [Bogotá], 1989）；

3.《普拉塔河谷殖民时代之前的酋邦（卷2）：陶器年代学及工艺生产》（Robert D. Drennan, Mary M. Taft, and Carlos A. Uribe eds, *Prehispanic Chiefdoms in the Valle de La Plata, Volume 2: Ceramics—Chronology and Craft Production*, University of Pittsburgh Latin American Archaeology Publications and Universidad de los Andes [Bogotá], 1993）；

4.《考古学家的统计学：一个常识性的方法》（Robert

D. Drennan, *Statistics for Archaeologists: A Common Sense Approach*, Springer, 1996);

5.《新石器时代的人口转变及其后果：定居之后集中社区的人口和社会复杂性》(Robert D. Drennan and Christian E. Peterson, "Centralized Communities, Population, and Social Complexity After Sedentarization", In: *The Neolithic Demographic Transition and its Consequences*; Jean-Pierre Bocquet-Appel and Ofer Bar-Yosef eds., Springer, 2008: 359—386)。

迄今为止，周南教授已发表学术论文百余篇。

自20世纪90年代后期以来，周南教授转而关注并参与中国考古学。1998—2007年，他主持并参加了美国匹兹堡大学与中国内蒙古自治区文物考古研究所、吉林大学边疆考古研究中心在赤峰进行的区域覆盖式考古调查国际合作项目。2007年至今，主持美国匹兹堡大学与辽宁省文物考古研究所在辽西地区开展的区域覆盖式考古调查国际合作项目。

2010年夏，周南教授前往辽宁省喀左县进行田野考古调查。途经北京作短暂停留，遂带领研究生李冬冬和丁山（James Williams）前往北京大学拜会李水城教授。交谈之间，李水城教授希望周南教授能拨冗谈谈自己的治学经历、学术成长道路以及对于考古学，特别是中国考古学的某些看法。周南教授对此欣然表示接受。此后，李水城教授委托匹兹堡大学人类学系的博士研究生李冬冬、丁山二人对周南教授进行了采访。其中，丁山负责英文部分，李冬冬负责中文部分。

采访、翻译丨李冬冬、丁　山（James Williams）[1]
终审丨李水城

考古学是一门相对冷门的专业，请问您是怎么接触到考古学并走上考古研究之路的？

事实上，和很多人一样，当我还是一个孩子的时候，就对考古学产生了兴趣。从小时候开始，我就对有关考古和古代文明的书籍着迷。而且我书架上的大多数书籍都是有关考古和古代文明的。这样的说法听起来很像是鸡尾酒聚会上的陈词滥调。当人们意识到他们已经成为一名考古学家以后，经常会说："我小时候也梦想成为一名考古学家。"但是，他们中途停止了，而我却在考古的道路上继续成长。虽然我父母对于考古学不感兴趣，他们也不从事任何其他的学术研究，但是他们经常鼓励并帮助我发展自己的兴趣，并抽出时间带我去有著名考古遗迹的国家旅游。在我小的时候，他们就带我去过埃及、希腊、墨西哥和秘鲁等国家。这些孩提时代的兴趣和热情鼓励我最终进入普林斯顿大学的艺术与考古学系学习。但是在求学过程中，我意识到，普利斯顿大学艺术与考古学系的课程更多的是艺术史，与我想学的重建古代史和理解人类社会变化发展的初衷相去甚远。从这个意义上说，我对作为人类学的考古学更感兴趣，而不是作为艺术史的考古学。而且，当时普林斯顿大学的人类学系刚刚起步，没有多少考古学的课程。我当时阅读的很多考古材料和感兴趣的研究都来自密歇根大学（安娜堡分校）。的确，那时的密歇根大学汇聚了一帮奋斗在学术最前沿的年轻考古学家，他们都是"新考古学"的热衷者。

---

1. 二人当时均为美国匹兹堡大学博士候选人。李冬冬现任中央民族大学讲师。丁山现任中国人民大学讲师。

1969 年,我从普林斯顿大学毕业,考取了密歇根大学的研究生。从 1970 年 5 月开始,在新考古学大师弗兰纳利的指导下,我开始了在墨西哥瓦哈卡(Oaxaca)峡谷的发掘工作。这也是我的第一次田野考古经历。正是从这时起,我才正式踏上了探索社会发展变化动因的学术道路,这也是我儿时的梦想。

作为一名将考古作为毕生追求的学者,您长期坚守的学术研究目标是什么?

我的主要目标是能为更好地理解人类社会发展动态,特别是早期复杂社会的研究贡献自己的绵薄之力。据我所见,早期复杂社会的结构不仅仅只是普通意义上由数百人组成的局部社会群落,复杂社会的内部结构呈现出纷繁复杂的多样性。至今,我所从事的研究都是围绕这个目标展开的。

在中国,考古学在相当长时间里都是历史学的子学科。因此,考古学在中国被划入人文学科。您作为美国国家科学院院士的考古学家,能否谈谈考古学和自然科学之间的关系?

关于考古学和科学的关系,在北美和世界其他地区都有很多的误解和争论。有相当多的北美考古学家和其他地区的考古学家可能都对自己的工作是否为科学表示怀疑或者不安。我非常明确地认为,至今我所做的工作都是科学的一部分。但是,我所讲的科学并非如很多考古学家,特别是英国考古学家所认为的科技考古学(archaeological science)。可能人们经常在潜意识里认为,这里所说的科学即很多英国考古学家所主张的科技考古,即利用自然科学领域的技术手段来研究人类的过去。例如:用来断代的碳十四测年、帮助鉴定人群属性的古 DNA 技术、借以研究食谱和能够指示人群移动的稳定同位素分析、用来追溯原材料来源的地球化学方法，以及各种冠以"实验室科学"外衣的其他方法。我所认为的考古学和科学的关系并非以上种种所指，我更多的是关注概念意义上的我们怎样创造知识。从这个意义上讲，考古学的实质并非利用高科技去发现过去，而是去建立有助于理解人类社会运作和发展推动力的各种模型。这些模型通常建立在已知的种种事实基础上，并且符合逻辑。而现有的考古材料则被用来检验这些模型。如果这些模型能够准确地解释人类社会发展和变化的动因，我们就需要利用它去收集具体的考古信息并重建历史。如果这些模型并不能准确反映人类社会发展的动因，我们就得舍弃它，转而探索新的模型，或者对其进行校正。建立和评估有关人类社会发展动因模型的这个过程，就是我所认为的考古学的科学性所在。当然，利用自然科技手段能够更好地帮助我们去实现这个目标。但是我们应该清楚，对考古发现的研究并非一定要借助科技手段，很多传统方法对于探索过去依然有着不可替代的作用。总之，我们需要知道过去发生的种种，这样才能利用现有的各种材料去评估我们已有的模型，进而通过建立和评估这些模型，最终达到创造知识的目的。

  在这里，我们也有必要谈谈科学本身。科学即有关人们创造知识的逻辑结构。所谓的以科学方式去创造知识其实就是建立模型，并且从中总结出社会运行和发展的动因。如果这些模型准确的话，我们就应该用特定时空框架内的材料去检验这些模型对社会组织内部的概括。当然，是否利用高科技还取决于我们需要什么样的具体材料、特定时空框架内的社会存在以及社会变化和发展是否符合已有的模型。事实上，社会发展的序列是符合我们现有的一些模型的。

  我们可以以一个大型复杂社会为例来说明。一般来说，区域性的、大型等级化的复杂社会为人口增长及由其所引发的压力所导致。区域性人口增长会引起自然资源的紧张。因此，这必然加剧人与人之间对资源的竞争。在这个过程中，一些人可能在竞争中脱颖而出，获取更大权力，并由此引发权力和等级分化。这是一个有关复杂社会产生原因的简单模型。在考古研究中，我们所做的就是用特定时空框架内的考古材料去检验这种模型的准确性。我们检验其准确性的研究，其实就是在检验这个模型的科学性。假定我们在某一特定区域内发现在公元前2000年时发生过一次重要的社会整合和权力分化，但是并没有人口的增长与其相对应。该检验结果证明这个模型本身是有问题的，甚至是错误的。或者这个模型所概括的社会发展特点在这个地区不具有适用性。

我们也可能发现，权力增长的过程与人口发展相适应。并且，人口增长对自然资源的压力在此时达到了最大。这样的发现就与模型一致。退一步讲，如果不去田野发现这些材料，我们则对这种模型的准确性一无所知。如果我们带着问题去做田野工作，就有可能产生以上两种可能的结果：与模型相符或相左。在实际工作中，我们还需要对模型进行更具体的拆解和研究。在特定模型内部，我们需要面对人口增长与自然资源之间的关系、复杂社会组织产生的关节点和复杂社会内部权力分化的加剧等。如果权力分化与人口增长以及由此引发的资源紧张并非同时发生，那么，人口增长和资源紧张与社会复杂化之间并不存在因果关系。当然，以上三者之间的关系是非常复杂的。我们在此只是举例说明模型本身的科学性而已。总而言之，这种逻辑上的结构才使得考古学研究本身具有科学性。

您是匹兹堡大学比较考古学研究中心的创建者，您本人也擅长复杂社会的比较考古学研究。能否谈谈中国的考古材料和您的比较考古学研究之间的联系？

我对比较考古学的研究可以说是从中国开始的。我对社会变迁的兴趣主要集中在人类早期的社会复杂化进程：人类社会怎样由数百人的局部群落转变为等级化的非平等社会。当然，这个转变在世界不同地区具有多样性。通过对这个转变的研究，我们知道了这个转变发生的过程、推动力以及导致复杂社会多样性的原因。通过比较世界不同地区的复杂社会，我们才能获得这些宝贵知识。中国是一个非常吸引我的地方，主要是因为大约从距今8000年左右时，在中国的不同地区都发生了社会复杂化现象。而且，中国范围内的社会复杂化过程呈现出区域多样性，这为比较不同复杂社会提供了非常有利的条件。从这个意义上讲，社会复杂化在中国不是铁板一块，而是具有地域多样性。例如，中国东北地区的社会复杂化进程就与黄河中游以及中国东南部的社会复杂化不同。这些地区的文化在发展过程中表现出各不相同的特性，特别是在社会组织形态上。因此，无论是将中国范围内各个复杂社会的多样性进行比较，还是把中国范围内各个复杂社会与世界其他地区的复杂社会进行比较，都是非常有意义的。而且，由于中国考古学和美洲考古学的不同传统等原因，中国境内非常丰富的资料还没有被充分利用到比较考古学的研究中去。

北美考古学具有比较研究的传统，原因之一是北美考古学与人类学紧密联系。另外，北美考古学长期以来对社会组织形态的变化有深厚的兴趣。相比之下，中国考古学的比较研究传统较之于北美地区要薄弱，这主要是由于长期以来中国考古学家的研究相对较少涉足于中国以外的区域。中国考古学家已经发现了非常丰富的史前时期和历史时期的考古材料，但是这些材料还没有被充分利用到比较研究中去。到目前为止，由于地理和语言上的障碍，考古学家还没有对中国的材料加以充分利用，并将其融入更广泛的、世界范围内的社会发展变化课题中去。我们有必要一起克服这些障碍和困难,将中国境内古代社会的发展变化与其他区域的类似社会发展变化进行比较,去了解这些变化的一致性和差异性。因此,中国范围内的这些丰富材料值得我们去为之努力。当然,我们也知道,由于几十年来的相对封闭,克服中西方之间政治和语言上的障碍是一项富有挑战的事业,但这也让这项事业充满了乐趣。

这里提及的有关全球视角下的中国境内早期复杂社会动态的比较研究,只是匹兹堡大学比较考古学中心一个特定的研究方面和案例。比较研究并非只针对复杂社会,而是针对史前社会的诸多方面,特别是旨在促进古代人类社会的比较研究。

在考古学中,由于种种原因,开展比较研究是有很多困难的。要开展比较研究,必须对各区域性的或专门化的史前考古学知识和经验有一定程度的了解,但这本身又是极具难度的。长期以来,很多大学都有相应的比较研究中心,他们中有很多都把研究聚焦在有很大难度的跨学科研究上。经济学家、社会学家、历史学家、文化人类学家和考古学家之间的交流相对较少,比较研究中心则有助于在他们共同感兴趣的范围内展开对话。

匹兹堡大学比较考古学研究中心旨在进行这样的跨学科研究。我们在区域性跨学科研究方面已经取得了实实在在的成绩,这对考古学本身来讲收获颇丰。这样的成绩部分要归功于大范围内的跨区域研究。

对我来说,这些很难跨越的障碍值得我去克服,因为我们从比较研究中收获颇丰。这也意味着南美洲的考古学家、中国的考古学家、欧洲的考古学家有必要以某种方式去比较各自与其他人的考古材料。为便于比较研究,各个区域的考古学家需要对其他区域的材料有一定程度的了解。克服这些区域性的考古障碍是有一定难度的。通常,区域性的考古学家对各自范围的材料都具有一定的"占有欲",任何考古学家若想涉足其他区域，都会被其他区域的考古学家认为是外来者。这个问题无关考古学家的国籍。例如，研究中国的学者们，无论他们在哪个国家生活或者工作，他们都会自然而然地感觉是中国考古方面的专家。他们可能经常会向对中国考古提出不同学术意见的非中国考古方向的学者表示不满，这就会给比较研究制造巨大的障碍。我认为，不仅仅是中国方向的考古学家，也包括其他各地的考古学家，都在一定程度上把自己置身于"我们才是这个区域的专家"的围墙内，从而导致除了玛雅研究专家以外，其他人无权对玛雅社会发表看法的局面。当然，这并不是说这种所谓区域性的专家的想法是错误的。玛雅研究专家的确已经取得了很多有关玛雅的大量专门知识。这也使得他们掌握了常人所无法企及的玛雅方面的知识。但是过度自以为是的态度会对可能获得更多知识的比较研究制造障碍。所以，比较考古学研究中心的目标就是帮助跨越这些边界，而不是专注于区域性的研究。好的比较研究必须建立在已经建立的区域性研究基础之上。但是，我们同时也必须找到克服由区域性研究引起隔阂的有效途径。具体讲，我们通过鼓励比较研究、建立可以用于比较的考古学数据库和发表重要的考古学研究成果来克服这些障碍。

您与世界上很多地区的考古学家都有合作经历，有哪些条件对促成国际合作比较重要？另外，您在哥伦比亚现代考古学发展过程中起过极重要的推动作用。请谈谈您是怎样克服上述障碍的？在这个过程中您都有些什么收获？

首先，这项事业依赖于和区域性专家之间的合作，因为他们都有我当初不具备的区域考古经验。这一点和我在中国的经历相同。我首先得依靠有中国相应地区考古学知识的专家。所以说，合作对比较考古学研究来说非常重要。

考古本来就是一项团队事业,在田野工作中需要很多人参与。因为田野工作,从最初的构思到最后的发表成果,需要具有各种知识背景的成员团结一致。从这一点来讲,这种合作的基础甚至超出了田野工作本身。让具有不同知识背景并怀有不同目标的学者团结在一起,是比较研究的基本要素。我的目标是将自己所学、所能贡献给中国考古,并将中国考古融入更广阔的比较研究之中。这项事业需要和具有不同知识的学者们一起合作,所以是一项依靠大家的事业。

在合作过程中,我们必须意识到考古学家们都有不同的目标。所以,共同的目标便在合作团队中显得至关重要。合作项目中的学者不论国籍如何,在知识背景上,其中可能有哥伦比亚方面的专家、中国方面的专家或中美洲方面的专家。但是大家必须有共同的目标,要了解我们要去解答和研究哪些问题,并且明白怎样去解答和研究这些问题。这些认识基础对于合作项目非常重要。如果没有这样的基础,合作就很难展开。而且有时候这些合作基础很容易被忽略,从而导致合作只停留在政治套话上。之后,我们可能意识到,也可能意识不到这样的合作并没有任何共同的目标。合作项目中,大家可能会有不同的分工。因此,在比较考古学研究中,仅仅拥有潜在的合作可能是远远不够的。

谈到我在这些合作中的收获,大家可能更惊叹于我对哥伦比亚和中美洲早期复杂社会的理解,而我在中国的工作开展得相对较晚。其实,我并不是把整个中美洲和哥伦比亚的工作所得引入到比较考古学研究中。我只是对哥伦比亚阿尔托·马格德琳娜(Alto Magdelena)地区的早期复杂社会有深入的理解。而后,我对产生复杂社会的动因有了进一步理解。这种进一步的理解主要是因为我在中国的工作。所以,即使在区域性知识的基础上,比较研究依旧可以对考古学产生应有的贡献，并不是需要一个考古学者在掌握了很多不同区域性的知识之后，将更高概念层次上的比较拼在一起。这就是我对比较考古学研究的一点看法。但是，当比较了其他区域的复杂社会之后，尤其是对这些社会有了更深入的了解之后，你会重新审视之前关于复杂社会的见解。我可以非常确定地说，如果没有我在中国 10 到 12 年的工作，就不会有今天我对研究了近 30 年的哥伦比亚复杂社会的理解。这是一种下意识的比较。尽管不甚详尽，但这影响了我对哥伦比亚考古资料和人类学历史的看法。当我在中国工作的时候，我自然而然地会对中国东北和哥伦比亚西南部的复杂社会进行比较，从而产生对哥伦比亚西南部复杂社会的新见解。因此，如果你对研究的问题有着更大视角内的比较，你就会以一种新的方式去架构和解答研究的问题，即使这些研究的问题本身无关比较。自从我在中国开展相关工作以来，现在我对关于哥伦比亚西南部复杂社会发展动力问题的考虑也不尽相同。

能否从比较考古学的角度谈谈您对所工作过的三个地区的早期复杂社会的理解？

我可以以自己的田野经历，从比较研究的角度谈谈墨西哥南部高地、哥伦比亚南部的安第斯山脉地区和中国东北地区的复杂社会。以上三个区域的早期复杂社会，都是有关数千人的社会形态或者群落。这三个地区复杂社会的产生都伴随着前所未有的不平等社会形态和少数人专权现象的出现。然而，有关三个复杂社会的形成原因和过程却各不相同。例如，在墨西哥南部高地，复杂社会约出现在定居农业确立后的 300 年内。这个地区的复杂社会表现出超局部群落首领对权力的操纵。在中国东北地区，复杂社会约产生于定居农业确立后的 1500 至 2000 年里。在哥伦比亚西南部，复杂社会确立所经历的时间间隔位于以上二者之间：其发展速率快于中国东北地区的红山文化，但却慢于墨西哥的瓦哈卡地区。因此,复杂社会的发展速率不尽相同。

在墨西哥瓦哈卡峡谷,以家庭为基础的经济专门化是这一地区社会手工业专门化的重要组成部分。不同家庭从事不同的手工业,然后与从事其他手工业的家庭产生交换关系。因此,在这一地区,早期复杂社会内部家庭之间的相互依赖关系,较哥伦比亚西南部复杂社会家庭的依赖关系更深刻。哥伦比亚西南部的复杂社会基本没有专门化的手工业。中国东北红山社会的手工业发展则处在以上两者之间,可能与瓦哈卡地区更为相似。

若从复杂社会内部领导者的墓葬情况看,哥伦比亚西南部复杂社会内部精英阶层的墓葬特点表现得更为突出。首领墓葬的周围按等级排列着其他各个阶层的墓葬,并在其附近建有广场。瓦哈卡峡谷地区的首领墓葬则没有突出的特点。与哥伦比亚西南部的复杂社会比较,即使在发展的同期,墓葬周围几乎没有仪式性和纪念性建筑。红山文化的墓葬情况则更接近于哥伦比亚西南地区的早期复杂社会。红山社会的高等级墓葬带有非常浓厚的纪念性,而且都伴有明显的地上公共建筑。另外,高等级墓葬的随葬品也非常精美。所以,从这个角度来看,哥伦比亚西南部的复杂社会和红山社会具有更大的相似性,而瓦哈卡地区则颇为不同。所以,我们说社会复杂性所表现的形式是纷繁复杂的。通过比较这些形式,我们可以学到很多,但这需要观察大量的复杂社会样本。要进行这样的比较,我们必须尽可能覆盖更多的区域。中国境内其他几个区域其实也可以加入到这样的比较中来,毕竟红山文化代表不了整个中国的材料。当然,中美洲的其他区域和哥伦比亚的其他区域也可以加入到这样的比较中来。如果有更多的样本参与比较,这将是一件成果卓著的事业。这样的比较不是匹兹堡大学比较考古学研究中心的唯一工作,但却是我们走向更远的基础。匹兹堡大学比较考古学研究中心希望通过帮助各地的考古学家克服区域间的障碍，以促进地区间的考古学比较事业。

我们了解到，在接下来的很长一段时间，您会继续在中国的研究，请问您接下来研究的具体方向是什么？

此后工作的优先方向是进行区域间的社会比较。具体为家庭和群落方面的社会关系变化。从而更全面地划分时代序列，借以观察家庭之间的社会地位、财富和社会行为的不同以及家庭之间关系的变化。到目前为止，我们拥有大量世界其他地区的此类信息，而缺少中国境内的资料。当然，很多有价值的信息都蕴含在已有的考古资料中，特别是大范围发掘所提供的资料。例如大量的对村落整体发掘所产生的资料。这些信息富含村落的整体布局、房屋的结构以及与之相关联的其他遗迹，尤其是中国境内和其他区域内新石器时代和青铜时代的遗址。

在中国比较缺乏的是和这些群落内部家庭相联系的遗物资料（和具体家庭活动已建立直接关联的资料）。我比较感兴趣的研究是，所有发现的遗物而不仅仅是少量完整器提炼的有用信息。这些遗物主要包括来自垃圾堆的人工制品、动物遗存和植物遗存。如果能够从中提取到与家庭活动有关的可量化信息，再加上业已存在的居址结构以及与之相联系的遗迹资料，我们就可以与世界其他地区的资料进行卓有成效的比较研究。

世界上很多地区与中国的情况有所不同。这些地方已经积累了大量与日常家庭活动建立了关联的资料。因此，我希望从这些区域看到更多有关居址建筑结构的信息。在数量上，我们目前还没有看到在其他地区能和中国很多地区相比拟的此类信息。

听说您已经收集了世界上很多地区的区域调查资料。您对这些资料有何期待？这和您谈到的以上研究前景有何关联？

对比较研究来说，收集各个区域内的资料是一件很重要的资料储备工作。如果我们将注意力集中在大范围内复杂社会的出现上，我们需要能够划分这些区域内群落的分布范围。这些群落分布一般是区域性的，是大于单个考古遗址的。这样的区域范围至少都达到数百平方公里。因此划分这些群落是非常重要的。而后，重建这些群落之间的关系则需要小范围内的、更细致的研究，可能是对其中多个遗址的观察。具体来说，就是要从范围在数十万平方米的居址中提取一些家庭样本。然后通过小范围内、有目的的发掘来提炼其中有关建筑结构细节的信息。中国很多地区已有大量的有关家庭建筑结构细节的出土资料，这些资料和大范围内的区域调查资料的结合，对进一步的研究非常重要。

从方法论来讲，小范围的考古发掘和大范围的区域调查方法都已相当成熟。在世界上的很多地区都有这二者相互结合的范例。但是，对于范围在数十万平方米甚至数百万平方米之内的遗物组合的提炼方法还不成熟。因此，针对这样的范围，设计一种能够全面收集家庭遗物组合样本的方法，将是一项很有意思的研究。

就现状来讲，我们已经有太多的考古发掘资料。并且，要对数十万平方米范围进行发掘，也需要太多的时间和金钱投入。所以，要收集上述理想材料，我们还需要根据具体条件拓展对地表遗物的采集或钻探。为了解不同社会内的情况，我们需要在很多区域进行不同方法的探索。因为不同区域有着各自的客观条件，没有哪种方法是放之四海而皆准的万灵之药。不同区域内的地表情况也各不相同，而且我们在田野中也会碰到各种各样的问题。所以，每个研究项目都需要在方法上进行必要的革新。此外，在对待具体资料时，我们应该发表可以与其他区域进行比较的资料。这是一项很有挑战性的事业，但却值得我们为之去努力。

（《南方文物》2013 年 2 期）

伊安·霍德

后现代主义考古学的理论与实践

伊安·霍德
（Ian Hodder）

著名考古学家，现任美国斯坦福大学人类学系教授，后过程考古学代表人物之一。1968—1971年，在英国伦敦大学考古研究所攻读学士学位，研究方向为史前考古。1971—1975年，在英国剑桥大学攻读博士学位，研究方向为考古学中的空间分析。1974—1977年任利兹大学（University of Leeds）考古系讲师。1977—1999年在剑桥大学考古系任助理讲师、讲师（1981）、史前学研究副教授（1990）、教授（1996—1999）。1999年至今，任美国斯坦福大学人类学系教授。1999—2009年任斯坦福大学考古中心主任。从2002年起，任斯坦福大学人文与科学学院唐勒维家族（Dunlevie Family）教授。曾荣获由瑞典古物学会颁发的奥斯卡·蒙特留斯（Oscar Montelius）奖章（1995）、英国皇家学术（科学）院院士（1996）、皇家人类学院颁发的赫胥黎（Huxley）纪念奖章和古根海姆学者（2009）等称号。

伊安·霍德教授早年主要在英格兰东部的汉敦汉姆（Haddenham）遗址进行考古工作。1993年至今，带队前往土耳其中部的恰塔尔胡尤克（Çatalhöyük，新石器时代早期，距今9000年左右）遗址进行考古发掘。2002年荣获土耳其文化部颁发的国家奖，以奖励其对土耳其考古所作出的突出贡献。

主要著作有：《考古学空间分析》（Hodder and Orton, *Spatial Analysis in Archaeology*, 1976）、《动态象征符号：物质文化的民族考古学研究》（Hodder, *Symbols in Action: Ethnoarchaeological Studies of Material Culture*, 1982）、《现存的过去：给考古学家的人类学导论》（Hodder, *The Present Past: An Introduction to Anthropology for Archaeologists*, 1982）、《阅读过去：考古学阐释的主要方法》（Hodder and Hutson, *Reading the Past: Current Approaches to Interpretation in Archaeology*, 1986、1991、2003）、《欧洲的驯化：新石器时代的社会结构与偶然性》（Hodder, *The Domestication of Europe: Structure and Contingency in Neolithic Societies*, 1990）、《考古学过程：导论》（Hodder, *The Archaeological Process: An Introduction*, 1999）、《豹的故事：揭示恰塔尔胡尤克的秘密》（Hodder, *The Leopard's Tale: Revealing the Mysteries of Çatalhöyük*, 2006）、《纠葛：人与物之关系的考古学》（Hodder, *Entangled: An Archaeology of the Relationships between Human and Things*, 2012）。上述作品中，《阅读过去》已有中文译本出版。

采访、翻译 | 温成浩、刘　岩[1]

翻译 | 艾婉乔、杨　旭[2]

整合 | 温成浩

终审 | 陈伯桢[3]、李水城

请介绍一下您的学术经历，是何原因让您选择将考古学作为终身职业？

我从高中起就对考古产生了兴趣。上高中时，我就开始学习一些古典课程——拉丁文、希腊文和古代史。在欧洲的高校，考古学往往同历史学和古典研究关系密切。所以我打下了非常深厚的人文学科背景。进入大学之前已经在英国和欧洲大陆参加过发掘。我喜欢旅行和那种集体生活（social life），也喜欢划分地层、解读遗迹这类需要动脑研究的工作。于是我在伦敦学了考古，在那儿读的本科，又在剑桥念了博士。在伦敦上大学时，我获得的是一个名叫"史前史及人类环境"的学位，这个学位很大程度上是有关古环境重建的。所以，我有着自然环境科学及人文科学的双重背景。

在您的师辈中，哪些人对您的影响最大？

早期对我有重要影响的无疑是戈登·柴尔德（Gordon Childe）——无论他对文化的研究还是马克思主义方面。我一直觉得他是 20 世纪最伟大的考古学家，我在很多不同方面都非常钦佩他。他对我的影响是巨大的。并且在相当长一段时间内，我接受的都是柴

---

1. 现为北京师范大学博士后。
2. 毕业于吉林大学。
3. 台湾大学人类学系副教授，已故。

尔德式的考古训练，尽管与之相矛盾的是，那时我也受到罗宾·柯林伍德（Robin Collingwood）的很大影响。接下来在剑桥读书时，戴维·克拉克（David Clarke）对我影响很大，此外，我还受到了格拉汉姆·克拉克（Grahame Clark）等人的影响。此后，布鲁斯·崔格尔（Bruce Trigger）对我影响非常之大。影响我的不仅仅是他的思想，还有他总是乐于另辟蹊径的做事方法。他并不只是说别人说过的话，而总是强调历史学的重要性，尽管当时所有人都强调人类学的重要性。他也同样受到柴尔德的巨大影响。

当年您的博士论文题目是什么？为何作这样的选题？

我的博士论文是关于统计地理分析（statistical geographical analysis）在考古学中的应用，尤其是针对罗马时代的英国地区。后来以《考古中的空间分析》（*Spatial Analysis in Archaeology*）为题出版[1]。我选择这个题目是因为它为柴尔德等人感兴趣的文化地图（cultural maps）一类问题提供了新的缜密的分析方法。

您在少年时曾有一段在新加坡的经历。那么，东方文化曾经给您留下了什么样的印象？如果有，东方文化对您的学术思想有什么影响？

在新加坡时我还很小。由于太年幼，所以中国思想和文化还没有对我产生什么影响。但在新加坡的那段日子给我留下了十分快乐的回忆。我在那里度过了 4 年光阴，还记得那些极其美妙的节日，尤其是水上的龙舟，还有绚丽的烟火，太美了。当时我只是很热爱这种文

---

1. Hodder, I. & Orton, C.（1976）. *Spatial Analysis in Archaeology*. Cambridge；New York：Cambridge University Press.

化,那种深受中国文化影响的文化。那段记忆非常美好。我想这就是为什么我会经常去东亚看看的原因。在世界版图中,我热爱那片土地。但学术上所受的影响是在我年龄更大一些的时候发生的。当我在英国读高中和大学时,我阅读了一些与佛教和印度教相关的书籍。你知道,其实很多西方学者在学术上都会或多或少地受到中国思想和哲学的影响。

是什么原因促使您对过程考古学进行批判?您为何会提出后过程考古学?这是否与您在《动态象征符号》(Symbols in Action)一书提到的、此前您所做的民族考古学研究有关?

在我看来,过程考古学最主要的问题——如前所述,源自对历史的摒弃。通过采取狭隘的、纯人类学的视角,过程考古学家试图用普世法则和概括总结来解释人类行为。但很快就发现能总结出来的法则少之又少。能分离出来的又都是些浅显、有关堆积或堆积后行为的方法,这将架空考古学。而历史方法则更关注如何解读具体生活方式——这看起来更有潜力,即便是涉及含义、经验、象征之类的问题。随后发展出的后过程考古学仍与历史结合,加入了对考古记录的客观性、普遍性的批判。每个时代都书写着自己的考古学,而成熟的考古学需要纳入对知识成果的批判和反思。后过程考古学建立之初,通过考古学研究历史的观点遭遇了大量非议。这种观点在英国和北欧比在美国更容易被接受。过程考古学在美国势力更强,而且跨文化比较方法似乎也更适合,其主要原因是当地原住民本身即是联系美洲遥远过去的历史纽带。近几十年,美洲原住民在涉及自身历史的考古研究中有了越来越多的主动权,这就导致了合作/参与式的考古逐渐产生,这也与世界范围内本土考古学(indigenous archaeologies)的兴起息息相关。

我提出后过程考古学的原因很多。首先，当我用过程考古学方法进行空间分析时，我发现分析的结果难以令人满意。这主要是因为不同的社会进程留下的考古遗存往往会呈现相同的空间分布模式（Hodder and Orton 1976）。当你去观察这些分布模式时会发现，它们看起来非常相似。但实际上，这些模式是由不同的社会进程产生的。所以我认为，如果你想了解这些不同的社会过程，你需要做更多、更深入的情境分析（contextual analysis）。这就是我为什么经常倡导情境分析法的原因，这与我对过程考古学的批判、对空间分析背后的社会过程所做的缜密思考密切相关，也是其中的一个原因。

第二，如你所言，我在《动态象征符号》中提到民族学研究对我影响很大，是这方面的研究让我意识到，人类行为与物质文化之间的关联并不简单，原因在于这一关联受到意义与能动性（agency）的作用。同时，跨文化比较的过程考古学方法是有问题的，它不足以让人们理解特殊的文化背景，因此也就无法让人们真正理解过去发生了什么。

第三，在1980年代的美国考古学中，欧美考古学家坚持的进化论视角的人类学研究已经被人类学家摒弃。很多人类学家已抛弃了实证主义，并开始运用社会学理论。这些社会学理论受法国及英美理论家的影响，倡导一种更为情境化的（contextual）、历史化的方法，对语言和意义尤为感兴趣。想借此大展身手的生态的、环境的进化论思想，同已经走向另一方向的人类学之间存在巨大的鸿沟。我认为，试图让考古学同人类学重新进行对话是非常重要的。

最后并且最重要的是，当时考古学采用的是一种被误解了的实证主义观点，人们误以为科学是保持中立的，是客观的。与此同时，发生的很多政治运动，如性别与女权主义研究、各地的原住民群体研究，都认为仅有科学方法是不够的。他们都存在身份认同的问题，对权利和表征（representation）非常关注。最明显的是，考古学家在谈论过去的女性时也存在很大偏见。所以，考古学家需要对世界各地不同群体的利益作出更加积极的回应。考古学需要一种更为反身的（reflexive）、更具历史的、更具自我批判的方法。

您似乎并不同意考古学就是人类学的观点，为什么？

我从未接受过"考古学即人类学"的观点，因为这种说法似乎将人类学与历史学对立起来了。在欧洲，考古学与历史学关系更紧密，而且许多历史学家如马克思（Marx）、韦伯（Weber）或布罗代尔（Braudel）都谈到过宏观的历史进程（general historical process）。我同意过程考古学家所说的，考古学者需要总结概括，但这种总结除了基于人类学的比较还需要历史学的敏感性（sensitivity）。考古学是有时间深度的，忽视时间深度的跨文化比较是不对的。过程考古学中有许多观念在过去和现在都是很有价值的，尤其对考古学家如何提出关于过去的假说的审慎。它将更多的、成熟的方法介绍到这个学科来。但将考古学视为人类学却限制了考古学的视野。考古学就应当是考古学。正如戴维·克拉克所言，考古学是考古学且只能是考古学（archaeology is archaeology is archaeology）。这句话说得很对。

您在剑桥大学任教时，您身边有很多杰出的学生，你们一起探讨新的理论，一起批判过程考古学。您能谈谈他们吗？

当时的确有很多学生，他们大部分都在《象征与结构考古学》和另一本名为《意识形态、权力与史前史》（Miller and Tilley，*Ideology*，

Power and Prehistory, 1984）的书中发表了各自的文章。这些学生有丹尼尔·米勒（Daniel Miller）、迈克尔·申克斯（Michael Shanks）、克里斯·提雷（Christopher Tilley）、亨利艾塔·摩尔（Henrietta Moore）、麦克·帕克·皮尔逊（Mike Parker Pearson）等。当时有很多学生，他们都才华出众，是他们引领我走向后过程考古学，而不是在其他领域徘徊。部分原因在于，他们中有些人接受过专业的人类学训练，但不是美国的人类学。他们接受的是更关注历史的、更关注能动性及意义的新人类学。影响我们的主要人物是皮埃尔·布迪厄（Pierre Bourdieu），他对当时的人类学产生了巨大影响。安东尼·吉登斯（Anthony Giddens）当时也在剑桥大学任教。我有几个学生，如麦克·帕克·皮尔逊，开始关注吉登斯，而且吉登斯也过来同大家一起交流学术。所以我们同人类学关系非常密切。吉登斯是一位社会学家，这也使得我们的理论框架更加广博。也有其他一些人，如埃德温·阿登纳（Edwin Ardener），他也和我们进行交流。

您认为后过程考古学批判的是过程考古学的本体论、认识论，而没有批判其方法吗？

不是的，后过程考古学也批评过程考古学的方法。过程考古学很关注普遍规律（over generalization）。在美国，有很多人，包括学生，他们跑到一个考古遗址，仅仅通过采样的方式挖了一点点材料，就想以此来验证假说。我认为这种做法很糟糕，因为它没有充分考虑到考古遗址的复杂性，没有考虑到遗址在不同地层深度上的差异性，也没有考虑不同种类材料之间的关系等等。我非常反对这种偏重采样和验证假说的考古学方法。我想，我们需要一种更关注情境的、更具批判精神来审视材料来源的考古学方法。这一点我在前面已经提及，即要审视那些用来研究的考古材料产生的过程。我们应该学会去理解考古材料的情境，即我们从什么地方、在哪里得到了这些材料样品。我坚定地认为，一个更加注重情境的考古学方法，能够指导大型的考古队进行更加细腻、发掘时间更长的、更加深入的研究。我真的觉得，这样要比人员稀少的小型考古队到遗址上挖那么一点点材料要好得多。

后过程考古学是非常多元的。那么，您怎样概括后过程考古学的发展过程及主要的理论发展趋势？

这不是件容易的事，后过程考古学非常非常多元。当然，后过程考古学可以简单概括为：一种将社会理论引入考古学中的考古学。尽管社会理论本身已经非常多样并且非常难于概括，但仍可以对后过程考古学的发展做出归纳：关于后过程考古学的主要转变，那就是从早期受结构主义和后结构主义影响，到开始关注文本，进而转向对物质性（materiality）的关注，以及转向对物的参与（engagement with things），如体现（embodiment）和景观（landscape）的关注。后过程考古学存在明显的转向，即对作为语言的意义的关注转到对现实生活世界（lived world）中的意义和一切存在（being）的关注。我希望这是一个非常明朗的趋势，但是，当代后过程考古学的理论有很多。我觉得目前很难确切说清楚谁是后过程考古学家，谁是过程考古学家，因为二者的理论界线非常模糊。举例来说，拥有各种各样不同研究兴趣的人群都开始使用网络分析（network analysis）方法。过程考古学家也尝试着吸收能动性思想并将其运用到自己的研究中。不同的人以不同的方式理解物质性[1]。对各种考

---

1. Knappett, C.（2012）. Materiality. In I. Hodder（Ed.）*Archaeological Theory Today*（2nd edition）. Cambridge: Polity Press, 188—207.

古学派的考古学家而言，对自身所属的学派的身份认同变得越来越模糊。

后过程考古学中，理论要比方法先出现，您赞同这一观点吗？在实践中，您是如何针对某一具体理论去发展后过程考古学方法的呢？

这与过程考古学很相似，首先是进行理论争论，之后发展出中程理论，中程理论更侧重方法层面。我想你也可以认为，这对后过程考古学来说同样成立。即后过程考古学刚开始非常理论化，之后则更加侧重方法。在我看来，考古学家实际做的，同过程考古学所倡导的发现普遍规律与机制的方法是分离的。就过程考古学思想而言，它倡导的是首先提出假说，然后用材料加以检验。在实践中，这种方法就是在获取规律性知识。但这种获取规律性知识的方法同样受到当时日渐兴盛的合同考古（contract archaeology）的影响，即在发掘中所使用的方法要尽可能地快捷、高效。对我而言，那些自认为存在某种客观的、不受社会过程影响的方法，同所有后过程考古学的理论之间是有很大差别的。我的意思是，倘若你接受了科学过程在本质上是一种社会过程这个观点的话，这样的观点就不会出现在过程考古学方法中了。所以，对我而言，问题在于如何才能让考古学方法更具社会性，更具批判性，更以社会为基础。而我们所发展出的新方法正是针对这个问题的。我们同样受到了具有科学实践性的民族志，以及社会科学的影响。我想回答你的是，应该努力做到让你的理论与方法保持一致。你必须确保你所使用的方法不与你的理论观点相矛盾。

请谈谈您的田野发掘——恰塔尔胡尤克遗址吧。您在恰塔尔胡尤克遗址发掘了20多年了，它在哪些方面特别地吸引您？您希望通过对这座遗址的考古发掘和研究达到哪些目的？您对自己在恰塔尔胡尤克遗址上所作的后过程考古学实践满意吗？我从该遗址的田野发掘报告得知，您在实践中所使用的方法有一定缺陷，您认为这些缺陷应该如何克服？

我一直深深着迷于恰塔尔胡尤克遗址，并且很欣慰能将自己一生中的25年时光奉献在其发掘上。这个遗址内涵之丰富令人难以置信，而且保存了许多细节和层位关系。而且还有一些非常好的艺术和象征内容（symbolism），有着无尽的魅力。这是一个位于今土耳其的新石器时代村落定居点，但是看不出社会分化或说阶层，也看不出制造业的专门化。那么它是如何组织起来的？为什么这么多人（最多的时候大概8000人）在那样长的一段时间里高密度地聚居在一起？最有意思的恐怕还在于，所有绝妙的艺术和象征内容并非都是由精英阶层所创造的，而是普通人在自家房间里完成的。这是一种将经济和技术活动包含在复杂的象征体系中的生活方式。我想我们的工作就是要说明，考古学家对这样一个世界能够做一些工作。

我们在这个遗址经历了一段相当困难的实践过程。因为你不能在一个真空的环境中应用后过程考古学理论，而需要在一个真实的世界中将其付诸实践。在现实世界中，总有各种各样历史的或社会的复杂因素，我们不能对这些漠视不理。举例说，在恰塔尔胡尤克遗址，由于学术考古和合同考古之间的隔阂，有些理念很难被引入。为解决这一局面，我们曾做了很多努力。一些理念并未像我想象的那样被成功地应用。如我之前所言，由于合同考古的绝对主导地位，以及相当严格的时间安排和非常有限的经费等因素，这些方法并未如我预想的那样完整地得到应用。

反身法这一方法是在发掘恰塔尔胡尤克遗址的过程中发展出来的。在发掘的过程中，我尝试开发这个方法。这么做的原因在我看来似乎是这样的，虽然人们已经转向后过程考古学理论，但却仍然采用过程考古学的方法。而过程考古学的方法是一种非常客观主义的方法，对我来讲，这是一种非常错误的方法。似乎有必要发展一些对理论变化更敏感的方法。考古学的反身方法是受到人类学和社会科学的反身方法影响，这一方法不仅是从考古学内部发展出来的。反身方法中有些关键性的思想极其重要。其中的主要思想是，人们应该对科学与社会之间的关系进行反思。很多例子可以说明，一些人从事科学研究的目的是为了让其服务于自己的政治利益和社会利益。就像男性会以一个男性视角来书写历史，而殖民地考古学家则会以殖民地的视角书写过去。所有这些例子都表明，人们没有对科学与社会背景之间的关系进行充分反思。这就是反身考古学中最重要的思想。除此之外，还有一些观点，或者可以说是两点，也是非常重要的思想。第一点，我称为"手铲边缘的考古学"（archaeology at the trowel's edge）或"手铲边缘的阐释"（interpretation at the trowel's edge）。在实证主义或过程主义框架下，过去人们常常认为，考古材料的收集仅仅是一个机械的、描述性的过程，在这一过程中，你只需要描述自己见到了什么。但事实上，大部分考古学家都知道，当我们发掘时，情况并非如此；实际上，发掘过程本身往往包涵很多非常复杂的情况，需要我们进行解释。因此，试图在发掘的同时就尽可能多地发现各种信息、尽可能多地进行各种阐释是非常重要的。因为考古发掘本身具有破坏性，我们永远无法再回到已经发掘过的层位与遗址中，对某些遗存进行核对。我们再也无法对遗存进行全面的再阐释，因为那些与之相关的背景信息已经不见了。你所能做的最好办法就是在进行发掘时，最大限度地提供更多信息，做更多的记录。我们在发掘时（在手铲边缘）记录的信息越多，后人所能做的各种不同阐释也就越多。另一个非常重要的观点，我将其称作"对记录过程的记录"。通常情况下，考古学家仅仅会记录那些他们发现的遗存，但是我们还需要了解他们为何这样记录，以及当他们做记录时，心里想些什么。我们需要另外一种层面的记录，用来解释或告诉大家，记录者在做记录时的内心想法。举例说，在恰塔尔胡尤克遗址，考古人员会以表格形式做最初层面的记录。除此之外，考古人员还会把每天的挖掘过程以及所想的记在田野日记中，我们甚至还会拍摄一些考古人员在挖掘、思考或做记录时的录像。这些信息就提供了除了那些基本记录形式之外的另一种层面的记录方式。

近些年来，还有哪些后过程考古学的具体方法被发展起来，或被成功地运用？

最近我们刚刚完成一部名为《拼装恰塔尔胡尤克》（Hodder and Marciniak, *Assembling Çatalhöyük*, 2015）的书。"拼装"（assembling）的思想相当有趣。这个思想同样来自社会科学、人类学及其他学科。但它与考古学中组合（assemblage）的思想能够产生相当多共鸣。考古学家可以利用不同种类的考古材料，像陶器、石器、动物骨骼、植物等。在恰塔尔胡尤克，我们共收集了35种不同材料，有土壤材料、化学分析材料、残留物分析材料、植硅石材料等。接下来的问题是如何把这些材料整合在一起。在很多考古项目中，人们不大强调对材料的整合。而是将不同种类的材料送到相关专家那里，然后由专家们各自将自己所做的分析写成单独的分析报告。但是我真正想要做的是让所有人把手中的材料拼装整合在一起，从而真正地形成一个团队。作为一个团队，不同背景下的人们就需要相互协作，并且需要与团队里的所有人对话。这样，考古队中的每个人都会试图沿着特定方向来处理材料。然后我们会发现，这是一个非常依赖网络关系的社会过程。网络关系的思想也很有意思。以恰塔尔胡尤克遗址为例，不同群体喜欢彼此在一起工作。当某一群人头脑中产生某种灵感时，他们就会尝试将不同种类的材料放到一起来构建自己的观点。但在另一群人、另一个网络关系里，大家会说我们不喜欢那样的观点，那他们就会以另一种方式使用证据。他们会尝试以不同的方式拼装证据。这和乐高玩具非常相似，你知道，乐高是一种儿童玩具。在玩乐高玩具时，你有很多块积木，但你却可以用相同的积木拼装出不同的雕塑或不同物体。恰塔尔胡尤克遗址不同的考古队也是这样，他们手中拥有的材料都一样[1]，但他们却以不同的方式将相同的材料拼装在一起。

  物质文化是在具体的情境中由象征意义所构建的。本质上说，人的观念是物质文化的根源，并决定物质文化的象征意义。那么，回到考古学理论的一个经典问题，您怎么看物质文化的形制、功能和风格三者之间的关系？

  这是一个大问题。如你所言，在考古学中，人们对风格的作用及风格与功能之间的关系存在很大争议。在我看，这样的争议并不是很有帮助。因为像形制或风格这样的概念是描述性的，是从外部视角对器物进行的描述。如果人们对社会实践更感兴趣，他会更关注能动性理论，能动性涉及人们以特殊的方式去制作器物。我认为，区分风格与功能是非常困难的，这个区分也没有任何益处。这是因为，所有

---

[1]. 都是相同的、可以共享的数据库——编者注。

的风格都有功能,而且所有的功能都带有风格。两者的区别并不是真实存在的。通常情况下,人们往往分不清在物质材料中,与社会有关的功能及与适应有关的功能这两者之间的区别。事实上,这两者往往是一回事。过去,人们常常认为风格中的某些东西与功能没关系。但是,如果你是以实践理论的视角来看待这个问题,并且你也对能动性有兴趣的话,就会非常容易地发现,风格的所有层面都是有功能的。我认为,说某件东西只有象征含义,实际上是对社会过程的一种误解。对我来说,从实践理论和能动性的角度讲,区分风格与功能已经不合时宜了。但自1980—1990年代以来,我们需要对有关意义的观点格外小心,尤其需要注意的是,有许多人类赋予实物或行为的意义,并非人们主动、有意(conscious)去赋予的意义,而是体现的(embodied)、发生在实践过程中的意义。不同的人有不同的本体论思考,他们赋予这个世界的意义也不同。所以,在某些存在万物有灵观念的社会,人们认为,实物和动物可以起到人的作用。人赋予物以意义的方式很多,对意义的认知也有不同层次。人们已经对将物质文化当成文本看待的观点提出了强烈的反对意见,因为人们更倾向于认为,物有很多不同层面的意义,很多意义都与实践相关。所以,在我看来,将过去看作可以解读的文本已经没有太多益处。但从某种程度上说,人的能动性总是有意义的,这一观点还是非常重要的。

您能就后过程考古学论述中常见的一些概念,比如体现(embodiment)做一些阐释吗?

好的。首先,体现这个概念我将以皮埃尔·布迪厄讨论北非的卡拜尔(Kabyle)社会为例加以说明。在卡拜尔社会中,人们普遍认为，男人应该像长矛一样昂首挺胸。当地人觉得，昂首挺胸是一种优良品质，是正直的象征，是群体中优秀成员的表现。然而，人们却认为女人不应该直视他人，应该把腰弯下，低头向下看。这就是意义可以被体现的一个典型例证。要想成为一个男人，一个优秀的男人，一个正直的男人，你必须挺直腰杆。但作为一个女人，则应卑躬屈膝（deferential），要同男人在行为上有所区别，要低头向下看。这样，意义和社会等级差异就在人的身体上体现了。再比如说，我们此时正在谈话，你直视我的眼睛，我们的眼睛可以直接对视彼此。但是在中世纪的一些社会，如果你过来和我说话，是不可以直视我的眼睛的。你应当低头看地面，不能抬头看我。另外，在一些社会中，像我们之前谈到的卡拜尔社会，女人是不得与他人有目光交流的。所以，你现在可以看着我的眼睛跟我交流，这一行为本身就表达了一种现代社会的观念，即我们是平等的，我们可以平等地同对方交谈。

类比（analogy）是考古学研究的一个基本方法。您怎么看待？

类比方法非常重要。但在《现存的过去》[1]一书中，我想要说明的是应该有一种更具关联性的类比（relational analogy）方法，换言之，类比方法与周围环境和背景（context）之间的关联非常密切。大量例证表明，很多考古学家过于简单随意地使用类比法，他们并未认真思考自己所使用的类比例子是否能彼此相关联。同时，我仍然认为，我们拥有的材料越丰富，我们越能有效地使用类比方法。如果我们发掘的遗址除了一些石器之外，其他任何东西都没有发现，那么我

---

1. Hodder, I.（1982）. *The present past: An introduction to anthropology for archaeologists*. London: Batsford.

们就很难研究清楚遗址的背景。但考古学家总是非常善于从贫乏的材料中提取丰富的、详细的信息。举例说，近年来，考古学在很多方面都取得了长足进展，如考古遗传学、古 DNA、同位素、新的测年技术、石器和陶器的残留物分析，所有方法都表明，我们现在有能力从材料贫乏的遗址中获取种类更为丰富的信息以及更为多重的证据线索。但据我所知，在中国，至少从新石器时代以来，考古学材料的丰富程度堪称惊人。所以你们更有能力去重建古代的社会背景信息，因为你们拥有更为丰富的材料数据，拥有连续性非常强的文化历史，并且拥有可以追溯到非常早期的文献资料加以研究。通过以上方法，我们应该有可能发展出一种更富有关联性的手段，这种手段可以试着将所有不同种类的材料组织起来。但我们还是需要类比的方法，这不仅仅是假设古今存在连续性，更重要的是，我们还可以通过与其他社会比较的过程，发现那些其他视角是否是相互关联的。

您能概括一下后过程考古学所取得的成就吗？还存在哪些问题？

对我而言，到目前为止，最重要的是让考古学多与社会相联系（socially relevant）、多参与社会现实问题（socially engaged）。我发现，当人们与我交谈时，他们经常对我说，他们想让考古学多与社会现实相联系，多多参与解决当代社会问题。如今，不论你是谈性别考古、女权主义考古，还是谈论后殖民地（postcolonial）考古、本土考古（indigenous archaeology），还是谈文化遗产和博物馆，都会有更多的人愿意表达自己的观点、发出自己的声音（multivocality），有更多的人愿意参与到社群考古（community archaeology）中来，也会有更多团体和社群参与。在我看来，所有的这些进步都是珍贵的。这并不是说，所有的进步都受到了后过程考古学的影响。但我坚信，后过程考古的确对这些进步有所帮助和推动,即便还有其他的因素促成了这些进步。如美国的社群考古就受到了美国本土印第安原住民运动的强烈影响。但后过程考古和本土考古融合得很好。对我来说,这一进步最为重要。我认为,反身的方法同样也很重要,尽管它并未像我所期望的那样有影响力。我想,这是由于合同考古本身的巨大局限性,以及考古学自身财政等因素造成的。但反身方法还是产生了一些影响,特别值得一提的是,最近,我和其他几位学者在《古物》(*Antiquity*)发表了一篇文章,展示了反身方法如何同现代数字技术(3D)相结合。另外,当代考古学所探讨的问题范围更大了,思想和理论视野也更宽广了。我认为这很重要。这些更加宽广的视野下的探讨,让考古学家能更多地参与到人类学和社会科学的问题讨论中。举例说,在斯坦福大学的人类学系,正是因为后过程考古学的存在,才让系里的考古学家同文化人类学家相处融洽,才让他们之间可以相互对话、相互了解。在这里,文化人类学关注的很多问题同考古学是一样的,如权力与能动性、意义、殖民主义、后殖民主义、物质性、文化遗产等。对我来说,考古学能在更为宽广的视野下的社会科学讨论中作些贡献,的确是非常重要的事。

但同时我们也必须意识到,后过程考古还存在不少问题。最让我担忧的可能还是来自反身的、情境的方法与相对主义之间可能存在的联系。很多人都看到了一种危机,即考古学似乎变成了一个任何人都可以随心所欲地编造他们想编造故事的场所。我自己也对英国考古所取得的一些进展持非常批评的态度。在我看来,在英国考古学中,似乎可以不加批判地将自己的观点强加到材料之上,而并不思考究竟自己的观点是否适合手里的材料。在某些方面,考古学同相对主义之间产生了一种轻浮的、未经认真思考的暧昧关系(flirtation),在这种思想影响下,似乎什么都可以不被控制地发生,任何人都可以随心所欲地说他们想说的东西。我认为这相当危险。这意味着考古学的阐释非常容易受到权力操控——受到那些对过去阐释掌握话语权的人的操控。这种不加批判的相对主义方法,让人们对后过程考古产生了抵触,会觉得后过程考古学缺少科学性,等等。我已尽力在恰塔尔胡尤克遗址的发掘中让大家知道,你可以持后过程主义观点,同时也可以很科学。在我看来,并非后过程考古学排斥科学。实际上我非常希望通过参与社会事务、承担社会责任而让后过程考古学更加地科学。然而,由于人们认为后过程考古学不科学,所以产生了非常多的关于后过程考古学的负面反应。这一点以美国考古学表现得尤为突出。在美国考古学界,分析哲学的视角更浓。我在前面已经说过,美国考古学已经脱离了文化人类学的主流趋势。

您认为将来会出现后—后过程考古学吗?这种新的范式将会怎样?

我真的觉得现如今有关过程与后过程的争论已不像从前那般激烈了。我的意思是,1990年代或2000年代早期,人们对此还会争论不休。但现在不会这样,很少有人说自己是后过程主义者还是过程主义者。但另一方面,你也会发现,现如今,受社会学理论影响的考古学家同受新达尔文主义等生物学理论影响的考古学家之间还是有很大区别的。那些新达尔文主义者或新进化论者可能不会说自己是过程主义,但他们的立场中带有客观主义和实证主义的因素。这跟过程主义非常相似。那些研究文化遗产、冲突过后的调节(post-conflict reconciliation)及能动性的学者也不会称自己为后过程主义,但他们对政治和社会科学非常感兴趣。所以你可以继续保留以前的划分,但人们可能不会再用这些曾经使用的词汇了。一种十分确定的情况是,当下的美国考古学又重新回到了一种更倾向于自然科学的状态,人文色彩越来越淡化,并且受到了生物学、新进化论、进化心理学及认知科学等理论的强烈影响,或许欧洲考古学也是这样。所以,在我看来,考古学很明显地从人文、社会科学阵营又回到了自然科学阵营。

请您谈谈纠葛(entanglement)理论吧。请问这一理论是如何产生的?是什么促使您发展出这一理论的?

我想这一理论主要是通过发掘恰塔尔胡尤克遗址发展出来的。在这个遗址中,我非常惊异于一件事,即在那里想要寻找物与物之间的各种物质关联非常容易。在我看,需要有一种新的方式去思考恰塔尔胡尤克,就是将它看成是一个由诸多人与物相互纠缠而形成的恰塔尔胡尤克。考古学家总是以自上而下(from the top and looking down)的方式,通过寻找关于社会等级、不同群体或是宗教的线索来理解新石器时代。这种自上而下的研究是从高层次的抽象理论开始的。鉴于人们在恰塔尔胡尤克所能看到的信息最主要的就是,新石器时代的人们努力让自己的房屋屹立不倒,努力与洪水抗争,制造各式泥砖,选择在哪里畜牧等。对我来说,我有着非常棒的途径去接触恰塔尔胡尤克人日常生活的方方面面。而且我发现,这些不同种类的实践是相互关联的。如果你改变了某一样东西,其他的东西也将随着发生改变。物与物之间以一种错综复杂的方式纠缠在一起。这让我觉得,或许生活中每天唯一发生的事情就是这种错综复杂的日常纠葛。另一些宏大主题,如社会等级、动植物驯化、社会群体、宗教等,都是这些琐碎的日常纠葛的产物。我认为,正是由于恰塔尔胡尤克遗址拥有材料的丰富性,以及把这些材料拼合在一起所做的努力,才产生了纠葛理论。

与此同时，这个理论的产生还受到其他理论家，如布鲁诺·拉图尔（Bruno Latour）、蒂莫西·米切尔（Timothy Mitchell）、尼古拉斯·托马斯（Nicholas Thomas）等学者的影响。尤其是拉图尔的"重新回到物"的理论倡导。与以人为中心的社会理论不同，"重新回到物"这一思想倡导的是一种不以人为中心的社会理论，将人看作人与物之间关系网络中的一部分，或像拉图尔所言，将人看作是人与非人中的一部分。我认为，"重新回到物"主要体现了一个思想上的转变，即从以人为中心到人仅仅是诸多复杂事物关系中的一部分。在我看，"重新回到物"这一思想在当下得以流行的原因在于，如今人们发现自己身处很多自身无法掌控的大规模过程中，如全球气候变暖。这不再是我们能控制的。城市的构建本身就是一位积极的参与者。在我看来，人们越来越认识到自己正身处一个由自己建构的世界中，但在某种程度上，人又被自己建构的世界所支配。当下，这种不以人为中心的思想非常有吸引力。新兴的数字技术也再一次让人感到，自己只是宏大网络世界中微不足道的一小部分。云网络自身成为主宰者，而人只是云网络中微小的一部分。我认为，有很多种途径可以让当下的人们感受到自己同物之间的纠葛。同时，人们也察觉到这种纠葛越来越不是人所能控制的。

就其本质而言，纠葛理论在方法论上属于一种网络分析吗？

在我看，网络分析在探索纠葛理论的某些方面很有用。《考古学方法与理论杂志》（*Journal of Archaeological Method and Theory*）将刊登一篇我与安格斯·摩尔（Angus Mol）合著的有关网络分析文章[1]。我认为，研究人与物纠葛的其他方法也是需要的，而叙事性记

---

1. Hodder, I., & Mol, A.（2016）. Network Analysis and Entanglement. *Journal of Archaeological Method and Theory*, 23(1), 1—29.

述（narrative accounts）或许是能够全面展现纠葛的复杂性的最好方法。在纠葛及网络研究中，结点的界定往往非常困难。在我看来，你需要问清楚自己，这些节点与你所研究的某一种纠葛的种类是否相关。举个例子，如果你要研究有关仪式的纠葛，一件出土于自家的骨镞或许就不是一个相关的结点。如果你想研究的是动物及产品的纠葛，这件骨镞就可以是一个相关的结点。不同时期的纠葛是可以进行比较的，可以用各种形式的网络分析，如集中性（centrality）或中间性（betweenness）来探索纠葛是如何随时间推移而变化的。你可以在我和安格斯·摩尔合写的那篇文章中看到具体的实例。

早期的后过程考古对文本与意义感兴趣，随后逐渐开始关注物质性和当下的现实世界（lived practical worlds）。纠葛理论即如此，它与其他理论一样关注生活中的现实和物质层面，同时也没有否定意识与思想的领域。相反，它是对不同理论的整合，当代考古学正试图打破不同范式的界线。然而，纠葛理论的一个主要缺陷是能否找到一个适当方法来解决纠葛的复杂性。我认为纠葛理论依赖于考古材料的丰富与完整程度，如果考古材料足够好，纠葛理论的缺陷是可以得到解决的。

您是在英国受的教育，也曾在剑桥大学执教多年，后来却去了美国。在您的印象中，这两个国家的学术文化有何不同？您如何评价美国考古学的发展现状？

最大的差别在于，美国的考古学放在人类学系里，而不像英国和欧洲普遍实行的将考古学独立成系。美国考古学给我的最主要感受是，它太自相矛盾了。我来到美国后才发现，美国考古学中的考古科学相当缺乏，这让我十分吃惊。我的意思是，在英国，很多大学的考古系都有受过专门训练的考古科学家。举例说,他们中有的会做细致的同位素分析,有的会做微形态分析,有的会做古DNA分析等。很多大学的考古系都有技术非常专业的人才,都有人专门负责从各种自然科学基金那里获取研究经费进行高水准的分析研究。这种情况在美国则相对罕见,一部分原因是美国政府对考古学的拨款相对较少,一部分原因是因为考古学设在人类学系之下。我非常赞同考古学家应该同文化人类学家进行学术对话,同时我也认为,将考古学设在人类学系并非明智之举,它限制了考古学沿着自然科学方向发展的能力。我认为,考古学应与人类学分开,要建立起自己的基础设施体系,拥有自己的理论方法,获取自己独立的研究经费。

近年来我试图关注美国当代考古学的主要理论趋势。举例说,我阅读了很多关于行为考古(behavioral archaeology)、人类行为生态学(human behavioral ecology)、最优化模型(least cost optimization models)、理性选择模型(rational choice model)的书。这些方法在欧洲的影响并不十分显著。但我努力学习它们、理解它们。还有新进化论(neo-evolutionary)的思想。我最近的文章受这些思想和著作的影响很大,尽管我并不赞同它们,因为它们考虑的变量太少。

那么,您如何评价当代世界考古学理论的发展现状?是存在着某种主流范式还是呈现出多元的态势?

在世界的不同地方,这个问题的答案有很大差异。在欧洲很多地方,受后过程考古影响的方法仍然占有重要地位。在美国,考古学又回归到进化论的、实证主义的以及行为考古的方法。但近年来,不同(地区)的考古学理论在不断取长补短,呈现出互相融合的趋势。并不存在一个主流范式,人们可以自由选择范式去发展自己的观点,并且不会局限在过程或后过程的考古阵营。理论考古学的整体格局总是在不断变化，并且总是和新型科技相对话，如同位素研究、古DNA分析和贝叶斯统计等。

您认为考古学的社会职能是什么？您如何看崔格尔将考古学分为民族主义考古、帝国主义考古和殖民主义考古的提法？

尽管考古学的多样性有所增加，后殖民地考古、社群考古还有本土考古都有了很大发展，就全球范围的考古学来讲，无政府背景下的考古也有了大规模的发展，但崔格尔的贡献仍然非常重要。考古学与文化遗产在人们生活的方方面面所扮演的角色越来越重要，像中东文化遗产的破坏，在这种状况下，文化遗产的相关研究就显得尤为重要。还有冲突过后，南非和卢旺达也开始重视文化遗产。

您2012年有来北京作学术演讲的经历。中国考古学给您的印象如何？您怎么评价中国考古学的民族主义和历史学倾向？中国考古学还存在哪些问题？

我去过中国两次，真的让我印象深刻。的确，中国的考古遗址太棒了，文化遗产的丰富程度让人难以置信。我对中国考古工作的范围、田野发掘规模以及非常周密的方法印象深刻。同时，国家博物馆和各个地区的博物馆，以及中国对考古学和文化遗产所投入的大量资金也给我留下了深刻印象。

将考古学与民族主义相联系这一做法曾有过一段不光彩的历史，因为这往往会导致少数民族的边缘化，也会抹去他们的历史和史前史。我希望中国考古不要落入这样的圈套。

我经常说，考古学应该同历史学紧密相连，我们应该使用情境的方法,并以对考古出土材料的深思熟虑为基础。我很高兴这些重要的东西都在中国考古学上体现了出来。但另一方面,中国考古学并未在"社会与文化是如何发展与演变的"这一国际性课题上作出太多贡献,这其实是一件非常令人遗憾和羞愧的事。在我看来,中国考古学丰富的文化序列将会帮助世界其他地区的考古学家对很多问题有更深入的理解,如农业适应、城市化、人口迁徙,以及一些理论问题,如纠葛、物质性及本体论等。而且,中国早期文化的独特性,将会让全球考古学家更好地理解人类是如何以各种方式构建自己的生活及生存环境。中国考古学可以通过探索中国的哲学与思想,发展出一个受中国思想而非西方思想影响的考古学,以此对世界考古学作出重要贡献。若是这样的话,那将非常激动人心。我非常期待见证这个时刻。

我并不觉得我对中国考古学的了解程度已达到可以给出一些批评性建议的地步——我更愿意从中国考古学中学到更多。我唯一的批评性建议就是刚才所说的,如果中国考古学家无法参与到世界考古学的理论讨论之中,那太让人遗憾了,也将是世界考古学的损失。或许在不久的将来,会有更多的中国考古学家到国外参与发掘。这将有助于不同国家的学者进行思想交换与经验交流。

中国现在盗掘文物、破坏考古遗迹的问题很严重。对此,欧美考古学界是如何看待的?有什么办法解决这个问题吗?在考古学界应该怎样推动和加强学术道德的教育?对此您有什么好的建议?

这在哪里都是一个大问题。在我看来,唯一的办法是唤起群众,投身做"过去"的主人,并自觉地保护。人们更需要看到保护比盗掘获益更多。这只有通过教育和社区参与才能实现。所有考古项目都有义务进行教育,使各种社群、民众参与进来,让他们感受到在社会、文化、政治、经济各方面都能从"过去"当中获益。而这并不容易，考古学家在这方面需要训练。举个例子，很少有学生计算过一个考古遗址到底能带来多少经济收入——包括旅游、商店、住宿、博物馆参观、公交、出租车等等。考古学家需要一点文化经济学方面的训练，能够说得出"如果遗址被盗，你们这里每人能拿多少钱；但如果你们保护遗址并使其发展成为遗产地，每个人又能得到多少钱"。

能否谈谈您的下一步研究计划？有没有想过来中国进行考古发掘和研究？

我希望继续在恰塔尔胡尤克从事发掘到退休。在理论方面，将达尔文学说应用于文化和社会变化引发了一些问题，我希望能够构建一种演化理论，避免此类问题。中国有着极为丰富、复杂的历史和史前史。很遗憾，依我目前的年龄，我永远不可能在语言和考古方面学到足够的知识，使我能用自己所希望的方式为中国的考古事业尽绵薄之力。对我来说，要想进入中国这个独特的历史支流的细枝末节，恐怕需要太长的时间。

如果中国开始实践后过程考古学，应该从哪里入手？

一个关键的步骤就是找到能让考古学与社会相关联的方法，让当地的群体参与到考古发掘中来，去理解他们自身的历史。中国考古学可以去探索中国自己的社会学理论，看看中国考古学是怎样融入并且参与到自己的社会学理论中去的。我想这将是一个十分让人期待的进步。这样，中国考古学的视角将会与西方的迥然不同。如果某种考古学理论是以中国的社会及历史理论、而不是以西方的理论为基础，那将多么令人兴奋啊！

最后，您能展望一下考古学和文化遗产研究的未来吗？您认为未来的考古学将会是一个什么样子？

如今的西方考古学越来越关注"大数据"，重视数据的积累，并运用现代的分析技术去理解长时段、大尺度的趋势。当然，西方考古学在过去五六十年中积累了海量的材料，现在是到了该从这些材料中探索些规律的时候了。如果我们将这些材料同古 DNA 分析及其他自然科学技术结合在一起，那么，我想这将开启一个令人激动的考古学新纪元。在文化遗产方面，谁可以拥有、掌控文化遗产这个问题变得越来越重要。对很多国家来说，文化遗产旅游业已成为一项重要的收益来源。越来越多的人把考古学和文化遗产看成一个可以摆脱贫困的朝阳产业。我把这个看作是当今考古学要面对的最大挑战——考古学能否发挥自己的能力为社会发展作出贡献呢？几个世纪以来，考古学扮演的都是不起眼的旁观者角色。它的作用微不足道。如今，很多社会群体和国家都将考古学及文化遗产看作是推进现代化、增加收入、战胜贫困及摆脱边缘化的一种途径。我希望考古学能不负众望，做到这些，在社会上发挥越来越重要的作用。

（据《南方文物》2013 年 1 期、2016 年 1 期两次采访重新整合而成）

马丁·琼斯

科学考古与作为科学的考古学

马丁·琼斯（Martin Jones）

1970和1980年代先后任教于英国牛津大学和杜伦（Durham）大学。1990年至今任英国剑桥大学乔治·皮特-里弗斯科技考古讲席教授（George Pitt-Rivers Professor for Archaeological Science）[1]。此外，琼斯教授还曾担任剑桥大学考古系主任、英国古分子生物学研究会主席及科学考古战略委员会主席等职。

琼斯教授是英国生物考古学的领军人物。他长期致力于科技考古，关注科技考古的研究和发展。他的主要研究领域包括：史前时期的农业交流、人类分享食物的起源、早期作物分子生物考古、生态学理论与考古学方法、欧洲史前时代晚期至历史时期前段的农业等。

琼斯教授著作颇丰，代表作有：《人的环境——从铁器时代到盎格鲁—撒克逊时代》（1981）、《整合生存经济》（1983）、《末日前的英格兰》（1986）、《考古与不列颠之植

---

[1]. 此教席为1990年创立，系剑桥大学唯一的科技考古学讲习教授。

物志——植物进化中的人类影响》(1988)、《古分子生物学动向》(1999)、《分子狩猎——考古学家如何唤醒沉睡的过去》(2001)等。

近年来，琼斯教授几乎每年都来中国访问、考察，参加或举办国际学术会议，并广泛开展学术交流。2008年9月，他与中国学者共同组织了"中国西北地区早期农业的出现与发展"国际学术研讨会（甘肃酒泉市）；2010年8月，再次与中方联合举办了"鄂尔多斯青铜器与早期东西方文化交流——北方草原通道"国际学术研讨会（内蒙古鄂尔多斯市），积极推动了中英两国的学术交流与研究。

2009年，琼斯教授撰写的《宴享的故事》（中文版）一书由山东人民出版社出版[1]，在学术界及社会产生较大反响。此书通过对大量考古发现和研究的镶嵌阐述，让公众了解到考古学的一个新兴分支学科——伴随当代科技发展而来的"食物考古"（植物考古）。

> 我将带你穿越过去一百万年的时光隧道，经历不同时期的各种宴享活动，一起观察这种活动如何随时间而发生变化。我所选择的进餐场景都来自考古发掘的实物资料，这些资料的获取离不开考古学家的好运气，更离不开他们对古代饮食遗存细致入微的发掘与分析。
>
> ——马丁·琼斯

有读者指出：

本书作者想要阐述的是，人是"社会人和生物体"

1.（英）马丁·琼斯：《宴享的故事》，陈雪香译，山东人民出版社，2009年。

的有机结合，通过考古学研究人类在食物分享上的行为和表现，能很好地深入理解这一点。作者通过食物遗迹的物质线索对人类进化所做的表述，尽力把握事物的复杂性和多样性。因此，《宴享的故事》最让人受益之处就是体验当代考古学的"跨学科"性质。这不仅仅体现考古学的研究手段不断引入分子生物学、生态学等自然科学研究的新进展，也显示了从社会学、人类学中寻找的灵感。

有鉴于此，有人建议包括高中生、理科学生都要认真读一读这本书，领悟一下何谓"人文精神照耀下的科学态度"。

采访、翻译 | 刘歆益

终审 | 李水城

您最初是怎么对考古学产生兴趣的？

从儿时起我就对过去充满了好奇。记得我第一次想到可以从地底下挖出古老的东西时，我才 8 岁。记得第一次参加考古发掘是在距格拉斯顿伯里（Glastonbury）[1]不远的一个叫弥尔湖村（Meare Lake Village）的地方，那是一处铁器时代的遗址。当时我才十六七岁。我记得出土了一个盛满炭化种子的陶罐，那时候还没什么人研究植物类遗存。

您的学术生涯见证了植物考古学在西方的发展。是什么促进了这个学科的发展？其中最主要的是什么？

1968 年，出现了第一个以植物考古为基调的发掘，当时正值老一代的社会演进模型和支持这一模型的陶器类型学濒于瓦解之际。其实，那次发掘本身还是倚重传统类型学的。然而，后来在英、美两国学术刊物上发表的一系列文章，将认识论的重点从器物类型学转向了食物与环境。我个人的学术生涯有两点和这个时期有关。1972 年，我参加了杰夫·温莱特（Geoff Wainwright）领导的对尕塞支-阿尔-圣慈（Gussage-All-Saints）铁器时代遗址的发掘。发掘过程中我的角色是"现场植物考古学家"（这个名词现在已经不存在了）。我并不十分确定那次发掘我们是否决定对每一个考古单位都进行浮选，但我想那是第一次在英国的遗址发掘上这样做（在美国和近东，那时浮选法尚处于试验阶段）。两年后，我有机会涉足一个刚刚出现的新领域：文化

---

1. 位于英格兰西南的萨默塞特郡（Somerest）。——编者注。

资源管理。我加入了英国最早成立的郡级考古单位之一：牛津考古组（Oxford Archaeological Unit）。这个组织的头儿是汤姆·哈索尔（Tom Hassall）。他认为，生物考古学研究应该优先于传统的陶器类型分析。一年以前成立的约克考古组也是这么干的。即使是在今天，这都是相当领先的。

在此后的职业生涯里，我目睹了考古学在分子水平上的突飞猛进。这一发展无疑受到了当时很火的古 DNA 研究的刺激。许多大的基金会都对此感兴趣。那时，我正在杜伦（Durham）大学[1]任讲师。也正是这个时期，我从单纯的显微镜工作里抽身出来，开始关注并影响科技考古在生物组织层面上的发展。20 世纪 80 年代末，有人宣称发现了恐龙的 DNA 或旧石器时代石器上的血迹。差不多就在此时，我当选为英国科技考古界最主要的基金会理事成员。1990 年，我第一次参加会议，就提议组建后来逐渐成形的"古代物分子创新工程"（Ancient Biomolecule Inititiative）。这个工程日后推动了不少重要的工作。回想起来，无论是恐龙的 DNA 还是旧石器时代石器上的血迹，日后都没有走多远，它们只是"基因考古学"（archaeogenetics）残留物分析和稳定同位素分析的先声，后者构成了当代科技考古学最坚实的部分。

科技考古今后的走向如何？您怎么看科技考古作为一个独立的学科？

依我看，考古学常常不得不为当下的问题提供解释，虽然这一点往往要到事后才看得清楚。然而，可以预见的是，一些当代社会面

---

1. 这是英格兰北方的一所传统著名大学。——编者注。

临的危机显然会影响科技考古学日后的发展方向的,譬如粮食安全问题、生物多样性及气候变化等。

在方法论上,生物科学的发展,尤其是医学和食品科学的进展仍将是科技考古在今后很长一段时间内发展的主要动因。尽管基因表达的考古学应用仍处在起步阶段,但是很快就会成为一种主要技术。

我觉得很难预测有关身份认同、个体特征和亲缘关系等议题的走向。我认为它们有相当的前景,一系列的科技考古方法,包括基因考古学、骨科学和稳定同位素分析都会为这些议题提供核心技术。但是,它们将来的走向对我来说仍很模糊。这么说是因为我最近看到几个利用成熟的科学技术研究种族起源、国家主义等问题。我对这样的研究方向不以为然,该换换角度了。

您能否向中国读者简要介绍一下摩拉维亚格拉维特旧石器遗址的研究计划(Moravian Gravettian Project)?以及您对人类分享食物方面的兴趣。

我有个假设。即一系列的"现代"行为为人类走出非洲提供了必备的生存策略,包括面对面地分享食物、讲故事和旅行。正是这些行为帮助我们人类离开非洲故土,一直走进北极圈。然而,迄今为止,旧石器时代考古学的基本数据仍被石器和骨骼主宰着。出于种种原因,这门学问在一定程度上还停留在新石器研究40年前的发展阶段,那差不多是我第一次参加考古发掘的时候,植物遗存还很罕见。一段时间以来,我都希望找到一个合适的旧石器时代遗址,然后像对待新石器时代遗址那样进行系统的发掘。这就意味着对所有单位进行浮选、系统的植物考古学、沉积物和稳定同位素分析,从而获得一个更全面的人类分享食物的画面。我十分感谢布尔诺（Brno）[1]的尤里·斯沃博达（Jiri Svoboda）对一系列重要遗址的发掘。这些遗址位于现代人向北方进军的必由之路上。现在，我们正在和捷克的同行合作发掘科斯廷基（Kostenki）遗址，那是北进路线上的重要一站。通过沉积物分析，我们了解到周期性的外出并返回火塘的行为。火塘是分享食物和其他社会行为的中心。在这座遗址中，植物考古学家发现了炭化的根茎类遗存，一种对肉食的补充食物。有证据表明这些根茎曾被碾磨，与食物加工有关，这是显著的"现代"行为。同时，对有毒植物[2]加以利用，表明语言得到了日常普及。换句话说，人们已经学会讲更复杂的故事了。

我希望能在有毒植物这个方向上有所进展。我们知道，当人类来到美洲以后，很多在旧大陆不被利用的植物在这里得以推广：作为主食、调味品、麻醉剂、药物，甚至是有意施毒。这些植物处在富含有毒品种的科属中，对它们的利用需要更多的植物学知识。我们不知道人类是如何获得这些知识的。但我怀疑，这与人类走出非洲以后的北进有关[3]。

"史前时代食物全球化"（Food Globalisation in Prehistory Project）这个研究项目的核心思想是什么？你们将如何工作？

这个研究项目有两个来源。第一，是我考虑了多年的一个问题。这个问题终于把我引到中国来。在欧洲很多新石器时代遗址都浮选出一种易被忽略的炭化种子：糜子（黍）。糜子很可能是在中国驯化的。

---

1. 捷克中部的一座城市。——编者注。
2. 意指包含有毒品种较多的植物科属。——编者注。
3. 人类不得不面对不同纬度上的植被，并从中选择可食用的食物。——编者注。

它在欧洲的出现早于所有已知的东西方之间的交流。第二，是植物考古学近年来的一系列重要进展。有两个学者起了重要作用，即赵志军和傅稻镰（Dorian Fuller）。他们的工作都清楚地表明，在可能的糜子传播之后，在一个阶段里，富含淀粉的各种粮食作物在旧大陆的版图上大范围地移动，这些事件都发生在公元前第三纪。我们不知道这是为什么和如何发生的，我们也不知道为什么农业交流的证据总是早于其他物质文化上的证据。

开展这样的研究，我们恰逢其时。因为植物考古学、基因考古学和稳定同位素分析等方法的交叉正日趋成熟，这使得复杂的跨学科合作成为可能。我们希望将这些前沿的交叉方法论带入中国西部以及哈萨克斯坦的田野工作，并希望能与这些地区最新的史前考古工作相呼应。

您的《宴享的故事》最近被译成中文。为什么您会写这样一本书？能否谈谈两种解释传统——进化史观和社会史观之间的冲突。

你抓住了这本书的一个主要动机：究竟是该把人当作生物机体还是社会人来看待？我想探索这两种对立观点的中间地带，而不屈从于其中的任何一种。太多的研究者都这样或那样地服从于两者之一，而不是考虑把它们联系起来。这种屈从的视野一直都让我觉得有趣。尤其是1970年代，当时我正在研究欧洲铁器和罗马时代的农业。因为关注的时间尺度不同，学者们对这个时期的解读常常有很大的差异。哪怕是研究同一个历史现象，因为时间尺度的差异，会得出很不相同的结论。举例来说，罗马人占领不列颠岛，究竟是无法避免的历史必然呢？还是罗马皇帝克劳迪一世（Claudius）的野心和一念之差的后果？时间尺度正是这本书的核心。这也是为什么每一章都从一个特定的历史场景出发,正是我在社会性和生物性的明显对立中寻找中间点的原因。

东亚农业起源是一个正在快速发展的学术领域。对这个学术领域,您有何立场和观点?

能和来自中国的同事们在此刻展开合作令我感到非常兴奋。中国的考古事业正在大踏步地前进,亚洲的史前史也逐渐变得更加清晰。我在剑桥的团队很幸运能参与到这一事业当中,并为之提供一些方法。然而,如果没有中国同事的努力和铺垫,这些工作都是不可能的。

并非很久以前,很多人仍习惯于把世界文明看作是单一的起源系统(这些论述经常强调西亚和地中海东部的摇篮作用)。甚至到了20世纪90年代,这类想法仍见诸学术刊物。重新认识东亚农业起源的一个重要后果就是毁坏了这种偏见。随后的一系列进展都将表明,亚洲的农业起源与近东新月地带的早期农耕并无联系,它们是相互独立的。这些研究成果现在可以总结如下:史前食物的多样性是以发展非常缓慢的驯化过程为背景的,这个过程伴随着对居住地点有针对性的选择。而农作物的传播和"全球化"发生在此之后。从很多意义上,我们不仅应该认识到东西方各自独立的农业起源。实际上,亚洲的证据也让我们不得不反思那种先入为主的西方式思维,包括到底什么是农业。

西方世界对土地的过度开发,造成很多传统农业知识的流失。所以西方学者在理解早期农业的时候常常受困于自身的经验。同时受困的还有我们对如下概念的理解,例如:永久聚落、田野、工具、单一作物等。虽然亚洲在很大程度上也面临着同样的困境。但相比之下,亚洲仍保有农业技术的多样性。在农业结构多样性这点上，西方应该向东方学习。学习保有农业技术的多样性，并从考古学证据中求得启发，这关系到过去、现在和将来。

有一点很清楚，糜子的传播向我们证明了欧亚大陆最初的农人之间的联系可能是基于小的社群。这些社群在环境中有一定的机动性。它们留下的物质文化证据并不多。在时间上，这些社群要早于任何与复杂社会形成有关的事件。

能否谈谈20世纪的60年代？从另一种文化的角度来看，60年代的西方世界很有趣。能不能谈谈您个人的经历，那个时候的考古学，以及60年代的考古学如何与社会运动相结合。

60年代似乎陷入了永无止境地分析与再分析之中。你的问题令我不得不回视我自己敏感的青春时代，我将尽力回答这个问题，置身于自己的成长经历中。我得承认，直到70年代我才消化了那些60年代的考古学和人类学著作。

那时我只有十来岁。60年代的一个明确主题就是生活方式，不一样的生活方式，正在成长中的田野考古很自然地成为这个主题的一部分。在英国，"抢救性发掘"要到70年代才随着"考古组"的形成逐渐职业化。60年代，抢救性发掘的观念正鼓舞着一种理想中的考古学家的生活方式，那是一种渴望半游牧式的生活。这正好契合人们对闲适的、与众不同的生活方式的期待。所以田野考古的吸引力集中于两点：田园式的乐趣和野外生活中的同志之情。那时很多年轻的未来考古学家都被深深地吸引着，我是其中的一员。

60年代的另一个主题是政治上的简单对立：左与右、东方与西方、黑与白、老套与年轻（在我的记忆中，性别的政治化在60年代尚不存在，那是 70 年代的事儿）。我们这一代人的文化联盟基于对东方世界的浪漫化。在这点上类似于我们父辈的文化联盟基于对东方世界的妖魔化。越南战争造成的文化冲击加固了这种联盟。对我们的父辈来说，越战很大程度上勾起了他们对"二战"中对日作战的回忆。两代人的共同点其实是都不清楚亚洲各国之间的文化和政治差异。我和我的同代人把一种浪漫化的北越山地部族和中国的乡村公社混淆在一起，我猜我们把对中美洲的印象也混了进来（那时候，我们很多人都同时拥有切·格瓦拉的 T 恤衫和英文版的毛氏红宝书）。

无论这些观点多么过分单纯，对越战的集体经验推进了对"西方价值"的批判，并加强了对"东方价值"的好奇心。这些经验与 60 年代人类学的进展直接相关。回望那段历史，某种意义上，越战对西方人类学主流观点的影响是清晰的。

越战对 60 年代考古学的影响同样显而易见，但较为模糊。60、70 年代的一些重要考古学著作可以被置于相同的主题，例如："西方的进步"模式的衰落，被一系列新的人类学和生态学观念所取代。我不认为考古学在这里和政治上有承前启后的关系。这些转变更是一种对"老一辈考古学家"的挑战，而非对当代社会的批判。我想后者随着后过程主义的兴起，在此后的 10 年里才显得更突出。

我们经常见到考古学家对当下的社会抱有强烈的政治立场，比如柴尔德的社会主义倾向。您认为研究者自己的政治哲学会影响他/她对古代社会的理解么？您自己的政治倾向是否影响了您的考古学关注？

这个问题有两个元素：首先，观察者和叙述者之间的关系；其次，对"宏大叙事"和个体对宏大叙事的独立解读。关于第一点，作为一名科学家，我相信可被复制的、去主观化的方法论。过去 20 年里，西方考古学曾就此是否是研究问题的唯一途径进行争论。不管怎样争论，方法论无法限制我们提出的问题。我认为，有足够的证据表明，问题的提出才是研究者的世界观对他/她所书写历史产生影响的途径。西方考古学家常常置身于两派之间：一派愿意明确地说出他们的意识形态观点和研究的问题（一般来讲是政治上的左派）；另一派则对"研究问题"本身表示怀疑（一般来说，这一派继承了一种比较传统的论述方法）。我同时与两派学者共事，但是警惕（一种英国式的机警）于两种极端。

70 年代和 80 年代，我的很多研究都与罗马和此前的时代相关。我曾一度与安德瑞亚·卡安帝尼（Andrea Carandini）共事，一位真正的意大利共产党员，恐怕也是早期成员之一。塞狄芬斯特里（Settefinestre）研究计划的一个清晰目标是探索卡尔·马克思关于奴隶社会生产关系的论述，期望通过考古发掘一个大型的农奴村落而找到答案。平心而论，我们一度处于用破碎的考古证据来装饰马克思主义的庞大叙事中。然而，最后安德瑞亚对科学方法的信念尤其是通过田野调查，证明了对于遗址本身的定义在很大程度上都是站不住脚的。

我认为柴尔德（G. Childe）以及那一代人的宏大叙事传统如今已不见于当代西方的考古学。一个很有趣的对比是，中国的博物馆常见上下五千年的庞大叙事。回到前一个问题，在经历了越战的文化冲击后，这种庞大叙事的方式已很难在西方人的思想中占有一席之地。作为一个经历过那个年代的人，我自己的信仰也在发生变化，这种变化并不那么清晰，这变化经历了不同程度的社会主义和政治上的左派。

这些观点影响了我提问的方式，例如关注普通人、他们的农耕手段、饮食习俗等等。但是，尽管我喜欢时间和空间上的大尺度，但我并不热衷于含糊意识形态上的宏大叙事。

考古学的本质是什么？
人类本质的本质。

（《南方文物》2012 年 1 期）

加里·费曼

聚落形态与区域系统考古调查在山东的实践

加里·费曼
（Gary M.Feinman）

美国著名考古学家。现任美国芝加哥费尔德自然历史博物馆（Field Museum）人类学部主任、美国西北大学兼职教授、伊利诺伊大学兼职教授、中国山东大学立青讲座教授。

加里·费曼教授于1972年毕业于美国密歇根大学，获学士学位。1980年毕业于美国纽约城市大学，获博士学位。后执教于美国亚利桑那州立大学、威斯康星大学麦迪逊分校。1999年起任全美考古学会常务理事。2000年被中国社会科学院考古研究所聘为荣誉研究员。2005年当选美国科学促进会（AAAS）院士。此外，他还是美国《考古研究杂志》(Journal of Archaeological Research)的创办者之一。

加里·费曼教授长期从事中美洲地区的考古学研究。曾负责著名的瓦哈卡（Oaxaca）河谷及尤特拉（Ejutla）

河谷聚落形态的考古研究项目。目前，他正在负责米特拉堡（Mitla Fortress）遗址的考古发掘，取得了令人瞩目的成就。自1995年起，加里·费曼教授及夫人琳达·尼古拉斯（Linda Nicholas）与山东大学开展合作，在鲁东南沿海地区进行区域系统考古调查，有关这一地区的社会复杂化进程研究已经取得了阶段性的成果。

加里·费曼教授著作等身，已出版著作近30部，发表考古报告和研究文章百余篇，对世界各主要地区的古代文明起源等学术热点问题贡献甚多。他的主要代表作有《过去的映像》(*Images of the Past*, with T. Douglas Price, Mountain View. California: Mayfield Pub. Co., 1992)、《权力之路》(*Pathways to Power: Archaeological Perspectives on Inequality, Dominance, and Explanation*, edited by T. Douglas Price, Gary M. Feinman, New York; London: Springer, 2010)、《考古学视角的政治经济学》(*Archaeological Perspectives on Political Economies*, edited by Gary M. Feinman and Linda M. Nicholas Salt, Luke City: University of Utah Press, 2004) 和《墨西哥瓦哈卡的山顶台地遗址：吉伦、埃尔帕尔米洛和米特拉堡遗址的区域系统调查》(*Hilltop Terrace Sites of Oaxaca, Mexico: Intensive Surface Survey at Guirún, El Palmillo, and the Mitla Fortress*, with Linda M. Nicholas, Chicago, Ill.: Field Museum of Natural History, 2004)。

2012年12月，加里·费曼教授和夫人琳达·尼古拉斯女士在结束了鲁东南沿海地区的考古调查后，与山东大学文化遗产研究院及考古系师生进行了座谈。其间，方辉教授对他进行了采访。

采访 | 方　辉[1]
整理 | 杨　谦、龙　啸[2]
终审 | 李水城

　　加里·费曼先生从 1995 年就开始与我们进行合作，每年都来山东与我们合作进行田野调查工作，到现在已经有 17 年，是我们的老朋友了。今天我们很荣幸请到他们两位学者来跟大家座谈，聊聊他们的考古职业生涯以及他们在中国和墨西哥所做的田野工作。我们今天讨论的主题是聚落形态研究及相关问题等。首先，您两位能否谈谈是什么原因促使你们选择了考古作为你们的职业？

　　首先，非常感谢方辉教授及在座的所有师生，谢谢你们冒着严寒前来参加座谈！很多年前，当我跟你们一样还是一个学生，在密歇根大学念本科的时候，最初的想法并不是要学习考古学。然而，在大一的时候，我选修了肯特·弗兰纳利（Kent Flannery）教授开设的一门课。我非常喜欢那门课，从那时起，我就萌生了学习考古学的想法。众所周知，弗兰纳利教授是世界著名的考古学家，他的研究工作触及世界许多地区，但主要集中在墨西哥瓦哈卡河谷。所以，在他的课堂上，他总是跟我们讲述很多与瓦哈卡相关的研究趣事。受他的影响，我也逐渐对那个地区产生了兴趣。但那时我还只是一个资历尚浅的学生，因此在接下来的几个暑假里，我也只能在美国境内的遗址参加田野实习，积累经验。

　　毕业之后，我决定继续攻读考古专业的研究生，并去了纽约城市大学（The City University of New York）继续深造，师从理查德·布兰

---

1. 山东大学历史文化学院教授。
2. 杨谦、龙啸均在山东大学历史文化学院。

顿（Richard Blanton）教授。布兰顿教授也毕业于密歇根大学，是肯特·弗兰纳利和杰弗里·帕森斯（Jeffrey Parsons）的学生。在他们的培养下，布兰顿开始在瓦哈卡河谷做工作，而我最终也得以和他一起在瓦哈卡河谷进行区域系统调查，这些调查资料后来成为我撰写博士论文的基础资料。

可能你们很多人都听说过华翰维（Henry Wright）和周南（Dick Drennan）。在过去的20多年中，他们两人都曾把区域系统考古调查的方法介绍到中国。同时，他们二人也都与密歇根大学有着密切的关系。表一是一个类似于"家谱"性质的东西，它列出了一些考古学前辈的名字以及美国聚落形态研究传统的源流，指出了相互之间的师承关系。表中所列学者在聚落形态研究的发展历程中都发挥了重要的作用。

在全世界的聚落形态研究史上，弗兰纳利作出了重要贡献，尤其是在社区（community）这一研究层次。他是周南研究生阶段的指导老师，同时也是理查德·布兰顿的老师，布兰顿又是我的导师。在密歇根大学上学时，我修过弗兰纳利的好几门课程，同时，华翰维也是我的指导老师。华翰维和弗兰纳利在密歇根大学是同事。华翰维早年的时候跟随著名的学者罗伯特·亚当斯（Robert Adams）学习考古。罗伯特·亚当斯在美索不达米亚地区进行了非常重要的考古调查工作，是最早在美索不达米亚进行考古调查的学者之一。作为亚当斯的学生，华翰维也毫无疑问地受此影响，并在美索不达米亚地区进行考古调查。

在我攻读研究生期间，我参与了在墨西哥瓦哈卡河谷进行的区域聚落形态研究。我分析了调查期间所采集的陶片，并据此完成了我的毕业论文。此后，琳达和我继续在瓦哈卡河谷进行聚落形态研究，长

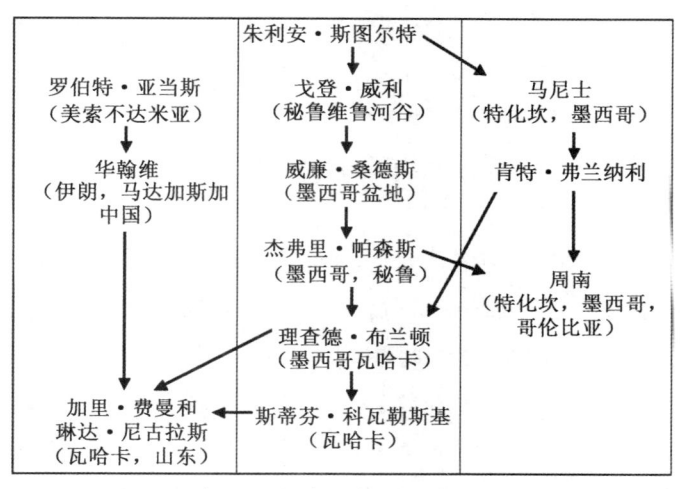

```
┌─────────────────┬─────────────────┬─────────────────┐
│                 │  朱利安·斯图尔特 │                 │
│  罗伯特·亚当斯  │                 │     马尼士      │
│ （美索不达米亚）│   戈登·威利     │ （特化坎，墨西哥）│
│                 │ （秘鲁维鲁河谷）│                 │
│    华翰维       │                 │  肯特·弗兰纳利  │
│ （伊朗，马达加斯加│  威廉·桑德斯   │                 │
│     中国）      │ （墨西哥盆地）  │                 │
│                 │                 │     周南        │
│                 │ 杰弗里·帕森斯   │ （特化坎，墨西哥，│
│                 │ （墨西哥，秘鲁） │    哥伦比亚）   │
│                 │                 │                 │
│                 │ 理查德·布兰顿   │                 │
│                 │ （墨西哥瓦哈卡）│                 │
│                 │                 │                 │
│  加里·费曼和    │ 斯蒂芬·科瓦勒斯基│                │
│  琳达·尼古拉斯  │   （瓦哈卡）    │                 │
│ （瓦哈卡，山东） │                 │                 │
└─────────────────┴─────────────────┴─────────────────┘
```

表一　聚落考古学家的"家谱"

达15年之久。在20世纪90年代早期，我们还在发掘墨西哥瓦哈卡遗址的房址时，文德安（Anne Underhill）找到了我们，向我们介绍了她和山东大学的一个非常好的合作项目，并且问我和琳达是否愿意到中国来协助他们开展这个调查项目。这个项目主要考察鲁东南地区以新石器时代晚期（龙山时期）的两城镇遗址为中心的聚落形态。就像刚才方教授说的，1995年我们开始了这个合作研究项目，并一直持续至今。

学习考古的同学可能都知道有个"密歇根学派"，这在美国是一个非常有影响的学派。从表一可以看到他们之间的师承关系。弗兰纳利是文化生态学的中坚人物；华翰维则偏重社会的变迁，并发展了酋邦理论等。他们两人在20世纪60年代便非常有名，构成了"密歇根学派"的中坚力量，并影响了现在北美学术界的主流学者。因此，可以说他们两人就是两杆大旗，而且都出自密歇根，这可能是"密歇根学派"得名的原因吧？这一学派强调的是生态和社会。加里·费曼教授在大学时代就受到了他们的影响。

费曼教授，您能谈谈区域系统考古调查吗？为什么您觉得它对考古研究特别重要呢？

在研究所谓的复杂社会，比如酋邦和早期国家等社会组织这类问题时，许多人都会问到一个问题，为什么聚落形态考古研究（主要是区域聚落形态的数据）会如此重要？

首先，我需要讨论的是复杂社会的定义问题。尽管学者们对这一定义意见不一，然而我们所涉及的复杂社会都具有几个重要特征，即它们具有庞大的人口、等级的领导和社会组织，以及更加集权化的社会。

其次，如果你对复杂社会的形成原因感兴趣，那么这个问题就变成了"是什么导致了人口增长？是什么促使了社会等级的形成？"而在这一过程中，也常常伴随不平等的权力和财富分配不均等现象。"是什么因素导致了社会以及经济贸易的产生？""为什么人们会放弃他们的自治权和财富，去支持他们的领导者呢？"我认为，聚落形态考古为我们进行关于人口或者社群规模、人口分布、政治复杂性以及等级制度等方面的研究提供了重要的数据和途径。

在过去的五六十年间，我并非唯一一持聚落形态系统调查对世界考古学产生十分重要影响（观念）的人。还有其他的学者，其中两位是非常著名的美国考古学家——杰瑞·萨布罗夫（Jeremy Sabloff）和温迪·阿什莫尔（Wendy Ashmore）。前者在 2001 年曾说道："聚落形态研究是自第二次世界大战以来，在考古学理论上唯一一个最具创新性的理论和方法。"同时，英国著名的考古学家科林·伦福儒（Colin

Renfrew)也曾写道:"现在在考古学研究领域运用最广泛、且最有效的获取新材料的方法就是系统调查。"所以,这不仅仅是我和琳达的想法,这些著名的考古学家们也都认为,区域聚落形态调查对于研究复杂社会具有非常重要的作用。

聚落形态研究方法最初由张光直先生在1984年介绍到中国,并且产生了非常深刻的影响。这也是中国考古学家第一次了解聚落形态考古。读过张光直先生著作的人都知道戈登·威利(Gordon Willey)。张光直先生介绍了戈登·威利在秘鲁维鲁河谷进行的聚落考古研究,这通常也被视为聚落考古学研究的开端。费曼先生,您在墨西哥的工作已逾30年,同时还改进了区域系统调查的方法。您能谈谈早期的聚落形态研究跟您所改善的方法之间有什么本质上的区别吗?

一般说来,聚落形态研究产生于对考古材料的重新思考,是处理考古材料的一种新方法。这种方法把考古材料看成是相互联系的,而不是分门别类。就像张光直先生在许多年前指出的那样:"你可以在单个房屋的层面上,也可以在聚落或者社区的层面上,甚至在一个区域内或者更大的地理单元层面上研究考古遗存之间的关系。"我们在山东这个合作项目中的部分工作就是进行区域聚落形态研究。张光直先生自己没做过区域聚落形态研究,但是他总是用联系的眼光来看考古材料,并且在推广这种研究方法上作出了许多有影响的贡献。

为什么它这么重要呢?因为人们总是在不同层次、不同范围内参与社会活动,同时具有几种身份。他们既是一个家庭成员,同时也是一个社区成员。他们还会参与到社区之间的关系网中,甚至在更大范围内与其他地区的人发生联系。因此,他们也是这些社区、地区间关系网的一部分。如果我们想要研究古人的社会活动及关系网,那就需要找到能够为我们提供从不同层次、不同范围研究考古材料的方法，而如果仅仅依靠考古发掘材料对一个广大区域进行研究几乎是不可能的，必须找到可以在比聚落更大范围收集考古材料的一种可行方法。正是基于这一考虑，考古学家才发明了区域系统调查和聚落形态研究的方法，而且实践证明，这样的方法是非常有效的。也就是说，你所做的调查越有系统性，覆盖区域越广，获得的资料也就越丰富、越全面、越精确，对社会研究所能获取的信息也就越多，甚至还可以大概估计这一区域内的人口规模。

因此，我们可以说，系统的聚落形态研究方法具有很多优势。运用这种方法，可以得到研究一个区域内聚落间关系的考古材料。这些材料为我们提供了考察人类社会经济关系的时空变迁基础。这会让你意识到，人们总是共时地处在不同社会关系网之中的事实。人群之间并非完全封闭的，即使这些人群之间存在自然的或者人为设置的障碍，如边界、长城等，人们也总会想方设法地越过这些障碍与其他群体的人交流、互动。而在所有人群内，即使他们共享族群认同的某些因素，也并非是同族的。这就意味着，人群内的每个个体不应该被认为是完全相同的，即个体与个体之间是存在差异的。同时，聚落与聚落之间也是存在差异的。聚落形态研究方法使我们能够了解居住在某一地区的人群以及聚落形态、聚落分布随时间而发生变化的情况。除此之外，没有其他方法获取有关这些信息的材料。即使在某一地区发掘出若干遗址，也无法提供了解这些情况的相关信息。

当区域内聚落形态研究刚被应用到实际研究时，不少学者就已开始尝试使用抽样的方法研究某一地区随意设置的小的地理单元。但这些样品单元在空间上并不是连续的，甚至其覆盖范围仅仅涉及某个区域的很小一部分。因此,这种聚落形态的研究需要改进。最终,这些研究被证明不如全覆盖式调查(区域系统调查)那样富有成效。尤其是在时间上纵向观察聚落规模、数量及布局的变化等方面。相反,如果调查范围全面覆盖了某一大区域,往往被证明非常有效,尤其是在研究复杂社会时。这也是我和我的同事们在瓦哈卡河谷及附近区域做研究时所采用的方法。在山东沿海地区我们也采用了这样的方法。

能否简单介绍一下您在墨西哥瓦哈卡所做的工作,以便我们更好地理解聚落形态的研究方法?

考古学家在墨西哥瓦哈卡进行了30多年的考古工作,从而最终在这一地区孕育出区域聚落形态的研究方法。图一是一张墨西哥中南部高地的地图,那里遍布高山、河谷,图中标注的深色区域是已经调查过的。我和琳达主要在瓦哈卡河谷和尤特拉河谷开展工作。被我们调查过的区域连在一起总面积已超过8000平方公里。这也是世界上采用这一方法调查面积最大的区域。

仅仅瓦哈卡河谷调查的面积就相当于我们在山东沿海调查所覆盖的面积。如果把墨西哥高地所有调查的区域面积加起来,其总和将超过20000平方公里。这些海量的调查资料对我们比较研究不同地区的聚落形态,以及在时间纵向上观察聚落形态的变化,或者说研究聚落形态发展模式的多样性非常有用。同时,我们还可以利用一系列具有一定相似性的考古材料,比较研究墨西哥高地不同地区复杂社会的兴衰。

在瓦哈卡河谷刚开始进行聚落形态考古时,焦点集中于中美洲最早的城市之一——蒙特阿尔班(Monte Albán)的兴起问题上。当时,困扰我们的是,这座城市形成的前提基础是什么?因为在蒙特阿尔班形成之前的很长时期,我们几乎不知道这一地区聚落形态的基本情况。仅有的少数几个遗址分布在瓦哈卡河谷,且多集中在河谷的某一范围,包括前蒙特阿尔班时期的中心聚落——圣何塞莫戈特(San José Mogote)。因此,如果不了解这一地区在蒙特阿尔班之前的基本状况,包括它的人口规模、人口数量及分布等,要讨论导致蒙特阿尔班形成的因素将会非常困难。

通过调查我们发现,在蒙特阿尔班建立之前,这一地区已有人生活。因此,这说明蒙特阿尔班时期的居民并不都是从墨西哥其他地区迁徙来的。在蒙特阿尔班之前,在瓦哈卡河谷的不同地区就有若干规模相对较大的遗址,其中最大的就是弗兰纳利曾经发掘的圣何塞莫戈特。

有趣的是,在蒙特阿尔班所在的那片区域内,在此之前基本不见人类的活动迹象。这个人烟稀少的地方坐落在偏于河谷一隅的三组聚落群之间,而这似乎就是促使住在河谷不同地区的人们集中到一起而形成蒙特阿尔班的前提因素。属于不同聚落的人群以某种方式聚集在一起,或者是被迫合作,从而在河谷中央位置形成一个新的聚落中心。同时我们还发现,自从蒙特阿尔班建立后,附近的人口数量迅速增长,其增长速度明显高于远离蒙特阿尔班的地区。

事实上,这样的聚落形态与我们在两城镇所见的极其相似。在山东东部沿海地区,很少发现大汶口文化晚期遗址,但随后便出现了如两城镇、尧王城、河头等大型中心聚落。一旦出现这样的中心聚落,这些中心聚落的人口便会快速增长。同时,中心聚落周围的人口也会呈现快速增长的趋势。这是世界许多地区都存在的一种模式。一旦某

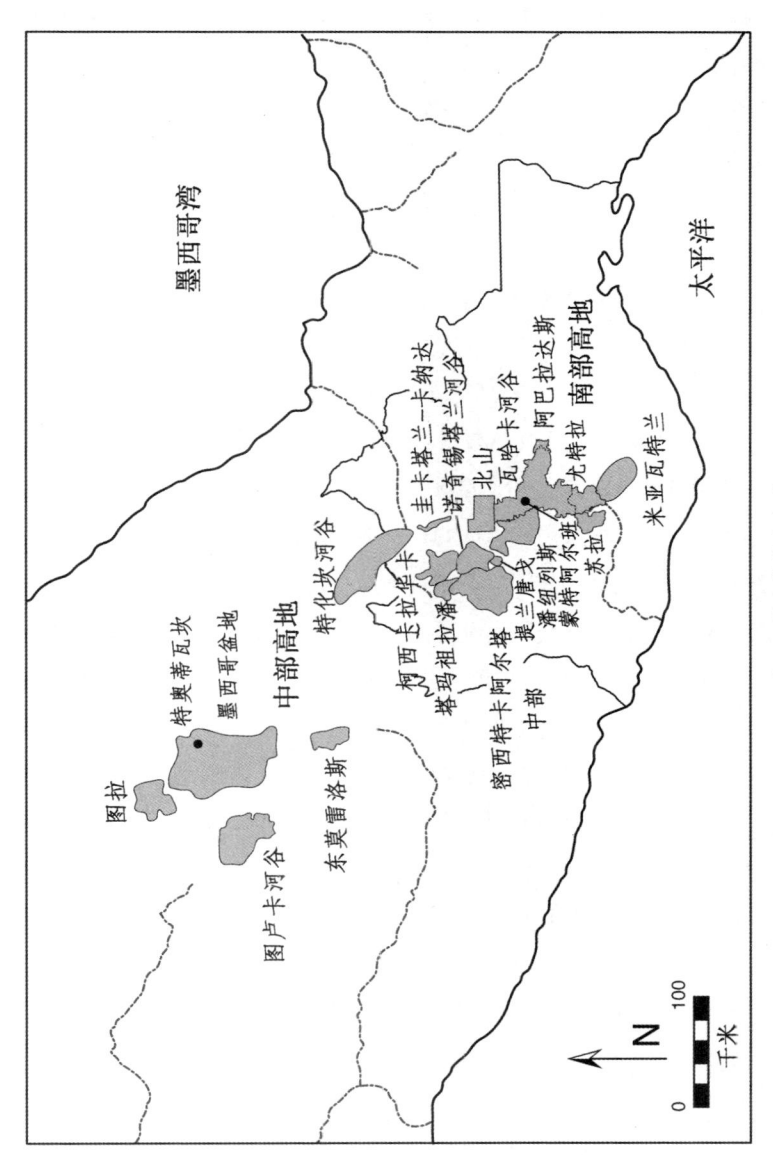

图一 墨西哥高地地图

个地区出现大型的中心聚落，人们便会向这个中心聚集，这个中心附近的人口就会快速增长。这可能意味着，在古代，拥有人力资源及劳动产品是获取权力的一个非常关键的因素，掌权者依靠拥有劳动力来维持他们的权力。同时，周边的聚落给中心聚落提供了保护和资源。对劳动力的需求也进一步刺激了人口增长。

在瓦哈卡研究项目中，您首先从调查入手，并提出一定的假设解释你们的发现。那么，下一步可能需要发掘几个遗址、获取材料来证明你们的发现。据我了解，你们在瓦哈卡的几个遗址做过多次考古。能给我们介绍一下考古发掘的收获吗？

对于考古调查，我最大的感受就是，在开始调查时总是需要提出一系列的问题。如果足够幸运的话，你在调查过程中采集的材料可能会解答一部分问题，但同时在调查中又总会产生新的问题。比如，开始在瓦哈卡调查时，我们的问题更多的是为什么蒙特阿尔班会发展为早期墨西哥的一个重要城市？它形成并发展的原因是什么？但是，随着调查的深入，我又对另外一个问题产生了兴趣。那就是蒙特阿尔班作为一个中心聚落持续了 1000 多年，那么在它衰落时，那里究竟发生了什么？为解答这些问题，我们在瓦哈卡河谷发掘了两处离蒙特阿尔班相对较远的遗址。其中之一就是埃尔帕尔米洛遗址，与蒙特阿尔班一样，也是建在山顶上的聚落。

图二是埃尔帕尔米洛遗址的平面示意图。图中那些像黑盒子的小方块就是一个平台，或一处居址，因为一个台地就是一个家庭生活单位。人们通过平整山上的缓坡筑起小平台，并居住在这些小平台上。我们在埃尔帕尔米洛发掘了 8 处台地，它们从山脚散布到山顶上。

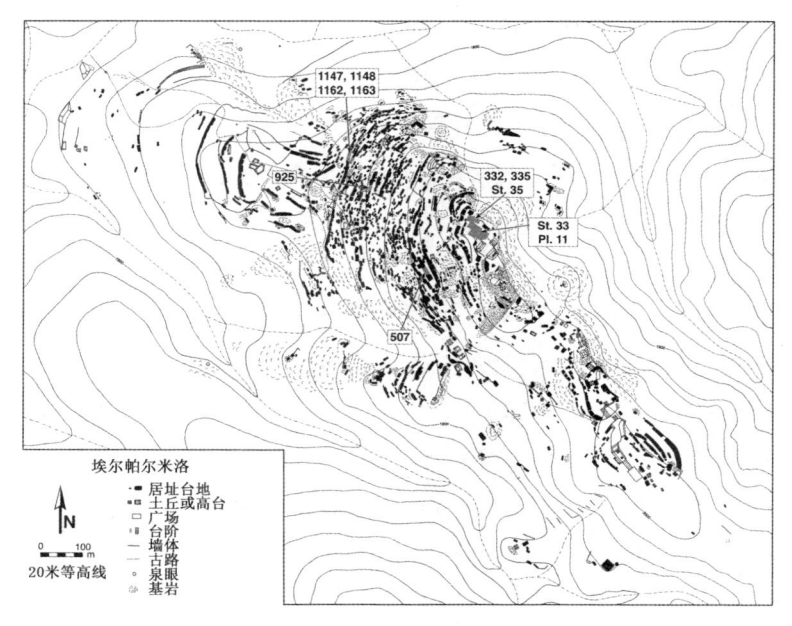

图二　埃尔帕尔米洛遗址平面图

蒙特阿尔班在公元前 500 年到约公元 800 年或稍后的 1000 多年时间里占有非常重要的地位。我们希望埃尔帕尔米洛的发掘能为了解蒙特阿尔班的衰落提供一些信息。发掘所得材料大部分还是反映出蒙特阿尔班仍然较强盛时的一些情况。然而，在埃尔帕尔米洛末期，当地的统治者似乎从蒙特阿尔班获取了更大的自治权。

同时，我们也对蒙特阿尔班统治时期的经济运行方式感兴趣。在埃尔帕尔米洛遗址，发掘工作首先从山脚开始，并逐步向上到海拔更高的平台。我们发现，越往上房子建得越精致、越复杂。这也意味着，居住在这些房子里的人更加富裕。

2002 年你（方辉）参观我们的发掘工地时，我们还在发掘相对较普通的居址。这些都是瓦哈卡河谷古典时期（300—900）比较典型的房子。它们都有一个天井,在天井四周围绕许多房间。在台地的前面往往建有挡土墙。人们首先建起挡土墙,再在挡土墙所包围的范围内平整土地,筑起平台,最后在平整好的台子上建房子,住宅与住宅之间离得非常近。后来,我们转移到山顶发掘,发现了更多设计复杂、做工精细的房子。它们的房间更多、天井更大、墙也更厚实,还有其他一些比较特殊的地方。

埃尔帕尔米洛可能只是一个第二等级的遗址。我们还发现,这里制作的一些器物在蒙特阿尔班遗址及附近一带并不常见。他们用龙舌兰及其他一些比较耐旱的植物酿酒,或制作纺织品等。我们发现许多纺轮,证明他们自己制作衣物、鞋、包之类的物品。在阿兹特克语里,这个遗址所在的镇名意指"编网之乡"(place of the nets)。所以他们很可能就用龙舌兰纤维制作网、包及其他东西。

您最近正在做有关黑曜岩的研究,并发表了《复杂社会的瓦解:基于玛雅黑曜岩证据的社会网络图形分析》(Complexities of Collapse: The Evidence of Maya Obsidian as Revealed by Social Network Graphical Analysis)。您做这个研究的出发点是什么?这项研究的学术前景或它的潜在意义是什么?

如你所言,我们正在做与贸易有关的研究。居住在埃尔帕尔米洛的人在没有任何铜、铁金属工具的情况下建造了石头宫殿和墓葬。他们用石质工具制作所有的东西,但他们最喜欢的石料是黑曜岩。这是远古时期形成的一种火山岩,用它制成的工具有非常锋利的刃部。

在墨西哥的瓦哈卡州(相当于中国的省),整个州方圆几百里都不产黑曜岩。但我们发掘时却发现了上千片的黑曜岩,大多是石叶碎片。显然，制作这些工具的原料应来自墨西哥其他州，或中美洲的其他地区。

对考古学家来说，黑曜岩是非常有意思的材料。因为人们对黑曜岩的需求很大，会为此进行远程贸易。另外，黑曜岩的一个重要特性是，每种黑曜岩都有一系列独特的示踪元素。用合适的仪器检测每片黑曜岩的微量元素，即可得知它们的原产地。检测每片黑曜岩的化学成分是这项研究的关键，因为中美洲有许多不同的黑曜岩矿产地。

我们正在用一台便携式 X 射线荧光设备检测发掘出土的所有黑曜岩。到目前为止，我们发现埃尔帕尔米洛遗址出土的黑曜岩至少来自 8—10 个产地，它们分布在墨西哥的不同地区。这为我们提供了许多与贸易有关的新信息，从中我们还可以进一步了解，随着时间推移，贸易模式是如何发生转变的。

房址在聚落形态研究中是非常重要的因素。您能谈谈房址是如何为我们提供古代社会的信息的吗？

尽管我们很幸运地发掘了一些高规格墓葬，但我还是对古代经济及运行方式更感兴趣（房址正反映了经济活动）。我们在墨西哥的一个发现是，工艺品生产都在家里进行，而不是在与居址分离的手工业作坊内制作。石器制作、黑曜岩加工、纺织等也都在家庭居址进行，这在 25 年前还不为人所知。当时人们认为，那里存在一个非家庭的作坊区。因为他们发现，无论是发掘资料，还是调查资料，都显示出存在生产活动的证据，如陶器、石器制作等。于是他们便认为，这一定意味着此地存在着与居址分离的手工业作坊区。但我们所做的工作，以及他人在其他遗址所做的工作都非常明确地显示，在墨西哥很少有真正意义上的手工业作坊。在整个前西班牙时期的墨西哥，所有地区都没有经过发掘的作坊。

这一发现对我们认识古代墨西哥的经济非常重要。因为在此发现之前，人们都认为古代经济是由政府控制的，生产活动也在一定程度上受中央控制，统治者还可以控制少量作坊内的生产。如果所有，或大部分家庭都制作工艺品，并与其他家庭进行交换，这个观点就需要进行修正。如果家庭生产模式很普遍，那么中央政府要控制这种生产活动就会非常困难，因为他们需要控制成千上万个家庭的生产活动，这对中央政府来说是非常困难的。而且从古代墨西哥的交通系统来看也是不可能的。因此，这些房址的发掘改变了我们对古代墨西哥经济形态的看法。同时我们还发现，为交换进行的生产活动非常分散，且分布广泛。在墨西哥，市场的重要性可能远远超出考古学家在很长一段时间内所设想的。我们知道，西班牙人在16世纪到达新大陆后，发现阿兹特克人有非常繁荣的市场，这给西班牙人留下了深刻的印象。但是所有人都认为，那只是阿兹特克文化的个例，是阿兹特克帝国的产物。但是，现在有越来越多的学者意识到，市场在墨西哥可能有很长的历史，甚至在阿兹特克帝国之前几个世纪就存在了。阿兹特克帝国成熟的市场体系必然有其源头。在前西班牙时期的墨西哥，市场是社区内部，甚至是部落家庭之间进行物品交换的场所。

你们在发掘这些遗址时，也采用浮选法收集材料，你们有没有发现制作陶器和石器的生产活动线索？你们在埃尔帕尔米洛遗址发掘的8座房址是否有不同的功能？

这也正是我们认识到他们曾经有过贸易活动的一种方式。我们曾在 3 个不同的遗址分别发掘出 8 座、3 座和 1 座房址。每个遗址制作的器物都不同。在发掘出 1 座房址的那座遗址，人们制作陶器和贝类器物；在发掘出 3 座房址的遗址（米特拉堡），人们制作黑曜岩工具、石器、纺织品并驯养火鸡；在发掘出 8 座房址的遗址（埃尔帕尔米洛），大多数生产纺织品，也有一些家庭制作石器，似乎也（有一些家庭）有狩猎及驯养兔子的活动。

因此，无论是同一遗址还是不同遗址，家庭产品都或多或少地存在一些差异。我们还发现，每个家庭都使用不是自己制作的产品。如在许多房址内，我们没有找到制作陶器的证据，可见（他们）需要通过贸易来获取陶器。事实上，黑曜岩矿石均来自其他州，没有一个家庭从事开采黑曜岩的活动。同时，在许多家庭内没有发现制作石器的证据。同样，贝类来自海滨地区。我们知道他们是用自己生产的产品和别人进行交换，来获取需要的产品。这也在一定程度上改变了我们对古代墨西哥经济形态的看法。因为在此之前，人们都认为古代墨西哥的家庭是自给自足的。但这个观点还有待更多的资料来证实。

可以说，这是经济考古学的一个课题。许多学者，甚至包括一些经济学家都持有一个观点，即大约在 200 年前，经济活动一般是被政治组织所控制的。这个观点在人类学界、考古学界及经济史研究领域都深有影响。但是，发掘材料让我认识到，以前的那些观点可能过于夸张，不太符合客观实际，至少并没有很好的证据支持。因此，我们的发现还是很重要的。

经济考古在中国还是一个新兴领域。中国的考古学家才刚刚开始关注这类问题。遗憾的是，我们在发掘中很难发现保存有居住面的房址，因此要辨认人们在房子里的行为非常困难。幸运的是，我们在两城镇发现了若干带地面的房址，提供了非常重要的信息，使我们有可能辨认出在房址里进行的活动，如石器加工等。

我同意你的看法。但我认为，如果仅仅依赖居住面，那么你得到的信息可能不够全面。如果能在房址及周围获得生活垃圾，是非常有用的。这些生活垃圾虽然不如在房屋地面发现的遗物有用，但它还是能为（我们）了解人们在房址内进行的活动提供一定的信息。许多研究都显示，地面有时会被人们打扫干净，但人们并不会把垃圾带到很远的地方。

刚提到家户考古（household archaeology），对研究经济考古非常有用。加里提到房址附近的很多遗迹含有很多类似信息，我完全同意。但经济考古更具挑战性的课题是市场问题。据我所知，北美的考古学家根据考古材料研究市场。您能举例说明如何辨认市场吗？

从考古上确认市场非常困难。但是从概念上，可以认为在特定的情境（contexts）中，市场是社会分配机制的重要因素。我曾经写过若干讨论市场潜在重要性的文章[1]。对于前西班牙时期的瓦哈卡，我们已经整合了许多证据，对市场及市场交换进行了详尽的个案研究。或许我们没有关于市场的直接证据，但是存在被整合后就会显示出其重要性的一系列因素。如果每个家庭都制作产品并进行交换，每个家庭都需要他们并不生产的产品，而整个社会至少包括上千个家庭，那么其中存在一种怎样的交换模式呢？熟人之间面对面的互惠交换，可能无法充分解释众多人口之间的交换模式，以及物品的长距离运输情况。在墨西哥，我们没有发现存在大规模仓库的证据，因此也没有证据证

---

1. Feinman, G. M., & Garraty, C. P.（2010）. Preindustrial Markets and Marketing: Archaeological Perspectives. *Annual Review of Anthropology*, 39, 167—191.

明，所有物品都被集中到了一个地点，然后由统治者再分配。在墨西哥不仅没有大规模的仓库，那里的交通运输系统也非常不发达，因为他们没有可以用来运输的牲口。所有东西都只能靠人肩挑背扛。要把所有物品运到一个中心地点进行再分配，需要付出许多劳动力。尤其是许多大型遗址都建在山顶上。尽管这些观察没有证明市场的重要性，但是它支持了物品并不通过一个中央组织或中心地点进行交换的观点。考虑到生产的分散及产品交换的多样性，在特定市场交换可能就是他们进行产品交换的模式。

实际上，关于市场的最直接证据来自当地的景观特征，这与我们在山东沿海农村看到的农贸市场非常相似。我们发现，在遗址外围有一些没有土丘、墓葬及公共建筑的开阔空地，我们将其标示在地图上。我们在测量这些开阔空地的面积时发现，其规模与这个遗址的总面积成正比，即遗址面积越大，这片开阔空地的面积也越大。我们发现在瓦哈卡的很多遗址都存在这种现象。我们甚至发现有多条从遗址外围通向这些广场（即开阔空地）的道路。所以我们认为，遗址外围的这些广场可能就是市场所在，但还不敢确定。事实上，在山东沿海地区现在仍存在很多具有相似特征的市场。

（关于）贸易和市场问题，货币或者货币制度的出现是直接证据。中国和其他地区都是如此，但是在货币出现之前就很难加以研究。

在墨西哥，欧洲人到来之前从未出现金属货币。我同意，货币是再好不过的证据。但我们知道，阿兹特克人从来不使用金属货币。我经常提到的就是，许多到达墨西哥的西班牙人，包括科尔特斯（Cortés）和哥伦布（Columbus），都曾经在意大利待过一段时间。在15、16世纪，意大利是一个非常重要的经济中心，有非常活跃的贸易及当时欧洲最大的市场。因此,许多西班牙人都见过非常繁荣的贸易市场。但是,当西班牙人到墨西哥后,其中有些人在日记中写道,从未见到比他们在阿兹特克最大城市——特诺奇提塔兰(Tenochtitlán/Tlatelolco)所见更大、更活跃的市场。他们还在日记中提到,有成千上万的人在进行交易,但都不使用货币。不过,他们有特定的货币等价物,如可可豆和布匹。

这是非常有意思的现象。在中国常提到的词汇如抱布贸丝、以物易物,还有个词是"市井","市"和"井"有密切的关系。也许这给我们提供了一条线索,暗示市场常常就在水井附近。从历史文献来研究这类问题有很大的潜力。另外一个问题是人口分析。许多研究这类问题的人都基于发掘出的陶器资料,如陶片的密度。您认为通过聚落形态的方法,该如何进行人口分析研究?

我认为人口分析是一个非常重要的问题。我们考古学家就需要想办法来估计当时的人口数量。地理学家及其他领域学者的已有研究表明,在一个特定区域内,聚落规模与人口之间有非常密切的联系。但我们需要知道的是,在每个特定区域,聚落规模与人口之间的关系是什么样的?因为这两个变量之间的关系在不同地区并不一定相同。比如,与亚洲和美索不达米亚相比,古代墨西哥的聚落人口密度相当低。因此,我们在墨西哥估计人口数量时所用的值就应该低于在美索不达米亚所用的值。在美索不达米亚,罗伯特·亚当斯采用 200 人/万平方米的数值估计人口数量。在墨西哥,我们则倾向于采用 25 人/每万平方米的数值估计当地的人口。我们刚开始在中国工作时,就不知道该采用一个什么样的数值估计人口数量。

考古学研究人口是非常困难的事情。过去在没有这种区域考古资料之前，大家都是用墓地或房址数量来推测当时的人口。有了区域数据之后，在这方面可以做出一定的探索。实际上，你（方辉）与我们已经做了一项具有重要意义的工作[1]，即用现代村落的人口密度作为一个参数。在此大家可能会想，现代村落的总人口比古代不知翻了多少倍，但作为一个区域来说，尤其相对于北方而言，一个人在聚落里占有的空间大小实际上具有相当长的延续性。我们根据现代几个县的人口统计，包括现代村庄的数量、面积，测算大约为 70 人/每平方公里。用这个数据乘以我们调查的遗址面积，便可得到一个遗址内的大约人口，即一个村落内的特定面积大约有多少人。在琅琊台调查之后，我们发现琅琊台的人口是可测的。文献记载，秦始皇迁三万户到琅琊台，汉代大约是五口之家，三万户约十五万人。据我们在琅琊台的调查，20 多平方公里，约十六七万人，说明我们调查的结果和文献记载几乎是吻合的。因为三万户之外可能还有其他的人，那么十六七万人应该是可能的。所以，在计算人口密度时，尤其是计算聚落人口密度时，这个数字还是很有用的。

您在中国工作已有 17 年。您对中国考古学的印象如何？中国考古学与美国考古学或墨西哥考古学有什么差别？

在过去 17 年中，中国考古学确实取得了非常快的进展。尤其是在科学技术手段的引进方面，如植物考古、动物考古及其他技术手段的运用等。我想这些变化都是非常好的事情。但是在我看来，还需

---

1. 方辉、加里·费曼、文德安、琳达·尼古拉斯：《日照两城地区聚落考古：人口问题》，《华夏考古》2004 年 2 期；Feinman, G. M., Nicholas, L. M., & Fang, H.（2010）. The Imprint of China's First Emperor on the Distant Realm of Eastern Shandong. *Proceedings of the National Academy of Sciences*, *107*（11）, 4851—4856. 中文见《遥远国度里的帝王印迹——琅琊台遗址群调查与阐释》，《东方考古》第 7 集，科学出版社，2010 年。

要更多地关注一个领域:即聚落考古。在中国,每年都有许多遗址被破坏。一旦一个遗址被破坏了,我们就没有办法记录并了解那个地方的古代历史原貌。随着中国现代化建设的加快,在古代遗址被完全破坏消失之前把它们记录下来非常有必要。所以,我呼吁你们去不同的地区开展区域系统调查。我们调查的地区越多,我们知道的也就越多,因为不同地区之间往往存在一定的差异。我们在瓦哈卡河谷做工作比较幸运的一件事是,在阿兹特克帝国所在的墨西哥河谷,其他学者也在进行一项跟我们相似的研究。因此,我们总是能把不同时期的发现与墨西哥河谷的发现相比较,我们发现它们之间存在很大差别。因此,如果在山东其他地区或邻省展开调查将非常有意义。因为我们可以把在山东沿海的调查结果与他们所得结果相比较。总而言之,我觉得在中国工作的这段时间,中国考古学取得了非常大的进展。

有一点我应该声明,当初调查开始时,中国和美国的有些学者对我们的调查工作并不看好。但是,通过这十几年的工作,以及其他学者所做的相关研究,我们得到了一些初步认识,尽管这些想法并非完全正确。

首先,我们证明在山东进行区域系统调查是可行的。这些遗址在地面上是可以看到的,如果工作做得够系统,可以发现许多新遗址。区域系统调查的主要目标不是找到散落在地面上的每块陶片,也不希望它能为我们提供所调查区域内每个遗址的精确规模、面积及人口数量信息。我们的主要目标是了解一个区域内遗址的规模及分布范围随时空变化而演变的一般格局。我们想要弄清楚的是,一个区域内的聚落形态在时空上的一般变化模式是什么。

这又回到遗址间关系的话题上。在某一调查区域内,有的遗址约 1 万平方米，有的约 10 万平方米，有的则有 100 万平方米，这些遗址显然具有不同地位，在聚落关系网内扮演不同的角色。如果一个 10 万平方米的遗址实际面积是 11 万平方米或 9 万平方米，这并不会造成太大影响。我们所估计的面积允许在很小范围内有或大或小的误差。我们尽可能做到准确、仔细，但细小的误差对大体的模式没有大的影响。一个遗址的面积是 1 万平方米还是 100 万平方米，这才是古代聚落的本质区别，也是体现其重要性之所在。我认为，任何人都不该对在估计遗址面积时应该大点还是小点太过苛刻，因为那不是我们的主要目标。所以，我对考古调查的一点非常重要的建议是，应该始终清楚地知道调查的主要目标是什么。

第二点认识是，山东东部沿海的聚落发展进程及考古学文化变迁与山东西部地区并不完全相同。在古代，这两个地区的考古学文化发展序列及人们的生活方式有很大的区别。

第三，在我们调查的区域内发现最早的定居聚落是北辛文化或大汶口文化早期，但在整个区域内，这一时期的聚落却很少发现。

第四，在龙山文化时期，山东沿海并不是一个"偏远地区"。山东沿海的人口数量及遗址数量比 17 年前人们所了解的要多，遗址的规模也更大。我想这也在一定程度上改变了"中原中心"的看法。在中国新石器时代，许多地区都是同等重要的，中国文明的起源是多源的。

第五，在我们调查的区域内，龙山时期的重要遗址除两城镇遗址外，还有其他的大型遗址，如尧王城、河头等。每个大型中心聚落之下都存在聚落等级的划分，大型聚落之下有第二等级或第三等级的小型聚落。

第六，在西周时期，山东东部沿海地区处在一个巨变阶段，这里也是诸侯相互争夺的兵家之地，因此人口数量有所减少。

第七，也许自公元前 2 世纪开始，山东东部沿海与山东西部的联系可能变得不那么紧密。

第八，琅琊台完全是山东东部沿海的一个新的大型聚落，比以往及同时期的其他任何聚落规模都大。据文献记载，这是秦始皇为安置迁徙而来的人口所建。

我们调查的时代范围延续至汉，现在看来很有价值。汉代是第一个有系统历史记录的王朝，这些历史记录中包括基层社会组织乃至人口等方面的信息，可以据此将考古聚落与历史地理文献加以整合。因此，我建议将来的区域调查应把汉代乃至更晚的遗址包括进来，否则许多历史信息被忽略、遗漏了。在中国，史前与历史时期是连续的，其间并没有断层。因此在做历史时期较早阶段甚至史前时期的研究时，后世的文献仍然是有价值的。

我认为你（方辉）和你的同事当初把汉代也纳入调查及记录范畴非常正确。我在世界其他地区有过一定的考古经历。事实上，你们可能没注意到中国与世界其他地区一个非常重要的区别。在 2000 年前，"中国"这个概念在疆域上就已非常接近现代中国。2000 年前，中国实现了政治上的统一，即使在后来也有过政治上的分裂时期。然而，即使中国在政治上处在分裂时，还是存在一些我们认为可以看作是"中国"的因素。在世界其他任何地区，我们都不能将 2000 年前的疆域与现在的疆域做同等观察。这在美索不达米亚、墨西哥、南美洲都是不可能的。这是中国非常有意思也是与世界其他地区有很大差异的地方。

最后，您对在座的学生如何成为一个合格的考古学者有什么建议吗？

我和琳达非常高兴能与山东大学的学生一起工作,我认为你们都非常优秀,我鼓励你们将来做更多的考古调查。一方面可以了解中国范围内的聚落形态,深入专业学习;另一方面又可以为保护更多的遗址作出自己的贡献。在遗址破坏殆尽之前进行调查、记录,进而保护好遗址,这对于记录古老中国的丰富历史是非常必要的。因此,我的建议就是你们要尝试去多做考古调查,以及学会区域系统调查的方法。

同时,我还鼓励你们应尽可能多地了解世界其他地区的考古学。因为我认为我自己在中国所做的工作对我研究墨西哥的考古有很大帮助。当然,不一定非要到世界其他地区去做工作。如果你阅读了某一地区的相关材料,你就会发现世界各个地区之间的历史是如此千差万别,同时,你也就开始知道中国历史与其他地区历史存在哪些异同。因此,我会鼓励你们去学习世界其他地区的相关材料,并多思考一些问题。

总而言之,要努力学习,对于新观点、新事物保持一种开放的态度。

(《南方文物》2013 年 4 期)

加里·克劳福德

东亚地区植物考古的开拓者

加里·克劳福德
(Gary W. Crawford)

国际考古学界在东亚农业起源、古人类生态、植物考古学等领域的领军人物。现任加拿大多伦多大学人类学系教授、加拿大安大略皇家博物馆研究员。

克劳福德教授于1974年毕业于加拿大多伦多大学，获理学学士。1976年和1979年在美国北卡罗莱纳大学教堂山分校先后获得人类学硕士和博士学位。1979—1987年，任加拿大多伦多大学人类学系助教。1987年晋升副教授，1992年晋升教授，曾任该校人类学系副主任、主任、副校长等职。2007年当选为加拿大皇家科学院院士。

克劳福德教授的主要研究领域是史前植物考古、东亚考古和北美考古的对比研究。此外，他也关注环境考古、计算机技术在考古学中的应用和公众考古学。他长期致力于深入研究北美的生业经济，特别是在安大略和肯塔基（Kentucky）的遗址做了大量工作。同时，他在日本阿依努人（Ainu）的生业经济和日本东北部农业系统的研究中提出了"中间模式"（In-between mode）理论，对该领域理论建设有杰出贡献。1986年，克劳福德教授开始涉及中国的史前考古，对早期稻作栽培和传播提出了独到认识。他强调要用人类学的方法观察遗址出土的植物遗存，倡导浮选法，对植物考古学研究有深远的影响。

克劳福德教授著述甚丰，已发表学术专著及论文百余篇，主要学术著作有：《人类进化和史前史》（*Human Evolution and Prehistory*，与 Haviland William 合著, Nelson, a Division of Thomson Canada, 2005）、《论农业初期的绳文文化——兼与松井、金原和皮尔森先生商榷》（The Jomon in Early Agriculture Discourse: Issues Arising from Matsui, Kanehara, and Pearson, 2008）、《肯塔基中西部遗址的原始晚期植物遗存研究》（Late Archaic Plant Remains from West-Central Kentucky: A Summary, 1982）、《东亚植物驯化研究》（East Asian Plant Domestication, 2006）等。

采访、翻译 | 陈雪香　杨　谦
整合 | 宋杏香[1]
终审 | 李水城

克劳福德先生，能否谈一下您为何选择考古学作为自己的事业吗？

我很小就对历史产生了浓厚的兴趣。上小学时，我有4年时间是在法国度过的，我父母对欧洲古代历史很感兴趣，他们常带我们游览一些老教堂和古堡。几乎每个暑假我们都会去参观一些历史遗迹。有一年夏天我们去罗马，途中正好路过一处正在发掘的考古遗址，看到古罗马的街道和立柱就在我脚下三四米的地方，我感到非常震撼。这次经历让我明白，我们可以亲眼目睹过去的历史，而不用通过别人转述。考古可以发现历史的观念也在我脑中油然而生。上中学后，我很喜欢自然科学，尤其是生物学。不过辅导员说我的兴趣测验结果显示，我对考古学感兴趣。进了高中，我觉得考古学只存在于埃及、罗马等地，加拿大没有考古学。事实上，在20世纪60年代，加拿大的考古学家屈指可数。到了70年代我上大学时，加拿大考古学已日益壮大，多伦多大学就有几位出色的考古学家，所以我选择去多伦多大学攻读考古学，并将考古学和生物学结合起来。在多伦多大学，我开始了系统的考古学专业学习。

您是如何成为一名史前植物考古学家的？

这个要从我们办公室的考古学家说起，他们每个人都有一个研究兴趣点，陶器、石器、青铜器或地理信息系统，而我主要偏向于植

---

1. 四川大学历史文化学院副教授。

物。当然，我有自己的研究项目，我也参加发掘，但更侧重生态学问题的研究，比如：农业、狩猎采集活动等。我选择植物考古的原因，很大一部分来自我对生物学的兴趣，此外，受家庭因素影响，我酷爱大自然和户外运动。从法国回到加拿大后，我父亲依然经常带我们出去露营或徒步旅行，一去就是一两周，旅途中我们需要自备食物，我意识到，如果不具备一些动植物方面的常识，在弹尽粮绝时将难以生存。所以我学习了一些植物学基础知识，比如：哪些植物可以食用，哪些不可以，它们又各有何种用途，我还阅读了原住民如何使用植物的一些书籍。除此之外，在高中时我和几个朋友成立了一个叫作"out world band"的户外社团，旨在培养个人的野外生存能力，社团里会有一个教员教我们如何辨别植物。

上大学时，我修了一门植物学课程。学习植物的种属和结构，还要采集植物标本做进一步研究，非常有意思。但是作为一名考古专业的学生，我也很喜欢考古学，这让我很矛盾。我想我应该能找到将考古学和植物学结合起来的方法。我的一位考古教授告诉我，两者可以兼得。这位教授介绍我认识了一名在博物馆工作的植物考古学家，他曾与欧洲著名植物学家汉斯·海科拜克（Hans Hacbek）共事。我开始向他学习植物考古，并乐在其中。另一位考古老师告诉我，要想成为一名优秀的考古学家就必须做到术业有专攻。他说这番话时是20世纪70年代初，那时还不太有人做植物考古。他说，如果我能致力于这方面研究，将来必定能有所建树。他的鼓励再次坚定了我学植物考古的决心，我的课程计划兼顾了考古学、生物学和人类学，并最终进入研究所深造。

在您的学习和成长过程中，曾经有哪些人对您产生过影响？

我的博士导师理查德·雅尔耐（Richard Yarnell）教授对我影响最大。他即将获得美国考古学终身成就奖，此奖项非他莫属。他培养了很多北美的考古学家和其他地区的留学生，他的理念对日本、中国和韩国考古都有直接影响。他不光教授我们很多专业知识，还教会我们如何辩证地看问题，怎样注意措辞，如何把握主题等。他对学生们的影响很大，特别是引导我们体会做研究的乐趣。

考古学家派蒂·乔·瓦岑（Patty Jo Watson）也教了我很多东西。她主要研究北美考古，也做一些中国的研究。她对考古钻研得很深，并将所学慷慨地倾囊相授。在她主持美国肯塔基遗址的研究项目中，我们共同研究美国东部和北部的农业。这个过程中，我从她那里学到很多。

另一位是我的日本同事吉崎昌一。许多日本考古学家并不认为他是一位考古学家，因为他不做发掘，也不做技术性工作。但是他游历过许多国家，深谙世界考古学，并与世界许多考古机构有联系。他总是能辩证地看问题，认识到新技术的不足。我们俩谈得很投机，他采纳了我的很多建议，并应用于日本的考古实践。可以说，要是没有他，我没法圆满地完成在日本的工作。

还有文化人类学家斯蒂芬·珀尔尔（Stephen Polgar），他的主要研究领域是人口学，我所有的人口学知识都是从他那儿学到的。他是一个善于思考的人。遗憾的是，我博士毕业前他便过世了。

我高中的英语老师对我影响也很大，他是一个后现代主义者。他教我们读诗歌、文学巨著，并让我们读作者的生平事迹。从那时起，我开始读一些大文豪的自传。以至于后来我读考古学著作时，总想了解作者的信息和他写作的动机。我上课时也尽力让我的学生了解考古背后的人与事。

总之，在我的成长过程中帮助我的人很多，不能一一列出。

您对北美的生业经济做了很多研究，尤其是在安大略和肯塔基遗址，在北美和东亚的对比研究中，您有何收获？

首先就考古材料而言，日本的考古材料与北美同期的考古材料有点相似。当我在日本做论文时，我发现这里的植物遗存与我在北美的研究材料很类似，比如都有小型禾本科植物，没有杂草等。当然两者还是有细微的差别的，如北美的样品里有坚果，但在日本没有发现。在漫长的远古时期，即使北美和日本的考古学文化截然不同，但两者在林地植被的使用上还是有许多相似之处。其次，两者经历的变化也有可比之处。公元前1000年左右，日本处在绳文（Jomon）文化末期，盛行土木工事，修筑了一些石圈。这在北美某些地方同时期原住民文化中也有，但是流行的时间非常短暂。我们发现，阿依努（Ainu）人经营一种混合经济，有狩猎、采集、渔猎和农业，这与北美同时期原住民的生业模式很像。最后，我研究的日本和加拿大遗址在纬度上也基本一致。所以我能够轻而易举地鉴定北海道的植物遗存，因为这些植物在加拿大也有。

但是中国和北美的情况完全不同。中国考古研究超出了我能力所及的范围，因为我对中国的考古材料不熟悉，它与加拿大的考古材料差异太大。加拿大的遗址文化堆积很浅，有些文化层仅10厘米厚，文化变迁程度较小。但中国遗址的文化堆积往往很厚。在对中国和加拿大的考古材料进行对比时也很难发现共同点，不同点反倒很明显。陶器、村庄在中国出现得很早，但在北美安大略遗址出现得较晚。我们也没有在加拿大发现像早期中国那样的大型聚落。冶铸技术也不一样，易洛魁人中世纪以后才在加拿大居住，他们不懂冶炼技术。所以对北美和东亚的考古材料进行对比分析非常有意思，需要我以不同的思维来研究。

您早在 1974 年便在日本开展合作研究，能谈谈您所取得的成果么？

我想先谈谈遗址。做日本绳文时代的研究，面临的首要问题是不知道绳文文化在日本北部何时结束。但在日本南部却相对清晰，该区绳文文化被后来的弥生（Yayoi）文化所取代。弥生文化的农业是传统的亚洲农业，种植大米、小麦和大麦，并在日本由南向北传播。而这一时期在日本北部依旧是绳文文化。这便提出了一个问题，绳文人与其后的阿伊努人之间到底有何关系？阿依努人到底是怎样的人？考古材料中关于这群人的记录怎样？现在已经普遍认为擦纹（Satsumon）文化是阿伊努人的直系祖先。恰巧日本北海道大学的校园建设需要进行抢救性发掘，所发掘的遗址大多属于擦纹文化。发掘领队正好是我在日本的导师，这让我能对擦纹文化做深入的研究。

我的日本导师在其中一处遗址进行浮选，发现很多植物遗存。他的同事在一份浮选样品中看到了疑似大麦的种子，马上给我打电话告诉这个消息。我听了以后非常兴奋，于是便开展了这个研究项目。我观察了所有浮选样品，在近 1000 份样品里不光有大麦，还有杂草、小麦等。这一结果出乎我的意料，因为在此之前的所有教科书都说，这一时期的北海道还处在狩猎—采集阶段，没有农业，古籍也记载北海道最初是狩猎—采集经济。所以我开始做擦纹文化的研究，寻找相关的考古材料。

20 世纪 80 年代，考古学界提出了富余采集者理论，有关这个理论的一本书正好用了绳文文化的材料，绳文文化进一步佐证并推动了这个理论。但是我们的研究结果却与这一理论相左。我们发现，这一时期的人有渔猎—采集行为，但他们也种植一些传统的重要作物，如红豆、大麦和水稻等，这便可以反驳富余采集者理论。但日本北部的农业复杂化过程依旧困扰着我们,这一过程到底对阿伊努人产生了什么影响?为了拨开这些迷雾,我们开始在记载阿伊努的文献中寻找线索,最终发现,将阿伊努人表述为狩猎—采集者的说法是错误的。事实上,在许多关于阿伊努文化早期的文献中已有农业记载。但为何会将他们看作狩猎—采集者呢?我想可能有以下两个原因:一是对阿伊努人的研究是在日本殖民时期之后才展开的。日本人迫使阿伊努人背井离乡去当渔民或矿工,后者原本的生活方式已经被完全破坏了,他们研究的是被破坏了的阿伊努人的生活;二是日本在19世纪初通过的一项法律让阿伊努人变成了农业人口,故而许多学者认为,在这项法律通过之前,阿伊努人必定没有农业。20世纪70年代,两位人类学家已经驳斥了这一观点。他们认为,这种情况可能与日本当时开展的一次人口普查有关。在人口普查中有一栏要求填写居民职业,但是所列职业选项并无狩猎—采集这一项。对阿伊努人的职业检测表明,阿伊努男性是典型的狩猎—采集者,女性则种植一些农作物,但女性职业不在普查范围之列。为了应付普查,阿伊努男性不得不在职业上选择农民。现在,考古学告诉我们一个真实的阿伊努人的生活,他们不光有狩猎—采集活动,也有自己鲜明的农业。

关于日本考古,您在2008年的《世界考古》杂志上发表了《论农业初期的绳文文化——兼与松井、金原和皮尔森先生商榷》一文,您能谈谈这篇文章的主要内容么?

从最近的研究看,绳文文化的人是狩猎—采集者还是农民,这个问题仍然存在争议。我们在做了大量有关农业的系统研究之后,仍未能发现两者间的区别,这令我倍感失望。许多学者在做日本考古研究时都会问这样一个问题:即这个群体是不是狩猎—采集者?考古学家已经发现，某些狩猎—采集群体会兼有管理和驯化植物的行为，但他们并非真正意义上的农民。我们把这些人群叫作中间模式。绳文文化的人群就是典型的中间模式。所以，我撰文回应了这一持续了三四十年之久的争论。

有篇文章对我的观点进行了反驳。此文认为多年来我在北海道的工作都在试图证明绳文文化已经有农业，我并未说过这样的话或发表过相关文章。事实上，我在90年代初发表过一篇文章，认为绳文文化有一个稳定的生态系统，没有农业。如今我自己已经推翻了这个观点，所以说我是可以改变自己的想法的。科学家不会试图去证明什么，他们只是检验自己的观点，提出假设，然后验证假设。文中我提出了至少三个假设：一个是绳文文化有农业，一个是没有农业，另一个是他们是生态系统的管理者，围绕这三个假设我展开了论述。

我觉得撰写此文的目的就是纠正人们认为阿伊努人是狩猎—采集者的观点，不能将阿依努人和狩猎—采集者作比较。因为他们有农业生产活动，所以他们并不是宾福德所定义的采集者，而更像加拿大的易洛魁人，实行混合经济，包括农业生产、狩猎、采集、渔猎等。易洛魁人有意识地照料许多作物，比如漆树、树胶、小米等，就像日本种植稗草一样。我在这篇文章中建议，在分析农业问题时使用绳文文化的材料，并能对绳文文化做理性的讨论。

您在研究工作中一直强调要关注考古学中的民族主义，这个概念能给我们描述一下吗？

我举个例子来说明吧。20世纪80年代我初次访问中国，去参观了半坡遗址。那里有一尊女性雕像，她不仅被认为是中国新石器时代之母，也象征了原始的中国社会。所以中国人关于新石器社会的认识，就是那是最早的共产主义社会，人人平等，社会风气纯朴，女性主宰所有事情。半坡博物馆对我是相当有吸引力的，它不光是一个新石器的博物馆，还是一个传达中国社会主义理念的博物馆，并且与中国70年代的政治有关。几年以前，我去参观河姆渡博物馆，那里有一幅场景复原画，是史前先民围着火堆跳舞，那也是70年代的意识形态。那些博物馆对我很有吸引力，在科学的层面之上，还有一个社会政治的层面。博物馆的信息往往不是单一的。在西方的博物馆里，比如在加拿大的博物馆里参观时，我就很难看到社会政治方面的信息，因为我自己就是这个社会中的成员。而当我旅行到其他地方时，比如中国和日本，就会清楚地看到更多信息，因为我不是身在其中。

所以说，所有博物馆的建立都会具有政治或社会性的目的，无论是地区范围的，还是国家范围的，来帮助人们建立身份认同。

我最近看到您与哈维兰等学者一起编撰的加拿大版的《文化人类学》课本，从一个中国读者的眼光来看，可能感受不到它与已经译成中文的美国版的差异。你们特地弄一个加拿大版，也是出于民族心态吗？

加拿大市场是很小的，所以我们编写一本加拿大版的人类学课本并不完全是出于经济的考虑。加拿大人口只有美国的十分之一，在很多方面受到美国文化的控制，比如电视节目、广播、音乐等等。这两个国家就像兄弟一样，非常接近，但美国是完全不在意加拿大的，美国的课本根本不谈加拿大的事。当我做学生时，所有的参考文献都是美国视角的。但是加拿大人对身份是很敏感的。我们每个人都会多少有点民族主义的因素。所以，对考古学和人类学而言，我们需要向学生呈现（的一面是），实际上加拿大人做了一些很棒的工作。首先，美式英语和加式英语有着很微妙的差异，我们做了一些修改，使之更加符合加拿大人的表达习惯。其次，美国课本里有许多关于美国军事的参考文献，许多重要的事件发生在美国，我们把这些都去掉了，用加拿大的案例来取代。另外，美国课本里介绍的学者都是美国人，可能会让人觉得加拿大没有学者一样，我们换上加拿大学者的简介，我们需要本地的榜样。可以想象一下，如果中国人用日本人写的课本，你会觉得受到了冒犯，是吧？这是一样的。当我们修订第二版时，我重新撰写了人类进化、新石器等章节，最后它就像一本新书一样。有一个加拿大西部的学生写信给我说，这本课本真是太让人惊喜了，我原来完全不知道加拿大有这么多有趣的事，你们探讨的对加拿大历史极其重要的一个遗址是我小时候经常去玩耍的地方，我完全不知道它是如此重要。

民族心态大概是很普遍的，在人类学和考古学研究方向上会有什么具体的影响吗？

美国人类学家往往会选择一种方法或理论，然后一条道走到黑，而加拿大人类学家则更加兼容并蓄。我们不会表现出强烈的意识形态倾向，而是更有弹性。加拿大人对自己在世界舞台上的中间立场引以为傲，而不是去做世界警察。在加拿大，有四五个学校的考古学系是独立的，这跟英国或欧洲的情形很类似。但是在美国，考古学、语言学、文化人类学、体质（生物）人类学是人类学的四大分支，我们把这称为人类学的方法论。但在 30 年前，加拿大考古学家布鲁斯·崔格尔（Bruce Trigger）就讲过一个观点，打破了这种理论。他认为植物学、动物学、历史、政治等这些方面都是非常重要的，我们要去开创这些领域，而不是直接依附于人类学。今天的文化人类学跟三四十年前也完全不一样了，他们关注殖民主义、后现代主义等问题，很难跟考古学联系到一起。加拿大的考古学家仍然像从前那样思考文化人类学问题，这也是一个美国学者跟加拿大学者之间的区别。

您与中日韩学者都有过考古合作，他们在考古活动中也体现出不同的民族差异吗？

东亚的考古学家大多没有接受过真正的人类学训练，这是一个很大的不同。在北美，我们大多研究原住民。当我们来到东亚，探讨关于北美原住民的问题时，东亚考古学家会感兴趣，但是相关知识知道得很少。在东亚和欧洲，从史前到历史时期是延续的。而在美国和加拿大，考古学家大都是欧洲人，我们跟研究对象之间没有个人的联系，所以会以一种比较非个人的视角来看待材料。在18、19世纪，早期考古学关注的问题是：美国和加拿大的原住民是谁，如何正确地认识他们？在19世纪晚期，欧洲人向日本、中国、印度等地殖民，这迫使学者提出了很多大问题：他们是谁，为什么跟我们不同，为什么中国发展出了青铜器和中央集权？当然，那时的学者持有非常欧洲中心的观点，认为所有东西都是从一个地方起源的。欧洲学者的足迹遍及全球，他们倾向于考虑进化的大问题。

东亚的考古学跟北美的古典学很像，比如古希腊、古罗马、古埃及学等，他们研究很多文本内容。中国对夏商周时期的研究就跟古典学很像，同类型的在韩国是对无文时代和三国时代的研究，在日本是对古坟和平安时代的研究。比如，甚至在日本弥生时代的遗址中都发现了中国铜镜，被作为断代的依据，这跟古典学的路子是很像的。以前日本的考古学研究强烈地依赖于中日韩三国文献之间的相互印证和交叉断代，所以日本考古学家对测年不感兴趣，而现在他们用放射性碳断代技术对材料做了测年,结果年代被提前了。日本的青铜时代始于公元前 900 年,盛于公元前 500 年左右,这是最近的研究结果。

我们知道,日本考古学家对中国的考古一直有浓厚的兴趣,而且热衷参与中国的田野工作,反过来却不是。这是为什么?

这里面有民族主义的成分,但实际上很少有日本考古学家到日本以外的国家去做考古,相对全日本的考古学家人数而言,的确有一些,但总数确实很少。日本考古学中的一个大问题是日本人的起源,为了了解日本人的起源,当然应该去了解中国和韩国。日本考古学家即使在国外做考古,比如在中国,仍然是为了解决他们自己起源的问题。然而,年长日久以后,他们来中国的原因开始有所变化,所以接下来的一个问题就是,为什么有些日本考古学家后来就研究中国了?因为他们发现了有趣的问题,他们跟中国考古学家建立了友谊、学习了语言,所有这些都成为他们生活的一部分。他们最初来中国是因为研究日本人的起源等问题,但是留下来研究中国却有着别的原因。中国真是极其有趣,用英语里的一个词来讲,就是你"上了中国的钩"(get hooked)。

我在日本工作过很长一段时间,我觉得从日本转向中国是很自然的。举个例子,我们在日本北部发现了农业的证据,在这个考古遗址的材料中,我们发现了一般能在东亚找到的所有作物,有粟、黍、大豆、赤豆、小麦、大麦。我的问题是,这些东西是怎么来的?要去研究这些物种的历史,就必须来中国。1986 年,我第一次来到中国,发现中国实在太有趣了,在中国有好多考古工作可做,慢慢地,我就不去日本了。我开始频繁地来中国,中国变成了我学术生活中最重要的部分,所以我最初来中国的原因跟日本考古学家是很像的,但是后采我在中国有了越来越多的朋友。

中国的皇陵被发掘和盗掘很多,但日本的古代皇陵却受到严密保护,且不允许本国和外国的任何考古活动。这种极端的反差除了文物保护的因素外,有没有别的理念和思想、身份认同上的因素?

是的。不过,我最近听说日本有计划要发掘一两个这种大型墓葬。他们保护墓葬的一个重要原因是技术问题,因为只能发掘一次,不能出错。中国的秦始皇陵是一个类似的例子,现在它被很好地保护着,打开它就会毁坏陵墓,我们没有权利这样做。在未来一百年内,保护与发掘技术会好得多,所以可能一百年后会是更好的时机。但问题是,为什么我们要想着去打开它呢?我不认为世界历史或人类生存依赖于这些皇陵,所以保护是相当重要的。多年前,日本强调保护皇陵,在某种程度上是为了保守秘密。日本皇室被假定是神的后裔,所以日本皇室起源的神话需要受到保护,但真相恰恰就在这些陵墓当中。比较危险的事情之一是第一位皇帝有可能来自朝鲜半岛,但我们必须知道这个吗?在日本,另一个比较复杂的情况是,今天皇室依然存在,所以皇陵仍然属于皇室,这样的话,发掘就变得很棘手了,你必须得到皇室和政府的许可才能发掘。情况现在有所变化,技术也准备就绪,日本有发掘皇陵的计划,他们意识到这些遗址的科学价值比政治价值更加重要。

您很早就与张光直先生合作研究中国的考古材料。张先生晚年特别想找到夏文化,他在山东、河南找了很多地方,但很多人不认可他的工作,认为这是徒劳的。他是不是出于一种民族情结和心态?

我曾经跟他一起旅行,后来到他的寓所拜访过他。但那时他已经病得比较重,说话、行动都很困难。所以我并不知道他做这些研究的动机。但是,显而易见,他是受到要理解中国文明起源的强烈的自我驱使。他对此很有热情,而且激励他的学生。我曾经跟他的几个学生一起工作过,比如戴维·科恩(David Cohen)、冷健,我们都由衷地钦佩他。可惜的是,张先生的项目由于他的过世而中断了,台湾方面收回了研究经费。

对于考古学中的民族主义,一方面要积极地评价它、赞赏它。考古学家都是自身文化的产物,在考古学中要做到完全客观是不可能的,这跟计算机、化学这类学科很不一样。另一方面,这种心态也可能是非常危险的。比如,当政府推动考古学家去创造支持他们的信息时,这就非常危险了。纳粹德国是一个例子,他们用考古学来支持纳粹主义的思想。在这些情况下,考古学家就要非常小心如何去应对了。

这说明,我们对考古工作应该更多地从科学的角度去评判。除了纳粹德国,在最近几十年中,其他国家有没有类似的例子?

我想到了日本旧石器考古中的藤村新一造假的事件。中国的旧石器考古记录可以追溯到很早,而日本的考古记录不会早于距今45000到35000年前。藤村新一是一个业余的考古爱好者,他加入了一个专业的考古队,跟他们交朋友、请吃晚餐、买饮料,而且他还表现出有能力在遗址当中发现有趣的东西,能发现别人发现不了的材料。日本考古学家在寻找比距今40000年更加古老的材料,跟中国比谁更早。每当他们到一个遗址工作,藤村都会发现一个几十万年的古老地层,他能发现别人发现不了的石器,渐渐有了"神手"的美誉,不断发现让日本考古记录提得更早的材料,多年来很少有人怀疑他。我的朋友皮特·布里德（Peter Bleed）曾与藤村一起到日本北部的一个遗址工作。藤村的发掘单位就在皮特的旁边，皮特没有发现任何东西，而藤村却发现了漂亮的石器工具，然后大家都说藤村是一个伟大的考古学家，而皮特不是。有些日本考古学家私下非常怀疑，日本《每日新闻》调查了这件事，他们跟踪了藤村，躲在灌木丛里架好了摄像机，发现藤村从口袋里拿出一个小包，挖了一个坑，把人工制品扔进去，然后又埋起来。丑闻于是曝光。

问题在于，为什么日本考古学家群体相信这些东西，他们为什么没有质疑他？只是因为他们希望他这么做。我有些日本考古学家朋友曾经跟藤村一起工作，他们没有参与造假，但却为此承担责任，失去工作。我觉得他们应该是知道藤村造假的，只是睁一眼闭一眼，纵容他这样做。这是一个很重要的教训，科学就是要保持怀疑的精神。

另一个例子是奥地利与意大利争夺冰人的归属权。冰人属于新石器时代，阿尔卑斯山的高海拔环境对它起到了很好的保护作用，但它被发现的地点在奥地利和意大利的边境。我也遇到过类似的情况。我们研究的最古老的遗址是印第安原住民的遗址。我们要很小心地对待处理材料的问题，因为印第安人把自己看作是国中之国。特别是他们的墓葬，我们考古发现的印第安原住民的骨骸必须归还给现代的印第安社群。每当我们发现印第安人的墓葬，就需要与最近的印第安社群就如何处置的问题进行协商。一般来讲，如果要对骨骸做科学分析的话，那必须要很快完成，然后重新埋葬。所以在某些情况下，我们没法对骨骸进行分析。在这个意义上，让我们觉得有点像是在另一个国家做研究，因为我们需要获得原住民社区的许可。

您曾参与电视系列片《零基础学考古》(*Archaeology From The*

Ground Up）的相关工作，您是如何看待公共考古学的？

公共考古学首先强调的是教育问题。我们太缺乏对公众的考古知识普及，我们需要教导大众如何辩证地分析他们所阅读到的考古信息。考古题材的文学作品非常畅销，内容包罗万象，然而我们需要做一些教育工作，还原真实的考古。我曾参与1988—1989年一个电视系列片的相关工作。这个系列片分为5个部分，主要内容是简单地向公众展示一项考古工作是怎样完成的，每集约5—10分钟，讲述一些最典型的考古问题，比如什么是碳十四测年等。如果你把这个系列片从头到尾全看下来，就能大致了解考古工作的全过程。这是一个向公众解释考古材料背后情况的好例子，能较客观地诠释考古材料。

当我们在公共区域发掘时，会有很多公众来参观。与其将他们赶走，不如用一种积极的方法引导他们，比如在发掘区开辟一些专供参观的区域。参观者中有时会有盗墓分子，我们需要多加留心。当我们以一种教育的目的来对待每个人的时候，我相信很多人会成为我们的朋友。在北美有很多这种例子，比如为高中生举办考古夏令营，让他们和考古学家交流。在加拿大，考古课是学校的通选课，我们很注意考古通识教育，告诉青少年在欧洲人到来之前，加拿大原住民的历史就很悠久。在日本，考古教学是教育体制的一部分，博物馆的教育功能十分显著，与中小学教学都有联系。其次，公共考古强调遗址保护和文化资源管理。考古学家有责任保护遗址，但是我们不可能一直待在遗址上。所以只能向公众宣传遗址的重要性，呼吁他们加入到保护遗址的行列中来。最后，公共考古认为考古能够对经济和政治产生影响。在经济上考古能刺激旅游业的发展，当地政府可以利用考古资源吸引游客以提高财政收入。有时考古也具有很强的政治性，在北美洲，加拿大和美国政府有争议的领土，其考古材料就会变得很敏感。

又比如，欧洲人移民到北美洲的时候侵占了原住民的土地，与印第安人签署了一些长达几世纪之久的土地租用契约。当我们的考古发现说明许多契约具有欺骗性质时，考古的政治色彩便凸显出来。考古学能解决很多诸如此类的问题。

您是何时转入中国考古研究的？在中国的考古项目又是如何展开的？

我觉得我在中国的研究过程可以分为以下几个阶段：

（1）1986年，我正在日本做研究，我的日本导师所在的研究机构跟哈尔滨考古机构有联系。哈尔滨正好有一些旧石器时代的研究项目，我们曾邀请他们到加拿大做过这些遗址的相关报告，后来他们邀请我和我的日本导师来中国，也希望我考虑一些中国的研究项目。那时中国正经历着翻天覆地的变化，"文化大革命"结束后开始实行改革开放，实行一套全新的制度，我感觉它充满朝气和活力。哈尔滨的考古机构也极力希望同日本和加拿大的研究机构建立合作关系。他们的考古工作者带我们去了很多地方，比如上海、西安、北京和哈尔滨，他们很慷慨地向我们介绍了很多中国文化和考古工作。1986年我的首次中国之行，让我思考了很多东西。

（2）我在研究日本北部农业复杂化进程时，就很想知道这个复杂化的历史，为此我读了一些中国古文献，才知道我对日本早期农业了解得太少。我读过一些非常好的文章，其中有一篇是密歇根大学中国历史学家何炳棣写的。他的文章提到记载中国农作物的典籍，这是一个坚实的植物考古证据，能帮助我了解日本农业的历史。哈尔滨的同事带我参观了一些遗址，其中一处是黑龙江的白金宝遗址。我在一处房址采集了浮选样品，并用水桶倾倒法处理了这份小小的样品，发现了小米。据我所知,这可能是在中国进行的首次浮选。

(3)到 1988 年,为参加半坡博物馆成立三十周年会议,我再次来到中国。1990 年,张光直先生在河南开展了一个研究项目,此项目的所有浮选工作都是由冷健完成的,她也做了一些颍河的研究工作。冷健住的地方离我家很近,她在加拿大时曾拜访过我。我在厨房向她展示了如何做浮选,她随即将浮选方法应用到河南的几处遗址中,这些遗址的浮选样品都很丰富。我现在还在帮她做这些样品的分析。刘莉在河南也有一个大项目,我开始与她合作,那时我在加拿大的学生李炅娥也转入到这个研究项目中,她和刘莉做了大量工作。

(4)与此同时,山东大学的方辉教授来到加拿大,我向他展示了我们做的工作,他对浮选法很感兴趣。那时,我正在加拿大主持一项发掘,方辉和我们共同工作了几天,经他引荐,我加入到山东大学在日照的研究项目中,也帮助山东大学建立了植物考古实验室。很荣幸,2003 年我被山东大学聘为立青学术讲座教授,使我经常有机会来山东大学讲学并做实验分析。近些年来,我曾多次访问山东大学,为本科生和研究生开设"东亚考古"和"植物考古"等课程,并与方辉教授联合指导了陈雪香博士的论文。我参加了山东大学主持的两处重要遗址的发掘,承担了其中植物遗存的分析与研究,已经取得了阶段性的成果,我们的合作关系将会持续下去。

您对中国这些年的考古工作印象如何?您对在中国做研究有何感受?

我对中国的考古工作很乐观。中国的考古材料异常丰富,我们需要对材料进行细化研究,这个过程我从中国同行身上学到很多。我看到了中国考古学 80 年代以来经历的巨大变化,这让我惊叹不已。中国的考古同行思想开放，乐于合作，考古工作蒸蒸日上。然而，我也注意到一个问题，中国的考古同行有点过于注重合作研究。在加拿大，我们的研究也会面临很多问题，也有很多好的项目需要共同研究。但是我们更喜欢独立工作，不会将所有人的精力都集中在一个问题上。长久以来，中国考古都特别关注农业起源问题，我们也会探讨类似问题。在加拿大，如果有人提出做农业起源的研究，他的同事会说："这很好，那你来做吧。"这和中国的考古很不一样。当我和中国考古学家讨论某些事情或进行交流时，我发现我们之间还是存在一些文化差异。但是我和山东大学同行们合作得很愉快，因为山东大学的考古学家思想前卫、知识渊博，总能为项目提供很多好的意见，让这些项目取得了非常好的成果。工作之余我们经常交流，在这个团队中我们互相学到了很多，我们的合作应该是国际考古合作成功的一个典范。

有关世界农业起源和中国农业起源的问题，您的主要观点是什么？您觉得我们下一步还需要做哪些方面的工作？

农业起源是一个很复杂的问题，我们要以一种开放的心态来看待这个问题。不要陷入单一理论研究，不能简单地用人口压力说或环境改变论来解释。作为科学家，我们需要知道相互关系并非因果关系，这几个理论是一种相互关系。农业起源这个问题多年来也一直困扰着我，我是在做日本绳文文化研究时开始注意这个问题的。一开始我认为绳文时代的人都是狩猎—采集者，但后来我将其纠正为中间模式。这种关系确实很复杂，它让我以不同方式思考农业起源的问题。

首先是如何定义"农业"这个词。只有从不同角度理解农业，才能以一种开放的心态看待人类对动植物的使用问题。有些学者赞成用驯化植物的存在来定义农业。但我认为植物的驯化并不是农业的一个主要指标，它只和农业发展有关，因为在部分案例中，驯化作物比较容易发现，但在大多数案例中它并不容易辨别，所以我们不能用驯化植物来定义农业。这有点像个笑话，一个小偷在深夜里丢了车钥匙，他一直在灯下找而不是在丢的地方，因为他说只有在这里他才看得见。作为考古学家，我们不能只在灯下找钥匙，就像用能辨认的驯化作物材料来定义农业。我们应当去探索证据并不很明了的领域，需要做淀粉粒、植硅体等一系列分析，寻找更好的方法来看作物是否被驯化。这很难，但我们必须做。我们应该注意作物驯化特征明显之前的那个阶段。在中国，这个阶段主要在更新世末。我们得努力寻找公元前 7000 年以前的相关证据，所以要更关注旧石器时代的材料。农业不是人们一夜之间完成的，是不经意间的结果，它有个很漫长的过程，但也不是像五年计划一样被古人有步骤地改变。古人做一些改变可能是为了维持当时的生活和文化。所以我觉得古人可能是在生活较富裕的条件下进行改变。北美就是一个很好的例子。这里只有几处地点发现驯化作物，我们并未发现任何人口压力、气候剧变的证据，但最后农业还是出现了。而且出现驯化作物的几个地点的生活并没有发生革命性的变化。所以，我们不仅要研究已有明确农业证据的这个阶段，也要研究它之前的那个阶段。理解这两个阶段的自然环境和人类生态系统情况之后，再来回答农业起源这个问题。

  在中国，我们也需要这样做。首要的工作是摒弃过于简单的解释理论。其次是要研究人类聚落，因为人类是整个生态系统中的一环。人类的定居行为与环境是相互作用的，并直接导致了农业的产生。我们可以从一些具有季节性变化特征的材料着手，因为它能帮助我们理解人们使用它们的时间，是使用了一个季度，还是几年？这样可以帮助确定遗址的使用时间。

您对植物考古研究作出了重要贡献，如浮选仪的改进、农业起源的探讨等。您如何看待未来植物考古的研究方法和前景？对中国的植物考古研究有何建议？

我认为一定要坚持浮选法，也希望日后你们能对它做出改进，以便它能适用于不同条件的遗址。浮选法应该注意的一个问题是，筛子网目的孔径应当尽可能地小，用小孔径的筛子能让我们发现大量微小的遗存，如杂草以及禾本科植物。当然，你也可以根据遗址情况灵活地改变尺寸，并无统一标准。毋庸置疑，植物考古是一个很年轻的学科，我们还有很多工作要做。

对中国植物考古研究的建议：首先是采样上对样品数量和规模有灵活的把握。全世界普遍存在的一个问题是，他们认为植物考古研究专业性很强，所以经费预算往往受限。事实上这是一项很基本的研究，在所有考古研究课题中，植物考古是很重要的一部分，因为它的研究目标明确，即关注人类和植物的相互关系、环境等，所以植物考古研究一定要有足够的经费。我认为，在经费有限的情况下最先要做的就是浮选。为了避免别人削减这方面的研究经费，植物考古学家最好能有自己的研究项目，独立申请经费、支配经费。多年来我在加拿大都是亲自主持课题。其次，我们应当多注意埋藏学问题，分析考古遗物是如何产生的。比如炭粒如何受火，在整个遗址中如何分布，又是怎样在不同地层保存下来的。埋藏学对样品地点、大小等都有很大影响，但这个问题在中国还没有引起足够重视。我们需要研究不同地区的埋藏有何差异，而不是直接借用世界其他地区已有的成果。最后是注意方法论。植物考古研究需要更多的理论指导。有可能的话，最好在中国开展一些民族学研究，看看在现代农村中这些作物的生长过程，人们如何种植、使用它们。也可以尝试一些新的理论方法，但是不要过于依赖新的科学技术手段。我发现,世界很多地区的学者以为用植硅体和淀粉粒分析等就能够解决一切问题,所以放弃了浮选法。实际上这些方法各有优劣,是互补的。我觉得浮选法应该作为最基本的方法,然后再用其他方法做进一步研究,不能只用一种研究方法。我也看见有人批评浮选法,用其他方法取代浮选法,这让我很不理解。正是浮选这项基本工作,才让人们开始重视那些炭化种子。所以我希望在中国所有技术都能均衡使用,没有偏颇。

最后,您对我们青年考古学家和考古专业的学生有些什么建议?

考古专业的学生需要有自我分析能力,不能对所学知识持全盘接纳的态度,要学会质疑。根据兴趣大量地阅读,尽量丰富自己的经历。我常常告诉我的学生要抓住每个提升自己的机会,当你在人生路途中朝某一方向努力时,难免会有你意想不到的机会出现,为何不把握住这次机会呢?最完美的计划也有可能出错,所以不要错过每个激发你潜能的机会。我做日本考古研究,也是得益于大学四年级偶然去日本的经历,要是没有此次经历,我也不会多年来一直致力于阿依努人的生态系统研究。

还有就是尽量全面学习,不要过早地专攻某个领域,否则专业研究也很难达到一定的高度和深度。全面学习意味着你要懂得自然科学和社会科学的基本知识,考古学迫使我们尽可能多地了解人类文化。

(初发表于《南方文物》2012年1期,此次发表前略有增补)

乔纳森·马克·基诺耶

见微知著：古代经贸活动建构的早期南亚文明

乔纳森·马克·基诺耶
（Jonathan Mark Kenoyer）

1974年毕业于美国加州大学伯克利分校人类学系，获学士学位。之后在该校南亚与东南亚研究系学习印度河文明考古，兼修人类学、民族学、实验考古、计算机分析、印地—乌尔都语言文学课程，1977年获硕士学位；1983年在乔治·戴尔（George Dales）教授指导下完成博士论文《印度河文明的贝器制造业：以考古学与民族学为视角》（Shell Working Industries of the Indus Civilization: An Archaeological and Ethnographic Perspective），获得博士学位。其间曾获美国富布莱特奖学金（Fulbright Grant）、史密斯森研究院（Smithsonian Institution）等机构的资助赴印度和巴基斯坦学习。

基诺耶教授曾任威斯康星大学麦迪逊分校人类学系与南亚研究系助理教授（1985—1993）、人类学系副教授（1993—1998）。现为人类学系戴尔讲席（George F. Dales and Barbara A. Dales）教授。他曾于2000—

2004、2007—2009年任人类学系主任;2004—2013年任南亚中心主任。2011年当选美国人文与科学学院院士(Elected Member, American Academy of Arts and Sciences)。2004—2017年曾任美国印度研究会、孟加拉研究会、阿富汗研究会监事,2005—2011年曾任巴基斯坦研究会监事、主席,2017—2019年任串珠研究会主席。此外,他还担任中国社会科学院考古研究所古代文明研究中心专家委员会外聘委员;2013、2015年曾以中国科学院"外国专家特聘研究员"(Visiting Professorship of Senior International Scientists)身份来华,进行为期数月的学术访问。

基诺耶教授长期从事南亚考古研究,其研究领域包括印度河文明考古、技术起源、手工业专门化、古代贸易、早期城市化、权力与社会关系、民族考古、实验考古等。他与巴基斯坦、印度等南亚各国的学者有广泛合作,并于1986—2001年参与并主持巴基斯坦印度河流域的哈拉帕遗址发掘。近年又在阿曼等地开展技术与贸易的研究。基诺耶教授的研究特别关注手工艺、民族学与实验考古方法,并因此获得美国考古学会2019年杰出考古学分析奖(Award for Excellence in Archaeological Analysis)。

基诺耶教授研究著述颇丰。他的有关印度河文明的专著《走近印度古城》(Ancient Cities of the Indus Valley Civilization)2000年被译成中文。目前,他正在撰写该书第二版及《印度河谷考古》(Indus Valley Archaeology: Recent Research and New Directions)等有关巴基斯坦、阿富汗、印度考古与文化遗产的多部著作。他还在《世界考古》(World Archaeology)、《世界史前史期刊》(Journal of World Prehistory)、《古代东方》(Paléorient)、《东方人类学家》(The Eastern Anthropologist)、《亚洲文明期刊》(Journal of Asian Civilizations)、《科技考古期刊》(Journal of Archaeological Science)、《显微镜观察与显微分析》(Microscopy and Microanalysis)、《人类与环境》(Man and Environment)、《考古测量学》(Archaeometry)、《南亚考古》(South Asian Archaeology)、《印度考古研究》(Indian Archaeological Studies)、《巴基斯坦考古》(Pakistan archaeology)、《南方文物》等期刊发表学术论文数十篇。

采访 | 艾婉乔

终审 | 李水城

据我所知，您童年在印度东北部乡间度过，后来在美国完成学业。能否简要介绍一下您是如何走上南亚考古之路的？

我父母是印度东北阿萨姆地区的美国传教士。我出生在印度，说着孟加拉语和印地语长大。在印度的童年使我有机会了解到一些传统技术：从如何用竹子生火到捕鱼、打猎、利用陶泥和其他原料，这十分难得。我观察到不同人群用不同方式做饭、制造工具、纺织、打首饰、建房。早年的经历使我对技术细节十分敏感，对我后来进行考古和实验研究十分有用。

我童年开始对世界考古感兴趣，小时候在印度曾打算通过印度考古调查局（Archaeology Survey of India，简称 ASI）学习印度考古。高中时我参观了考古局长的办公室，问能不能参加培训项目。他们说我应该去美国拿到本科文凭，再回印度工作。后来我在美国一直读完研究生，不仅回到印度，也去巴基斯坦积累了田野经验，并学习了乌尔都语，同美国、印度、巴基斯坦学者一道工作。在印度我随沙曼（G. R. Sharma）博士工作，他曾受训于莫蒂默·惠勒爵士（Sir R. E. Mortimer Wheeler）和巴罗达 MS 大学考古系主任梅赫塔（Mehta）博士。我在巴基斯坦拜访了多位曾同惠勒共事的考古学者，包括艾哈迈德·纳比·汗（Ahmed Nabi Khan）、艾哈迈德·哈桑·达尼（Ahmed Hasan Dani）等，同他们讨论考古问题。我自己的经历，加上和这些南亚、美国学者如乔治·戴尔和瓦尔特·费尔塞维斯（Dr. Walter Fairservis）博士的接触，帮我在批判性思考、系统记录、按层位发掘、科学分析等方面打下了牢固基础。

您在加州大学伯克利分校人类学系攻读本科阶段开始参与南亚的田野工作。能否简要介绍一下您求学期间的实习经历？这些对您后来的事业发展有何影响？

我在巴基斯坦的田野工作始于 1975 年，当时我正随加州大学伯克利分校的导师乔治·戴尔博士读研究生一年级。当时他正在卡拉奇以西挖掘一个哈拉帕（Harappa）时期的小型海滨遗址巴拉科特（Balakot），我有幸参加了两季的发掘，后来又对出土陶器等遗物做了几年研究。正是从这里，我开始研究印度河文明的陶器和手工艺，并燃起对实验考古复原研究的兴趣。我写的第一篇论文是关于巴拉科特的贝壳制品，戴尔将这篇文章投给了重要的研究期刊[1]。在巴拉科特工作的同时，我还协助整理了戴尔博士 1964 年在摩亨佐达罗发掘的石器[2]、珠子、贝镯[3]和陶器。对我来说，这是一次十分重要的训练。我们的工作成果后来汇集为该遗址第一部陶器综合研究专著[4]，至今它仍是研究印度河陶器的主要参考文献。

我还参加了一项意大利与德国学者在摩亨佐达罗（Mohenjo-daro）联合开展的地表调查，结识了来自欧洲的重要同事，与他们建立了延续至今的长期合作关系，包括我在收集博士论文——关于印度河文明贝壳制造业材料——期间也一直和他们合作。

1980—1981 年，我在印度进行馆藏贝类制品研究时，参加了一项由印度顶尖考古学者——安拉阿巴德大学（Allahabad University）

---

1. Dales, G.F., & Kenoyer, J.M.（1977）. Shell Working at Ancient Balakot, Pakistan. *Expedition Philadelphia, Pa*, 19（2）, 13—19.
2. Kenoyer, J.M.（1984）. Chipped Stone Tools from Mohenjodaro, In B. B. Lal & S.P.Gupta（Eds.）. *Frontiers of the Indus Civilization*. New Delhi: Books and Books, 118—131.
3. Kenoyer, J.M.（1985）. Shell Working at Moenjo-daro, Pakistan. In J. Schotsmans & M.Taddei（Eds.）. *South Asian Archaeology*. Naples: Istituto Universitario Orientale, 297—344.
4. Dales, G.F. & Kenoyer, J.M.（1986）. *Excavations at Mohenjo Daro, Pakistan: The Pottery*. Philadelphia: University Museum Press.

的沙曼博士与加州大学伯克利分校的克拉克（J. Desmond Clark）博士主持的国际合作项目。因为我的印地语流利，又曾跟随克拉克博士学习旧石器考古，故应邀参加。我与当时还是安拉阿巴德大学的年轻教师帕尔（J. N. Pal）博士密切合作，发掘了巴赫尔 II 期（Baghor II）旧石器早期遗址[1]和巴赫尔 I 期旧石器末期偏晚的遗址[2]。

以上简要介绍是想说明，早年我在印巴两国的经历奠定了后来的考古事业基础。在美国取得博士学位后，1985 年我受聘于威斯康星大学麦迪逊分校人类学系与南亚研究所。

哈拉帕是印度河史前时期最重要的遗址之一，您在那里开展了近三十年的田野工作，能否介绍一下哈拉帕的考古项目（HARP）？

能与巴基斯坦考古与博物馆部合作，并在哈拉帕遗址进行发掘是十分幸运的。哈拉帕考古项目由我和我的导师戴尔于 1986 年创立。戴尔 1992 年不幸去世后，我和哈佛大学的理查德·梅多（Richard Meadow）博士、纽约大学的丽塔·赖特（Rita Wright）博士将该项目延续至 2001 年以后。直到现在，我基本每年都去遗址参与遗物记录和遗址保护工作。该项目的主要目标是探讨城市化历史、手工业技术发展，以及连接这座城市及背后腹地和资源的贸易网络。还要研究以动植物资料为基础的生业，并基于哈拉帕墓地的考古发掘了解人口情况。哈拉帕墓地仅有零星的个体，其他印度河遗址也未发现能出土几

---

1. Kenoyer, J.M. & Pal, J.N.（1983）. Report on the Excavation and Analysis of the Upper Acheulean Assemblage at Sihawal II. In Sharma, G. R. & Clark, J.D.（Eds.）. *Palaeoenvironments and Prehistory in the Middle Son Valley*. Allahabad: Abhinash Prakashan, 23—48.
2. Kenoyer, J.M., Clark, J.D., Pal, J. N. & Sharma, G.R.（1983）. An Upper Palaeolithic Shrine in India? *Antiquity* LVII, 88—94; Kenoyer, J.M., Mandal, D., Misra, V.D. & Pal, J.N.（1983）. Preliminary Report on Excavations at the Late Palaeolithic Occupation Site at Baghor I Locality. In Sharma, G. R. & Clark, J. D.（Eds.）. *Palaeoenvironments and Prehistory in the Middle Son Valley*. Allahabad: Abhinash Prakashan, 117—142.

十具人骨的墓地。也就是说，我们的讨论只能针对埋葬的极少数人，其他人可能被火葬或以无法在考古记录中留下痕迹的方式被处理了。

通过对全部发掘出土遗物过筛，对地层、微地层做精细的记录，我们已经获取了许多对城市起源和文化的历时性变化的新认识。我们一直在研究遗址出土的巨量人工遗物，这是我们数以百计论文和学位论文的基础。目前尚未解决的问题主要有：印度河文字的解读；他们用以彰显权力、地位的独特技术，如粗陶臂钏（stoneware bangles）、费昂斯饰品和彩石珠子的制作技术。另外，还需要对小型区域遗址进行发掘，探讨它们与大型中心城市之间的关系。哈拉帕与摩亨佐达罗还需要进一步发掘，以增进对这些大型中心城市的了解。

听说近年您在巴基斯坦恢复了田野工作，这距哈拉帕遗址因局势不稳而停工已有 10 多年了。能否介绍一下您目前所关注的问题？

尽管我已不再发掘哈拉帕遗址，但每年仍然要去遗址整理早年出土和每年新采集的地表遗物。目前，巴基斯坦考古与博物馆部主要负责哈拉帕遗址的保护工作，包括在遗址周边筑墙、修建新的通往发掘区的步道、重建古代建筑、发掘侵蚀堆积覆盖区域以便能到达遗址等。这些工作会发现许多对目前研究很有价值的遗物。每年我都要去记录这些新发现，包括一些新的有刻符的器物。

我还与巴基斯坦其他机构的同事合作开展一些新的研究项目。对塔克希拉巴马拉（Bhamala）佛塔的发掘和保护是其中最重要的项目之一，这对建立遗址贵霜占领时期的年代序列很有帮助。我们还发现了一个大型卧佛——"涅槃像"，这尊佛像被古代盗贼严重损毁，我们正开展一项保护工作，试图重建残存部分。

您十分关注技术与贸易方面的研究，除冶金、制陶等古代技术外，装饰品的研究，包括贝镯、串珠等也是您着力的重要领域，尤其是南亚史前考古发现的串珠十分丰富。可否介绍一下您在这方面的研究和关注的问题？

我从小就喜欢珠子，这与我对技术和象征符号的兴趣很有关系。所有文化都青睐珠子，它也是人类最早的身份、权力的象征物之一。我发展出一套观察串珠材质及制作技术的方法，将串珠的研究不断推向深入。目前我主要关注的是石珠，包括软石和硬石。软石珠为我们了解钻孔、成形等基础方法提供了视角，但更重要的是利用高温技术加热滑石、为其上釉。对软石加热、上釉是上釉技术的最早阶段，后来才发展出了费昂斯上釉、玻璃等更复杂的技术。在中国，早期与釉有关的另一技术是陶瓷。南亚没有早期瓷器的物证，但有粗陶（stoneware）制作的臂钏，是我正在研究的一种工艺技术。

硬石的分析角度更多，如钻孔、打磨、上色等都值得研究。珠子原料的来源为探讨古代贸易和经济提供了重要窗口。最后，串珠使用时的表面磨耗对判断珠子如何使用、丢弃或埋葬前的流通时间都十分重要[1]。

---

1. Kenoyer, J.M., (2017). History of Stone Beads and Drilling: South Asia. In Kanungo, A. (Ed.). *Stone Beads of South & South-East Asia: Archaeology, Ethnography and Global Connections.* Ahmedabad and Delhi: Indian Institute of Technology-Gandhinagar & Aryan Press, 125—148.
Kenoyer, J.M., (2017). Stone Beads of the Indus Tradition: New Perspectives on Harappan Bead Typology, Technology and Documentation. In Kanungo, A. (Ed.). *Stone Beads of South & South-East Asia: Archaeology, Ethnography and Global Connections.* Ahmedabad and Delhi: Indian Institute of Technology-Gandhinagar & Aryan Press, 149—164.

您特别注重民族调查和实验考古。20世纪90年代，您对印度西北地区珠子加工地的民族考古研究受到学术界广泛关注。另外，利用扫描电镜观察串珠表面微痕，并通过实验考古进行比对，是您研究串珠加工的一个重要途径。目前这一方法在串珠研究中的前景如何？

我在研究南亚串珠过程中发展的一套研究方法已被我的学生应用到世界各地。其宗旨是通过珠饰研究，扩大我们对地方性和全球性交流的认知。我的学生杰弗里·卢德维克（Geoffrey Ludvik）随我对安纳托利亚和西亚其他地区的串珠进行了研究[1]。他最近刚完成以色列串珠研究，通过改进分析技术，在方法论的发展上作出了贡献。他通过椭圆变换分析（Elliptical Transform Analysis）方法来识别特征显著的作坊出土的珠子，并提出从考古上识别、描述作坊传统的新理论[2]。另一位学生许真雅（Jina Heo）最近完成了对韩国史前及早期国家遗址出土串珠的分析，并将串珠研究结合其他方法，讨论贸易模式和与附近政体间的交流[3]。还有一项串珠研究即将由劳伦·格罗弗（Lauren Glover）[4]完成，她已经发表了一篇对韩国串珠的研究[5]。同类方法在你（艾婉乔）的研究中已应用到中国的早期串珠上，你的博士论文研究将有助于了解中国西北地区的技术发展和贸易情况[6]。我的其他学生在

---

1. Ludvik, G.E., Kenoyer J.M. & Pieniążek M. (2014). *Stone Bead-Making Technology and Beads from Hattuša: A Preliminary Report*. Archäologischer Anzeiger: 147—153.
Ludvik, G.E., Kenoyer, J.M., Pieniążek, M. & Aylward, W. (2015). New Perspectives on Stone Bead Technology at Bronze Age Troy. *Anatolian Studies Journal* 65, 1—18.
2. Ludvik, G.E. (2018). *Hard Stone Beads and Socio-Political Interaction in the Intermediate Bronze Age Southern Levant, ca. 2500—2000 BCE*. PhD Dissertation, Wisconsin: Madison
3. Heo, J. (2018). *Urbanism and Polity Interaction in Mahan: A study of Early State Formation in the Proto-Three Kingdoms period (c. 100BCE—300 CE), South Korea*. PhD Dissertation, Wisconsin: Madison.
4. Glover, L. (2019). *The Trade, Exchange and Manufacture of Stone Ornaments in Korea and Japan ca. 250—700 CE*. PhD Dissertation, Wisconsin: Madison.
5. Glover, L. & Kenoyer, J.M. (2019). Overlooked Imports: Carnelian Beads in the Korean Peninsula. *Asian Perspectives* 58, 1—23.
6. 艾婉乔：《西北史前串珠的研究》，北京大学博士论文，2018年。

研究非洲、北美串珠时也用到了同样的方法,可见这项研究适用于各个地区和各个时代的装饰串珠。

近年早期装饰品在中国国内开始受到越来越多的关注。在您看来,哪些方面值得注意?中国早期珠子(玛瑙)的出现是否受到南亚或西亚的影响?

1991年张光直教授就跟我提到新疆出土的蚀花红玉髓珠和云南的长红玉髓珠,以及非常重要的、安阳妇好墓出土的红玉髓珠。我听了以后十分激动,想去中国对它们进行深入研究。2001年我来到中国,发现它们虽然看起来与印度河文明的某些珠子相像,但更有可能使用的是产自中国某地的原料,在当地制作的。又过了好些年,我有机会研究安阳和其他一些地方的珠子。目前比较清楚,它们应该是技术平行发展的结果,而非传播。但是,中国汉代及以后一些遗址出土的珠子应来自南亚,这可以从技术和风格上辨认出来。

目前,中国珠饰研究最重要的应该是建立各地区红玉髓产源的地球化学数据库,再选择考古遗址所出标本,与之做成分比对。像三门峡墓葬出土的一些利用自然晶洞做孔的红玉髓珠,与蒙古出土的一些完全一样,无疑应来自蒙古戈壁地区。妇好墓啄钻而成的红玉髓珠与夏家店下层文化的红玉髓珠原料一致。与之相对的是,四川成都金沙遗址出土的珠子似乎用的是四川、云南产的原料。通过追溯矿源和贸易网络,可以建立中国境内及其与其他地区间的远程贸易网。

您与中国社科院考古所和中国科学院大学有过多年合作,内容涉及陶器、铜器、费昂斯、玻璃、玛瑙珠的研究。上述合作有哪些成果和不足?前景如何?

2013—2015年,我应杨益民教授及同事邀请,有幸在中国社会科学院做访问学者。我还同荆志淳博士与唐际根先生合作,研究安阳遗址的一些特殊器物。在这些合作中,我得以同一批学者和学生接触并开展研究,学到了物质研究的新方法,并分享了我的经验,从而建立了持久的学术与合作关系。不过,中国的大学和科研机构的实验研究与我在美国和南亚进行的十分不同,但我能接受新方法,也尽量使我的方式契合所面对的环境。在安阳,我们尝试复原了一座商代陶窑并烧造了陶器[1],也尝试烧制了白陶和原始瓷。模范生产和铸铜则有些复杂[2],但对我从另一角度理解铜器技术帮助很大,也对我目前关于印度河文明红铜和青铜器的研究很有启发。在中国科学院大学,我做了比较重要的陶器分析、费昂斯复制实验,这项研究还在继续,希望复制品分析早日完成并发表。我想在开展新项目之前把早前的工作先完成,但想做的还是有很多,其中也包括对丝绸技术的研究及溯源研究。

我在贵校交流学习期间,对您开设的《古代技术与发明》暑期课程印象深刻。通过阅读文献、观看录像、动手操作——实验考古、完成研究,让学生了解打制石器、制陶、铸铜、费昂斯制作等多门古代工艺。据说该课程曾荣获类似"全美精品课程"的荣誉,您也不遗余力地向南亚的高校推广这门课。近年来,中国多所高校考古系也开设了实验考古课。能讲讲这门课设置的初衷、设计和心得吗?

---

1. 岳占伟、荆志淳、岳洪彬等:《殷墟出土灰陶器的制作与烧制实验研究》,《南方文物》2014年3期,100—109页。
2. 岳占伟、荆志淳、刘煜等:《殷墟陶范、陶模、泥芯的材料来源与处理》,《南方文物》2015年4期,152—159页。

《古代技术与发明》无疑是我每年在威斯康星大学麦迪逊分校开设的最重要课程之一。从1988年开始，我几乎每年夏天都上（这门课），有时也在学期中开课。在巴基斯坦我也教过这门课，在印度、中国、阿曼上过其中的一部分。该课程的目的是帮助打算进行考古或遗物分析研究的学生，了解如何诠释考古记录中的各类遗物。要做到这点，必须先了解这些器物是如何制作的，包括石器、木器、纤维与纺织、陶器、费昂斯、釉陶、玻璃、皮革制品、红铜、青铜、铁和钢等。他们不需要成为其中任何一项技术的专家，但需要看到怎样操作、制作过程中会有怎样的碎片留在考古遗迹中。通过这一过程，逐步理解考古学家、人类学家对遗弃碎片、石器和完成品，比如珠子一类，所进行的多种阐释分析。我有意尽量将所有这些技术囊括进去，因为他们常在古文化中同时出现。学生需要理解多种手工业是怎样通过相似的操作程序制作器物的。许多手工业都需要匠人掌握、处理不同原料的技术，再综合完成一类器物。该课程所关注的主题包括：材料是怎样处理的，消耗时间的性质，技术当中的性别角色，精英阶层如何通过使用专门器物以巩固其权力、地位。我一直在不断完善这门课程，做些小的修改，探讨新的技术。我也让学生自己做研究，同时也促使我用新方法拓展认知。总之，这门课对我来说是不断学习的重要途径，并被鞭策建立、完善诠释模型，以解读考古记录。

近年来中国考古开始走出国门，着手开展国外考古项目。随着某些机构在印度、孟加拉等地开展考古，南亚考古越来越多地进入中国学界的视野。我们知道，南亚考古发端于殖民时代，最初，英国人设立并领导的印度考古调查局（ASI）扮演了重要角色。您能否介绍一下南亚考古的发展历程？

殖民时代欧洲对文明的发展存在各种误读，对征服地人民抱有殖民者的偏见。当西方最初尝试研究古代印度时，深受上述两方面影响。历史学家将其研究方法划分为"东方学的"、"功利主义批评的"、"马克思主义的"等等。后来我们认识到，这些方法的出现与历史地理、语言学、人类学、考古学研究相关，而这些学科又深受欧洲及后来美国学术研究范式的影响。

17、18世纪，大量外国旅行者、东印度公司及后来的英属印度公职人员开始记录他们在各地访问的遗迹。大量手工制品、雕塑和碑刻被收藏，许多被带出次大陆，有些进了博物馆。这一时期，"考古"不过是高级一点的寻宝。与此同时，西方社会开始质疑犹太—基督教体系的世界观。地质、古生物、考古等学科开始建立起来，逐步正规化的南亚语言研究为比较语言学的产生作出了贡献，南亚钱币和碑刻的研究随之成为钱币学和碑铭学的重要领域。

在南亚史前研究领域，除了活跃着西方学者，南亚本土学者实际上也收集了大量不为人知的信息。他们中的一些是在西方学术体系下培养出来的，另一些是非西方思维的。在殖民时代早期，欧洲学者雇佣有学识的婆罗门学者，向他们学习梵文、巴利文以及其他许多次大陆语言。本土学者或专家一直在协助大量文献的转写和翻译工作，但在西方学者的回忆录中却鲜有提及，种种重要发现的功劳并未记到他们头上。除了与西方学者合作的教师、专家，我们还应该知道，部分印度知识分子曾致力于建立本土研究机构以研究、解读古代印度。他们当中的一些人曾试图发表自己对碑刻和考古发现的解读，但这些在殖民时代初期被强硬地排斥在独立研究的圈外。

英属印度最早的一些发掘并非由受过训练的考古学家承担。考古学当时还是一门新学科，方法论和准则尚在形成中。实际上，英国殖民者中致力于记录古代遗址、解读早期文字的都是其他专业背景的人。英国殖民地部（The British Colonial Office）意识到，他们需要更系统的记录和发掘方法，于是在1862年成立了印度考古调查局。

印度考古调查局的成立意味着研究和记录进入到新阶段。尽管最初的调查由西方殖民政府主持，实际上也有欧亚人（混血）和本土官员参与。殖民学者逐步意识到本土学者的贡献后，慢慢地将其纳入主要机构的行政和翻译核心岗位。年代研究、对历史城市的识别仍是南亚考古研究的重点。随着时间推移，考古学逐步吸收了多种科学分支，包括地质学、化学、冶金学、植物学、动物学等。20世纪三四十年代，新的发掘与记录方法引发了田野考古方法的革命以及新型数据的研究和解读。1947年以后，随着印度和巴基斯坦的独立，前往南亚工作的考古学家来自世界各地，南亚考古成为业内全球化发展的一个重要领域。

提到印度河文明的发现与研究，麦凯（Mackay）、惠勒（Wheeler）等人在哈拉帕、摩亨佐达罗、昌胡—达罗（Chanhu-daro）等遗址的发掘中起到了十分重要的作用。您如何评价这些学者的早年工作？

马歇尔（Marshall）、麦凯、惠勒是最著名的，还有其他一些学者为南亚田野考古和解释方法的发展作出了重要贡献。他们是：

坎宁安爵士（Sir Alexander Cunningham） 最初是印度东部的军事工程师，曾访问次大陆许多地方，观摩重要遗迹和考古遗址。1871年，印度考古调查局成立，他被任命为局长。中国僧人法显和玄奘曾详细描述他们游历的佛寺和圣地，坎宁安任职期间，曾试图追寻他们的足迹。他曾主持发掘了一些重要遗址，包括1875—1876年在哈拉帕中部主要高地上开设两条小探沟。

马歇尔爵士（Sir John Marshall）1902年被寇仁勋爵（Lord Curzon）[1]任命为考古局长。此人具有希腊和地中海考古背景，曾在阿瑟·伊文思爵士（Sir Arthur Evans）领导下发掘克诺索斯遗址。1924年，经过比对出土于哈拉帕和摩亨佐达罗的材料，他宣布发现了印度河文明，并就印度河与当时刚发掘的美索不达米亚进行了一系列比较。马歇尔也发掘了不少遗址，并承担了斯坦因主持的次大陆以外地区的调查。

哈罗德·哈格里夫斯（Harold Hargreaves）是坎宁安的助手之一，并在不同时期担任考古局外派北方和边境两区的最高负责人[2]。1928—1931年，他担任了考古调查局局长。其间，他对古迹和文物保护的行政管理进行了改革，这对当地的田野工作有深远影响。

拉伊·巴哈杜尔·达亚·拉姆·萨尼（Rai Bahadur Daya Ram Sahni）印度考古调查局北方区负责人。1920—1921年，开始主持对哈拉帕遗址的大规模发掘。1931—1935年，任考古调查局局长，也是任局长的首位印度人。不幸的是，这个阶段恰逢世界经济萧条，印度考古调查局几乎失去了所有支持，财政削减，勘探部门被撤销。但摩亨佐达罗、哈拉帕等遗址的发掘仍在继续，这期间的发现主要归功于遗址管理者和当地部门。

拉奥·巴哈杜尔·卡希纳特·纳拉亚纳·迪克西特（Rao Bahadur Kashinath Narayan Dikshit）摩亨佐达罗遗址的主要发掘者之一，其发掘区域主要位于"下城"（Lower Town）和"要塞"土堆。1937年，

---

1. 又译"寇松"（1895—1925），驻印度总督、外交大臣。——编者注。
2. 印度考古调查局内主要官员的行政级别自高到低为 Director General（1人，简称 DG，或译局长，最高行政长官）、Director（10余人，或译司长，一般为考古出身，负责某一方面事务）。印度考古调查局派驻地方机构的最高负责人为 Superintendent。——编者注。

他成为担任考古调查局长的第二位印度人。除了主持早期历史时期阿黑克舍特拉（Ahichchhatra）等遗址的大规模发掘外，还恢复了与多个地方邦博物馆和考古管理部门的行政联系。他对考古研究影响最持久的贡献可能是允许高校积极参与发掘项目，其结果是，印度、巴基斯坦、孟加拉的许多大学考古系有发掘的自由，但不必全面负责后续的保护工作。后者至今仍由印度考古调查局管控。

欧内斯特·约翰·亨利·麦凯（Ernest John Henry Mackay） 1926—1927 年发掘了摩亨佐达罗遗址，并在该遗址工作到 1931 年。他在美索不达米亚和埃及的考古背景使他独具慧眼，并在更为宏大的背景之下理解印度河文明的出现。1935—1936 年，他在信德省的昌胡—达罗遗址发掘。他所撰写的有关印度河文明的发掘报告成为日后比较研究的基石，并为理解该文化提供了重要视角。他是最严谨的发掘者之一，保留了各种遗物，如制作过程中的碎片、废料，使我们能更好地理解古代技术的发展。这些遗物可能其他的考古学家都不屑一顾，被丢掉了。

莫蒂默·惠勒爵士（Sir R. E. Mortimer Wheeler） 拥有卓越的英格兰考古背景，后被派到印度任考古调查局局长。1944—1946 年，他重组印度考古调查局，建立博物馆的分支机构，开创一系列的出版物，复兴保护项目，恢复发掘部门，并开创了多个田野学校，对学者进行科学发掘和记录手段方面的训练。他在发掘期间培养的不少学生后来成为印度考古调查局局长、国家级考古学者（State Archaeologists）、高校考古系主任。印、巴独立后，1948 年，惠勒将其在印度的工作转交给查克拉巴蒂博士（Dr. N. P. Chakrabarti），并继续担任巴基斯坦政府的考古顾问。1950 年，他发掘了摩亨佐达罗遗址。1958 年最后发掘了贾尔瑟达（Charsada）遗址。通过这些发掘，他培养出不少巴基斯坦的考古学家,这些人继承了惠勒的发掘、调查、保护和博物馆的建设。

惠勒将多项重要的新方法引入考古学研究:1)按层位记录、发掘而非武断的水平发掘;2)布设直边、竖直的探方发掘法(这是能够较好观察地层的唯一办法);3)精细绘制建筑和遗迹平面图;4)全方位记录、绘图、照相;5)出版发掘报告。然而,他在诠释印度河考古及其他遗址方面也犯过一些错误,需要后来的考古学家花大力气来纠正。其中,最大的错误就是提出哈拉帕文化毁于来自印度之外的外族入侵,即所谓"印度—雅利安人"。这一解释对印度和巴基斯坦考古产生了持久的负面影响。

以上的早期学者奠定了我们后来的认识基础,他们的视角和误解也对后来的田野工作产生了持续影响。面对一部地区史,读者必须关注历史学家和考古学家是如何研究过去的,他们的文化偏见以及时代偏见会影响他们对过去的解释。考古学家、地质学家、金石学家及其他当代学者仍在不断发现新遗址、年代信息和法令,用最新的科学方法,同时也在当代全球化社会的偏见下解读这些材料。我们要意识到前辈的短处和疏忽,避免在当前的南亚考古研究中犯相似的错误。

20世纪70年代以来,印巴地区考古除了本土学者参与外,也有不少西方国家参与。如何评价这一阶段的工作?有哪些重要的成果?

外国学者对南亚考古的贡献是通过与高校、东道国政府机构合作研究实现的。欧洲、美洲、东亚、东南亚都有学者参与发掘和开展各种合作。斯里兰卡、孟加拉、韩国、日本、美国、加拿大和非洲、欧洲的许多学生曾在印度顶尖高校，如巴罗达 MS 大学，浦那的德干学院（Deccan College, Pune）、安拉阿巴德大学、加尔各答大学（Calcutta University）、德里的尼赫鲁大学（Jawaharlal Nehru University, Delhi）学习考古。他们中有些人继续在印度或南亚的其他地区工作。作为合作项目的一部分，国外考古队在东道国也常为当地学生提供培训，并经常邀请学生去他们国家深造，参与可以拿到学位或证明的学习，从而使不少南亚考古学者学到了一些在南亚接触不到的方法论和阐释手段。这种南亚与外界交融的结果是：发掘技术、记录方式、诠释模型方面的指导思想高度多样化，从某些方面来说有好处。然而，要透过不同形式的线图、不同语言体系描述的陶器对考古报告内容进行比较，事情就变得富有挑战性了。

目前对南亚印度河流域史前文化年代序列的认识如何？

南亚的考古年代序列十分复杂，我喜欢用"考古传统"的概念来理解文化时代和地区类型间的关系[1]：

印度河传统（Indus Tradition）

早期采集时代（Foraging Era） 前 10000—前 2000 年
    中石器及细石器时代（Mesolithic and Microlithic）
早期食物生产时代（Early Food Producing Era）前 7000—前 5500 年
    梅赫尔格尔期（Mehrgarh Phase）
区域化时代（Regionalization Era） 前 5500—前 2600 年

---

1. Kenoyer, J.M.（2015）. The Archaeological Heritage of Pakistan: From the Palaeolithic to the Indus Civilization. In Long, R.（Ed.）. *History of Pakistan*. Karachi: Oxford University Press，1—90.

哈拉帕早期（Early Harappan Phases）
拉维（Ravi）、哈克拉（Hakra）、舍里·汗·塔拉凯（Sheri Khan Tarakai）、巴拉科特（Balakot）、阿姆里（Amri）、科特·迪吉（Kot Diji）、索提（Sothi），

融合时代（Integration Era）
哈拉帕中期（Harappan Phase）　　　前 2600—前 1900 年
当地化时代（Localization Era）
哈拉帕晚期 Late Harappan Phases　　前 1900—前 1300 年
旁遮普（Punjab）、朱卡尔（Jhukar）、兰格普尔（Rangpur）

印度河传统是指大印度河谷及周边各类人群融合形成的人类适应总面貌。其中，城市时代曾被称作哈拉帕或印度河文明，也有人称印度河—萨拉斯瓦蒂河文明。整个传统年代上起早期采集时代，即旧石器时代晚期。之后是早期食物生产时代，即驯化动植物逐渐引入。区域化时代从公元前 5500—前 2600 年。此间，整个印度河地区浮现出多种区域性文化，均早于哈拉帕城市期，有些可能与哈拉帕早期形成有关，有些被归入前哈拉帕或其他早期文化。总体上说，区域化时代可谓小型酋邦（chiefdoms）崛起的时代，之后（形成）大型酋邦乃至原始城市聚落。融合时代指城市、国家级社会出现并成为主要政治组织的阶段。该时代只有一期，即哈拉帕期，约为公元前 2600—前 1900 年，可再分为三段。在哈拉帕期，主要区域实体融合为更大规模的经济、政治、思想体系。当地化时代则是一个去中心过程，主要城市集合不复存在。这一阶段大约延续了 900 年，约当公元前 1900—前 1000 年。印度河流域的当地化时代与之后的印度—恒河传统区域化时

代有一定时段的重合,后者也常与南亚早期历史时期相联系。

恒河流域的考古工作怎么样?

印度—恒河传统的地理范围跨越阿富汗部分地区、巴基斯坦全境、印度和尼泊尔大部、孟加拉和斯里兰卡全部。年代序列十分复杂,主要依据考古发掘、碑刻和文献记录的历史年代[1]。

印度—恒河传统(Indo-Gangetic Tradition)

区域化时代(Regionalization Era)

吠陀—非吠陀酋邦 (Vedic and Non-Vedic Chiefdoms)(口述传统)	前1500—前800年
彩绘灰陶 (Painted Grey Ware)(考古学文化)	约前1200—前800年
北方黑色磨光器 (Northern Black Polished Ware)(考古学文化)	前900/700/500—前300年
早期酋邦和城市国家 (Early Chiefdoms and City-States)(历史政权)	前600—前300年
难陀王朝(Nanda Dynasty)	前362—前321年
阿契美尼德波斯占领西北 (Achaemenid Persian Occupation in NW)	前559—前326年
马其顿的亚历山大入侵 (Invasion of Alexander of Macedon)	前327—前326年

---

1. Kenoyer, J.M.(2015). The Archaeological Heritage of Pakistan: From the Palaeolithic to the Indus Civilization. In Long, R.(Ed.). *History of Pakistan*. Karachi: Oxford University Press, 1—90.

融合时代（Integration Era）
　　孔雀帝国（Mauryan Empire）　　前 321—前 185 年
当地化时代（Localization Era）
　　巽伽王朝，印度恒河地区　　　　前 185—前 71 年
　　（Sunga Dynasty, Indo-Gangetic Region）

　　各国都有这一时段的遗址在发掘，但如前所述，各国考古学者运用的方法和解释模型难以相互比对。一个亟需改进的地方是，应对早期历史时期的遗址进行更细致的地层分析，更好地制定区域年表，评估技术发展、普及以及连接各个城镇的贸易网络。这个时代与西亚、地中海、东南亚和东亚的海洋和陆路贸易也十分重要。

　　目前，南亚考古关注的区域和主要问题有哪些？
　　南亚考古还有许多有意思的领域值得充分探讨。开展详细调查以寻找早期人类化石，可能是需要国际学术界共同关注的一个重要课题。对 50 万年至今有连续居住遗迹的洞穴、岩厦的发掘也需要关注。像在印度中部的毕姆贝特卡（Bhimbetka）遗址，已进行了一些小规模发掘，但测年更准确、记录更充分的新发掘将有助于回答更多以往因信息提取不足而未能探讨的问题。各个地区都需要早期动植物驯化的研究，但更为重要的是阿富汗、俾路支斯坦高地、喜马拉雅山麓和恒河平原中部几个地区。对区域性和全球性气候波动的研究也需大量（资源）投入，可以通过对高山湖泊及俾路支和喜马拉雅山麓一线的湖底打钻实施。次大陆的树轮校正也需要建立起来——说这项工作可行，是因为像在乌贾因（Ujjain）和帕塔里普特拉（Pataliputra）

等古城墙内仍保存有较好的木材。再就是对中国西藏、印度北部和巴基斯坦寺院木梁进行系统的树芯采集，以连接古树树轮与超过2000岁以上的活树（树轮）。这将对当地遗址进行碳十四测年大有帮助。

另一个需要新发掘的领域是印度河文明衰落至历史时期早期城市兴起这一阶段——公元前 2000—前 300 年这一阶段——尚未能够进行详细研究。目前已发现不少遗址，但还需要长期的发掘研究。

如何评价南亚与东南亚的文化交流？这两个地区的交流始于何时？

目前我正在开展东南亚与南亚交流的研究。如何定义两地的边界是一个复杂问题。因为我出生、成长于南亚东部边缘，我接触的人群在语言和文化上都与东南亚联系密切。从阿萨姆到缅甸、泰国、中国云南，景观和环境并不存在边界或剧烈变化。人们在大陆上的迁移是持续的、双向的。我相信史前时期也是这样。至于海路交流，联系存在于孟加拉的布拉马普特拉河—恒河三角洲与印度南部、马来半岛乃至印尼之间。同样，位于今天孟加拉、柬埔寨、越南的早期城邦国家之间也应存在重要的沿海交流，像欧厄尤（Oc Eo）、吴哥（Angkor）等。过去对印度南部和东南亚之间的海上贸易关注较多。但我感觉，应在孟加拉和（印度）西孟加拉邦投入更多研究。这很有可能帮助我们更清楚地理解交流。

最早的交流必然始于旧石器时代早期，因为早期人类在南亚与东亚之间的迁移和交流必然要经过阿萨姆—缅甸—泰国—中国云南之间的山地。也就是说，我们应寻找 200 万—50 万年前的堆积。另一重要时段是早期食物生产时代,大米和粟、黍在东亚、东南亚及南亚驯化的阶段,大概在距今 9000—5000 年前。接下来较重要的是冶金术在东南亚和东北印度的出现。泰国、缅甸、米佐拉姆(Mizoram)、曼尼普尔(Manipur)、那伽兰(Nagaland)之间的联系需要研究,为何一些技术类型在这些地区共有?交流物证最丰富的时代始于历史时期的早期——在南亚大概是公元前 800 年。公元前 450 年左右,孔雀王朝多个主要城市建立后达到顶峰。这些城市大多位于今天的孟加拉,可能曾经是连接印度半岛与东南亚乃至东亚地区更远的主要贸易港口。

您与印巴等国学者合作数十年,对当地的考古现状有相当的了解。在您看来,中国考古学者在南亚开展工作会有哪些比较好的切入点和合作方式?

许多遗址被压在当代城市下面,发掘项目可以随着现代城市的建设而展开,正如现在中国所做的。中国考古学家在安阳的发掘已成为城市开发的一部分,这是值得印度和巴基斯坦城市考古借鉴的例子。对南亚考古学家来说,到中国来学习如何在现代城市中开展发掘十分必要。这也可以是中国考古学者与印度、巴基斯坦高校开展合作的重要途径之一。另一参与方式是送中国学生去印度和巴基斯坦大学学习当地语言,参与当地的考古项目,了解当地学者如何工作,学习更能融入南亚的考古方法。我当学生时,拿了富布莱特奖学金去印度和巴基斯坦学习,挂靠在两国的顶尖高校。早年建立起的联系延续了我的整个职业生涯,至今我仍与那里的师生们保持密切的联系。

2001 年，我的导师李水城教授曾邀请您访问北京大学，并给考古系师生做学术报告。当时的反响如何？

当年李水城教授邀请我到北京大学为师生做关于印度河文明的讲座，是我在中国首次进行的较重要的讲座。当时我并不清楚听众对印度河文明有多少了解，所以只能力图做一个宏观的介绍，重点谈一些重要的考古发现。我感觉听众对印度河与中国之间的比较研究很有兴趣，我也深受鼓舞。我的关于印度河文明的著作在 2000 年被译成中文[1]。之后，我每次来中国，都觉得有更多的教授和学生渴望更多地了解印度河文明，或许这本书也有一定的影响吧！

2015 年您在北大的学术会议上做了"古印度河文字：起源、使用与消失"的报告，并期待中国学者能参与到这个研究之中。您是出于什么样的考虑？

2015 年，伦敦大学中国文化遗产保护与考古学研究国际中心、北京大学中国考古学研究中心与国家地理协会共同举办了"早期文明的对话"会议，我应邀做了一个关于印度河文字的演讲。我一直主张，印度河书写系统的发展可通过印度河遗址出土陶器的刻划和彩绘符号上溯到书写系统形成前的数千年。虽然我不研究汉字书写系统，但我感到这一模式可能通过中国的情况加以论证。2000 年我曾在讨论中提出这一观点，但得到的直接反馈是，早期陶器刻划与后来的书写传统无关。我一直希望中国研究文字早期发展的学者能对我们在印度河所

---

1. 乔纳森·马克·基诺耶:《走近古印度城》，张春旭译，杭州：浙江人民出版社，2000 年。

发现的情况产生兴趣。我不知道目前是否有中国学者正转向这一研究方向,但中国和其他地区已有学者提出二者之间可能存在联系。我着实希望有人愿意挑战这个题目,毕竟研究的人越多,对古代印度河书写系统的了解获得突破的机会也越多。

(《南方文物》2019年4期)

让-丹尼斯·维涅

从动物考古看环地中海的人类迁徙

让-丹尼斯·维涅
(Jean-Denis Vigne)

法国国家科学研究院研究中心主任,同时还任法国国家科学研究院—国家自然历史博物馆"动物考古、植物考古:社会、实践与环境"研究中心副主任。此外,兼任世界动物考古学会执行委员、由欧洲6个国家100名科学家组成的"欧洲生物考古网"联合负责人、由80名科学家组成的"法国生物考古学家网"负责人、国家自然历史博物馆"生物与文化多样性"项目负责人以及《人类动物学报》的主编。让-丹尼斯·维涅教授拥有巴黎第一大学、第五大学、国家自然历史博物馆和蒙彼利埃(Montpellier)第二大学的特许任教资格。他曾荣获法国农业学会金奖、国家自然历史博物馆人文科学和环境学部、种群生物学部的银奖和铜奖。

让-丹尼斯·维涅教授于1983年在法国巴黎第六大学获得自然科学博士学位;1998年在蒙彼利埃第二大学

荣获特许任教资格[1]。

让-丹尼斯·维涅教授的主要研究领域包括：近东地区和欧洲西南部饲养家畜的起源、地中海海岛移民、从中石器到新石器及青铜时代欧洲和近东地区的动物饲养技术及人类的饮食结构、人类活动对野生动物的影响等。他提出的"新石器时代化"对欧洲大陆动物群的影响、欧洲家养黄牛和猫的起源、动物驯养开始阶段的不稳定性、奶等动物产品在动物驯化过程中的作用、欧洲有蹄类动物的传播和人类迁徙的关系、鼠类对农业和疾病的影响、人类对生态系统的破坏等观点，在国际学术界具有较大影响。

让-丹尼斯·维涅教授还负责在法国南部、科西嘉地区及塞浦路斯的考古发掘，他一直强调动物考古学家主持古代遗址发掘的必要性。

让-丹尼斯·维涅教授出版的学术著作有8部（含独著及合著），主编或合编论文集9部。迄今为止，让-丹尼斯·维涅教授已发表学术论文380余篇。其主要的代表作如下：《塞浦路斯的猫的早期驯化》(Vigne J.-D., Guilaine J., Debue K., Haye L. et Gerard P., 2004. Early Taming of the Cat in Cyprus. *Science*, 304: 259)；《动物驯化的初期步骤：新的动物考古学方法应用》(Vigne J.-D., Helmer D. et Peters J. (dir.), 2005. *First Steps of Animal Domestication: New Archaeozoological Approaches*. Oxford, Oxbow Books)；《旧大陆新石器化过程中奶是次级产品吗？论奶的开发在牛、绵羊与山羊驯化中的作用》

---

1. 此为欧洲和亚洲某些国家科学研究取得的最高学术资格，即获取博士学位后需在其独立学术成就基础上撰写一篇专业性的论文，然后提交给一个学术委员会并通过答辩，其过程与完成博士论文及其答辩类似，但其学术水平必须超出博士论文应该达到的水平。获取这一资格以后才可以带博士研究生。——编者注。

(Vigne J.-D. & Helmer D., 2007. Was Milk a "Secondary Product" in the Old World Neolithisation Process? Its Role in the Domestication of Cattle, Sheep and Goats. *Anthropozoologica*, 42, 2: 9—40);《114000年以前前新石器时代野猪的管理及其引入塞浦路斯》(Vigne J.-D., Zazzo A., Saliege J.-F., Poplin F., Guilaine J. & Simmons A., 2009. Pre-Neolithic Wild Boar Management and Introduction to Cyprus More than 11400 Years Ago. *Proc. Ntl. Acad. Sci. USA*, 106, 38: 16131—16138);《近东地区哺乳动物的早期驯化过程：来自塞浦路斯前新石器时代与前陶新石器的证据》(Vigne J.-D., Carrère I., Briois F. and Guilaine J., 2011. The Early Process of the Mammal Domestication in the Near East: New Evidence from the Pre-Neolithic and Pre-Pottery Neolithic in Cyprus. *Current Anthropology*, 52, 4: 255—275);《10600年前栽培者向塞浦路斯的第一波传播》(Vigne J.-D., Briois F., Zazzo A., Willcox G., Cucchi T., Thiébault S., Carrère I., Franel Y., Touquet R., Martin C., Moreau C., Comby C., Guilaine J., 2012. The First Wave of Cultivators Spread to Cyprus Earlier than 10600 Years Ago, *Proc. Natl. Acad. Sci. USA*, 109, 22: 8445—8449);《科西嘉岛后冰期的哺乳动物：动物考古学研究》(Vigne J.-D., 1988. *Les Mammifères Post-glaciaires de Corse, Étude Archéozoologique*, XXVIe suppl. à Gallia Préhistoire, CNRS éd., Paris)。

让-丹尼斯·维涅教授很早就关注中国的动物考古研究。自2009年他正式参加由中国社会科学院考古研究所袁靖、英国阿伯丁大学基思·都伯奈(Keith Dobney)和他共同主持的"中欧生物考古学合作研究"(中国和欧盟合作项目)以来，曾数次到访中国，参观考古遗址，努力促成法国国立自然历史博物馆"动物考古、植物考古：社会、实践与环境"研究中心，与中国社会科学院考古研究所科技考古中心的多项合作研究。

在此次访谈时，让-丹尼斯·维涅教授表示最好是用法文来表述，他认为用母语更有助于他全面、清晰地表达本意。为此，我们专门邀请了在法国巴黎第十大学获得博士学位的李英华先生担任翻译，在此特别向他表示感谢！

采访 | 李志鹏、吕　鹏[1]

翻译 | 李英华[2]

您是如何开始对考古学产生兴趣，并最终把研究方向集中到动物考古方面的？

我从 10 岁起就对海洋无脊椎动物化石产生了浓厚的兴趣，那时候我希望将来能成为一名古生物学家。15 岁的时候，我就开始定期参与正式的考古发掘。自然而然地，我对发掘出土的贝壳及骨骼产生了兴趣。发掘的负责人给了我极大信任，让我去研究这些贝壳及动物骨骼。于是我发现了一个在当时还鲜有研究的领域——人类社会与动物的关系（即动物考古学）。动物遗存蕴含的丰富信息使我迅速着迷。掌握这个研究领域需要了解很多学科的知识，比如生物学、生态学、地质学和考古学等等。在大学里，通过选修课程的方式，我先后学习了地质学和生物学，然后又学习了考古学，并且每年都会参加至少两个月的发掘活动。

您在自己的职业生涯中做了哪些重要的研究？取得了哪些研究成果？能否介绍一下这些研究在学术界的影响？

我的研究主要包括地中海海岛移民，近东地区和地中海西北部家养动物的饲养起始时间和来源，人类活动对野生动物的影响，欧洲和近东地区在中石器、新石器时代及青铜时代的动物饲养技术及人类饮食结构。我研究过多处遗址的材料，尤其是地中海一带的动物遗存，同时我也负责过在法国南部、科西嘉地区及塞浦路斯的发掘活动。这

---

1. 李志鹏、吕鹏均任职于中国社会科学院考古研究所。
2. 武汉大学历史学院。

些工作取得了一系列的成果,这些成果体现在我的多部著作及 380 余篇英语或法语论文中。以下是我的一些主要研究成果:

1. 人类社会对地中海岛屿的大面积殖民,是该地区"新石器时代化"的重要表现之一(Vigne 1999、2008)。

2. 在地中海的所有大岛屿上,该殖民过程对脊椎动物群体带来的影响是相似的,对该地区的研究为我们提供了很多分析范例,可以帮助我们理解"新石器时代化"对欧洲大陆动物群的影响,这些影响包括:A. 本地种群的灭绝;B. 家养有蹄类动物的引进;C. 动物役使;D. 对野生动物赋予文化上的意义;E. 共生动物的迁徙。这些研究结果主要关注人类行为对生物多样性的影响,形成了与岛屿居民有关的生物地理理论(Vigne 1988、1992、1999; Blondel et Vigne 1993)。

3. 来自安纳托利亚—黎凡特地区的农业的首次扩散及随后家养动物的扩散,比我们想象的要早 1000—2000 年。因为在公元前 9000 年时,羊亚科动物和牛亚科动物已经存在于塞浦路斯了,而且有一部分羊和牛很可能是在当地驯养的(Vigne *et al.* 2009、2011、2012)。

4. 在近东地区,人类驯养有蹄类动物的最初几百年里,人类和动物之间的关系是非常不稳定的。比如既有对野生动物的控制,又有动物重新向野生形态的转变;又如在不同的村庄之间动物驯养发展的速度具有很大的差异,或者是动物又返回到野生状态以及重新被驯养等等。这些证据很好地反映出,在新石器时代最初的阶段,人类在观念上可能没有将野生动物和家养动物截然区分开来。这在很大程度上将影响我们关于"自然生物"多样性的认识(Vigne *et al.* 2011、2003)。

5. 动物产品的开发(以前被认为是附属产品,比如:奶、皮毛、畜力等)事实上从前陶新石器时代就开始了,而且在南欧新石器时代所有贝丘遗址的早期遗存里都有发现。这就表明,某些动物产品(尤其是奶）在动物驯养的诞生过程中发挥了重要作用，而且对新石器时代的人口增长产生了很大影响（Vigne & Helmer 2007）。

6. 猫早在公元前 9000 年以前就被引进塞浦路斯了，而且很可能在这个阶段就已经完成了驯化。这比埃及人驯化猫要早很多，其原因可能是为了对付灰鼠，因为灰鼠从新石器时代之初就存在于塞浦路斯了（Vigne *et al.* 2004、2012；Cucchi *et al.* 2002）。

7. 家鼠与田鼠的共生对农业和流行病起因具有重大影响。在西欧，这一共生现象在人类殖民过程中很晚才出现，其出现的时间分别在青铜与铁器时代之交和古典时期之初。这一现象在东欧和西欧之间出现时差的原因既有自然因素，也有社会和经济因素。相反，在东欧，共生的鼠类小家鼠到新石器时代晚期才出现，可能是从黑海以北迁移而来的（Audoin-Rouzeau et Vigne 1994，Vigne et Valladas 1996，Cucchi *et al.* 2005、2011、2012）。

8. 在公元前 7000—前 6000 年间，家养有蹄类动物通过陆路与海路扩散到地中海中部和西北部，其间伴随着某些发达技术在地中海中部，尤其是意大利东南部的传播，以及不同的人类群体在地中海西北部（法国南部）的复杂迁移（Guilaine *et al.* 2007，Tresset & Vigne 2007，Vigne 2008）。

9. 当今欧洲的家养牛不是从本地原牛驯化而来的，而是从近东地区驯化的牛迁移而来的（Edwards *et al.* 2007，Tresset *et al.* 2009）。

10. 小哺乳动物在地中海岛屿上的灭绝是多种因素耦合作用的结果，这些因素包括某些攻击性动物种属的进入，人类狩猎的增多，尤其是历史时期人类对生态系统的破坏。科西嘉岛就是其中一个非常典型的例子（Vigne & Valladas 1996）。

11. 在法国，"新石器时代化"不仅使脊椎动物的灭绝增多，而且加剧了对某些脊椎动物的侵害。但是与现代工业化相比,它对生物多样性的影响要小 10 倍以上(Pascal *et al.* 2005、2006)。

这些研究使动物考古在方法论上取得了巨大进展,既为考古学家,也为考古学相关学科带来了前所未有的新视角,比如进化生物地理学、家养动物遗传学及生态学的研究,在以前都是不可想象的,但是现在已经变为可能。因为从我的研究生涯开始,动物考古学就进入了一个新技术不断出现的时代,比如统计学、数据分析、形态学、同位素分析、古遗传学等。

您是如何看待动物考古在考古学中的作用的?动物考古研究对于人类社会发展研究的意义何在?

动物考古学带给我们越来越多的关于人类和社会的信息。对动物骨骼的分析,有助于我们理解考古遗址的遗迹结构、成因及衰败的过程,有助于我们更好地了解人类的环境,以及狩猎、饲养、捕鱼及利用无脊椎动物的历史。动物考古学还提供了关于古人食物经济学或者对动物骨骼进行加工的重要信息。用现代分析技术研究动物遗存,也极大地拓展了我们的研究领域,比如使用同位素分析认识人类某些活动的季节性,使用线性牙釉质发育不全、牙齿微磨损、骨骼病理学、生物地理化学等方法研究饲养状况,研究动物及动物产品来认识人类群体之间的交换,使用几何形态测量方法、古 DNA 方法研究动物迁移等。另外,史前寄生虫学研究有助于我们了解人类健康状况和人类疾病史。动物遗存蕴含着丰富的信息,使我们可以更好地了解动物及其与人类之间的关系,所以它们在考古学研究中占据着越来越重要的位置。

您的研究领域中的一个重要方面是家畜起源。研究家畜起源的学术意义何在？

家养动物的起源是一项特别有意思的研究，原因如下：

1. 动物的驯化是新石器时代革命的一个主要内容，在这一时期，人们的生活方式经由狩猎—采集过渡到农业饲养。新石器时代革命是人类进化的一个重要阶段，其中一个最关键的问题就是要搞清楚人类从什么时候、在哪里、以什么方式以及为什么要驯养动物，同时探讨这些问题也是我们更好地了解自身的一种方式。

2. 动物的驯化是人类对生物活体的一种操纵，对生物多样性和环境产生了诸多影响。搞清楚人类为何及如何对生物活体加以改造，有助于我们更好地理解，为什么在过去数十年里人类与环境之间产生了恶劣的关系。这些问题会提醒我们采取正确的决策，以保护我们地球的未来。

3. 动物的驯化是动物在由人类施加的"特殊选择"的压力下进化的一种表现，研究动物驯化的表现类型及遗传机理，也是对理解生物进化作出的一项重要贡献。

4. 无论是家养动物的起源和进化，它们相对于野生种类的基因多样性，还是它们在史前及历史中丢失的进化链条，都有助于我们更好地理解和管理现代人类的食物资源。农业生物多样性的历史不仅对于保持生物资源多样性很重要，而且对于提高人类社会在全球大变革中的适应性也是很关键的。

在古代家畜起源的研究中，如何整合不同的研究方法与手段？

由于考古遗址中的动物遗存蕴含了丰富的信息，所以在研究过程中需要借助多个学科，比如生命科学和地球科学的方法与技术。动物考古学研究首先是比较解剖学和生物学的分析，使我们可以鉴别动物种属、鉴定动物个体的年龄和性别，或者判断骨骼病理学特征，这些都是动物驯养体系中最重要的标志。同时，动物考古学也要运用数学的分析方法，对动物骨骼进行量化观察、统计比较，对大宗数据进行分析，或者对尺寸和形态进行几何形态测量学的分析。这些分析的深入程度，是由研究问题和遗存的保存状况决定的。当然，依据所提出的问题和遗存的保存状况，我们也可以开展更深入的同位素分析，以重建动物的食物构成、流动性及其生存环境。古 DNA 分析是一个很有前途、但也很有难度的研究领域，因为动物牙齿和骨骼遗骸中的 DNA 在考古遗址中会大量降解，不过它还是可以帮助我们追踪家养动物的起源以及共生物种的扩散路线；另外，它还可以复原动物皮毛的颜色；所以在不远的将来，这一分析方式必定会为动物驯养的研究开启一扇大门。如果在 15 年前，动物考古学家自己还有可能精通所有分析领域，那么在当今已完全不可能了。他们必须组成团队工作，联合相关学科的研究者以达到研究互补。在团队中，一部分学者熟悉发掘过程和考古遗迹特征，保证抽样的可靠性，并且了解考古遗迹、遗址和整个地区的相关背景；另一部分学者则通过同位素分析和古 DNA 分析来回答上面提出的种种问题。团队中所有的人需要通力合作，为最终的研究结果贡献力量。与所有的研究一样，考古学也是一个讲求协作、交流和互相尊重的领域。

中国的考古材料，对于世界性的家畜起源研究有何特别意义？

中国可能有多个动物驯养的起源地，然而我们对于这片广袤土地上的动物驯养还知之甚少，现在对很多问题依然是雾里看花。例如，尽管我们确信猪是在中国驯化的；羊的始祖不在东亚，而是从近东地区引进的；但是对于牛而言，就不知道究竟是在中国本土被驯化的，还是从中亚或近东引进的。所以更好地了解动物驯养在中国的起源，不仅对于中国的历史有重要意义，也是理解整个旧大陆"新石器时代化"和动物驯养的关键。事实上，只有当我们对中国的情况有了足够的了解，我们才可以和近东地区的情况进行对比，也才能更好地理解"新石器时代化"的原因。

您作为实验室的负责人，请介绍一下您的实验室的创办过程及发展历程，你所领导的研究团队主要的研究成果，以及目前在该领域的学术地位如何？

我领导的实验室名为"动物考古、植物考古：社会、实践与环境"研究中心。实验室共有65名成员，其中38人拥有永久职位，其余为博士研究生和博士后。其中，从事动物考古的研究人员占65%，比植物考古的人要多一些。实验室同时隶属于法国国家自然历史博物馆和法国国家科学研究院，拥有永久职位的人员由这两个机构中的一个支付薪水。这个实验室也同时与国家预防性考古研究所[1]挂钩。我们的实验室有8位研究人员来自该机构。实验室是由弗朗索瓦·波普朗（François Poplin）建立的，他是著名的民族学家和史前学家安德雷·勒鲁瓦-古朗（André Leroi-Gourhan）的学生，曾被后者聘为研究助理，负责研究博物馆比较解剖学实验室的动物骨骼。

20世纪六七十年代，作为兽医专家和考古学家的弗朗索瓦·波普朗，在考古遗址出土的动物骨骼方面做了一些开创性的工作，并在相当长的时间里，在索邦大学讲授他的研究成果。80年代初，他指

---

1. 主要配合基本建设开展的保护性考古发掘，同时也进行科研，并负责研究成果传播的机构。——编者注。

导了 4 名年轻博士的论文，此后这些博士全都成了动物考古学家，我是其中之一。我们中间有 3 人在答辩后留在了比较解剖学实验室。以弗朗索瓦·波普朗为首，我们构成了一个特别活跃的动物考古研究中心，创立了《人类动物学报》(*Anthropozoologica*) 杂志，并在 1992 年获得法国国家科学研究院和国家自然历史博物馆的支持，为我们单独设立了一个动物考古研究机构。90 年代期间，在弗朗索瓦·波普朗的领导下，我们致力于提高科研水平，将新的技术，如统计学、古 DNA、同位素分析，卓有成效地运用于我们的研究，同时我们还在数所法国的大学授课，培养博士和博士后。不过，实验室在 21 世纪初只有 15 人，而且没有办公场所。2002 年，我开始担任实验室负责人，在副手克里斯蒂·勒菲弗（Christine Lefèvre）的帮助下，借助于有利形势，大量吸纳博物馆的研究者，在 10 年的时间内，吸收了 40 多位科研人员，有了真正的实验室和办公场所。我们还建立了多个高质量的技术平台，其中尤以同位素质谱测试为代表。2009 年是我们实验室发展的重要里程碑，斯蒂芬妮·蒂波尔（Stéphanie Thiébault）领导的植物考古研究团队加入我们的实验室，研究范围也随之扩展到植物考古领域。这个扩展给我们的实验室带来新的动力，研究的深度和广度都有了新的发展。2014 年是一个可以预见的新阶段：玛戈赫塔·丹拜（Margareta Tengberg）将接替我来担任实验室负责人。我希望将一个运转良好、成果丰硕的实验室交给她，并在她的任上发扬光大。

进入 21 世纪后，我们成为世界上科研最活跃的实验室之一。2010 年 8 月，我们在巴黎组织召开了第 11 届世界动物考古学术大会。因为我们的实验室在法国相关研究领域居于首位，这为我们创造全法动物考古和植物考古的数据库系统提供了条件。我们创建了全法生物考古网，约有 120 名生物考古学家参与其中，并在数据库的基础上进行合作。这是一个非常有活力的网络，它使在考古实验室或各省研究机构单独从事研究的学者，可以进行全国和国际性的交流，并且随时可以获知最新的科研进展。

与阿伯丁大学的基思·都伯奈合作，我们的实验室创建了欧洲生物考古网。该网络集中了9个实验室及欧洲75%的学术机构。这是一个很活跃的组织，它使得年轻的研究者可以在这些实验室之间进行交流，并且可以攻读联合培养的博士学位。

我们实验室还在国际动物考古学会的执行委员会扮演重要的角色，因为实验室有两名成员是该学会的理事，克里斯蒂·勒菲弗还是该学会的秘书长。

您觉得在领导一个科技考古团队从事考古学研究时，如何才能最好地整合团队成员各自的研究力量，并保持团队整体的发展处于本领域的前沿地位？

重要的是我们的实验室与田野考古保持着紧密的联系。因为田野考古给我们提供材料，也给我们提出一些研究性的问题。发展考古学以外的新技术确实很重要，但我们要很好地把握尺度。招募优秀的研究人员和申请用以发展新技术的科研经费并不困难。事实上，完全依赖发掘的传统动物考古学在欧洲已非主流。如今，年轻的研究者若不具备运用某项新技术的专业知识，就很难找到职位、申请到经费。但这个趋势也很危险，因为在今后10年里，从事同位素或几何形态测量分析的专家会越来越多，大部分研究者可能对考古越来越生疏。为避免这些危险，我在担任主管期间努力做到以下几件事情：

1. 加强了与国家预防性考古研究所的联系，因为他们掌握着90%的田野考古资源。

2. 鼓励研究者自己去调查发掘,即使他们是从事某项新技术研究的高级技术人员,也应该去做。我自己就做出了表率,领导了在塞浦路斯的发掘。

3. 保留一部分预算,用来帮助那些很难获得经费的研究者。

4. 反对实验室内部的竞争,因为这样的竞争对传统研究可能会很不利。同时尽可能去促进传统的动物考古学家与掌握某项高新技术专家的合作。

请您介绍一下法国及欧洲动物考古学的发展历史。

在欧洲,动物考古始于 19 世纪末鲁泰梅耶(Rüttimeyer)在瑞士新石器时代湖居村落遗址开展的考古工作。20 世纪,古生物学家、动物学家和兽医专家在史前研究领域做了开创性的工作,奠定了基础。不过,到了五六十年代,伴随着史前学的发展,动物考古学才在法国乃至欧洲真正诞生。法国第一代动物考古学家有大名鼎鼎的弗朗索瓦·波普朗、皮埃尔·杜克(Pierre Ducos)、让·德思(Jean Desse)和弗朗索瓦丝·德尔佩什(Françoise Delpech),其总数不到 10 人。自 1980 年始,动物考古学家的人数开始大量增加。1985 年,法国国家科学研究院每年都会招募一名动物考古学家,并赋予永久的职位。从 2003 年开始,国家自然历史博物馆也开始招募动物考古学家作为助研。可以说,全法国的动物考古学正在茁壮成长,我们的实验室就是其中的典型例子。

您认为目前法国或欧洲动物考古学界最前沿的研究问题和研究手段有哪些?都采用了哪些主要的研究方法与手段?

法国的动物考古研究方法与国际上相比没有太大区别。科学是全人类的，我们无意发展专门用于法国的研究技术和方法。不过要强调的是，法国动物考古学受到了安德雷·勒鲁瓦-古朗的民族学和克劳德·列维-施特劳斯（Claude Lévi-Strauss）结构主义人类学概念的深远影响。

前面多处提到由我们实验室发展起来的技术，在这里我着重强调其中的两个：第一是几何形态测量方法的运用，将该方法运用于动物考古和植物考古是法国学者的首创。我们和蒙彼利埃的一家实验室在该领域占据首要地位，并且培养了大批学生。这些方法使我们在动物驯化的研究领域取得了巨大进展。例如，托马斯·库奇（Thomas Cucchi）使用该方法证明中国最早的家猪研究即为一实例。第二是由玛丽·巴拉丝（Marie Balasse）改进的对驯化蹄类动物牙釉质的同位素分析。这种分析可以追踪家养动物和野生动物食物及环境的季节性变化。这也是我们实验室的强项，在这方面我们一直占据领导地位，并培养了大批学生。

近年来中国社会科学院考古研究所科技考古中心的动物考古实验室和欧洲同行开始生物考古学的合作研究。您是在怎样的契机下参与到这一合作研究中的？

20世纪90年代，我指导了玛珍·玛斯蔻（Marjan Mashkour）的论文，她所做的是伊朗高原的动物考古研究。于是我意识到，首批驯化动物很有可能是从近东地区扩散到中亚再到中国的。2000年，我和玛珍·玛斯蔻在伊朗一个新石器时代早期的遗址工作，其结果是进一步加深了我的认识。2007年，我开始研究中亚地区新石器时代的一批动物群，尤其是乌兹别克斯坦的克尔捷米纳尔（Kel'teminar）遗址细石器文化的发现。此后，对去中国研究早期驯化有蹄类动物历史的想法越来越强烈。2009年,基思·都伯奈和袁靖与我共同申请到中国与欧盟的合作课题"中欧生物考古合作研究",使我得以前往中国进行相关的研究。2010年2月,我非常荣幸地参与组织了在北京召开的"第一届中国—欧洲生物考古研讨会"。

我特别高兴自己能开展新的合作研究,而且研究主题都是非常有意思的前沿课题。尽管我已经58岁了,但酒是陈的香,我觉得自己学术生涯中最有活力的阶段还没有到来呢。所以我觉得自己非常幸运,仍然有激情投入到新的研究课题中去。

您曾提到,与中国同行进行动物考古合作研究是您职业生涯最后几年最了不起的事。你为何对参与中国的动物考古研究有如此特别的兴趣?中法或中欧之间的生物考古学,特别是动物考古合作研究的意义何在?你对此项合作研究的前景有何展望?

我首先要强调的是,我们实验室与中国同伴的合作,建立在相同的动机(我们对学科领域有相同的兴趣点)和研究方法上。这两个主要因素使我们能在友好及相互信任的氛围下展开合作。这样的氛围在所有的国际科学合作中也是极为重要的。没有人与人之间的热情,科学的合作是不可能的。

与中国同伴的合作对我们实验室也至关重要。事实上,在过去30年里,欧洲、近东的研究成果成倍增加,而其他地区则相对滞后。因此发展世界其他地区的动物考古研究并建立平衡,就成为一项十分紧迫的任务,唯有如此才能使考古学研究更加一致、更加公平。我们的目标是协助这些地区开展动物考古研究,因为我们想知道"新石器时代化"在中国、印尼、巴西等地经历了怎样的过程。如果能协助培养中国学生,我将非常高兴。可以预见,这些学生在未来10到20年间将参与引导中国最好的实验室向前发展。当然，如果能把我的经验带给年轻的中国同事，我会非常高兴。科学与友谊是孪生姐妹，她们之间没有界限！

袁靖与我已确定了未来几年的6项合作课题。其中有些已经开始，例如由托马斯·库奇负责的关于中国早期驯化有蹄类动物的课题，再如由吕鹏和安妮·特雷斯特（Anne Tresset）负责的关于中国海岛贝丘遗址的课题。中国家养黄牛起源的课题也开展得很好，这是余翀的博士论文课题，于2012年冬季开始。2013年，袁靖和我会参观多处中国的考古遗址，重新观察一些动物遗存，以便了解其他驯化物种起源的最新进展。我们有很多工作，也有饱满的热情去完成这些工作！

(《南方文物》2013年3期)

马克·波拉德

以考古意识为本位的科技考古学家

马克·波拉德
（Mark Pollard）

国际著名科技考古专家，国际科技考古权威期刊《考古测量学》（Archaeometry）主编，现任英国牛津大学考古学与艺术史实验室（Research Laboratory for Archaeology and History of Art）主任，牛津大学东亚考古、艺术、文化研究中心主任。

波拉德教授1953年出生在新西兰，父母都是英国人，幼年随父母回到英国定居。大学时代在约克大学（University of York）学习物理学，1980年取得物理学博士学位，随后在牛津大学考古学与艺术史实验室从事博士后研究。1984年到1990年，在英国卡迪夫大学（University of Cardiff）考古系与化学系任教；1990年，担任教授并被聘为布拉德福德大学（University of Bradford）科技考古系主任；1999年，担任该校副校长。2004年至今，波拉德教授回到牛津大学并担任考古学与艺术史实验室主任。波拉德教授的研究领域主要是古代物质文化（包括玻璃、陶瓷、石器、金属器等）、火山灰年代学、骨化学及稳定同位素研究。已发表学术论文超过220篇，学术专著数部，如《科技考古概论》（*Handbook of Archaeological Science*）、《考古中的分析化学》(*Analytical Chemistry in Archaeology*)、《化学在考古学中的应用》(*Archaeological Chemistry*) 等。

采访、翻译 | 温 睿[1]

终审 | 李水城

据我所知,您出生在新西兰,在很小的时候随父母回到英国,而后在英国长大。在不同国家成长的经历,是否使您天然地对于不同文化感兴趣?另外,这种成长背景对您理解和研究不同文化是否有帮助?

是的,我的确是在新西兰出生的。我父母都是英国人,他们当时在新西兰工作。不过我不到1岁的时候就随他们回到了英国,所以严格来讲,我不算是成长在不同的文化背景下,因为我对1岁之前在新西兰的经历完全没有印象,虽然我在成年之后多次回到过那里。但是我想说的是,幼时在新西兰生活的经历虽然没有给我留下记忆,但是在我成长的过程中,我却能够意识到我与其他人的不同,我不会天然地把自己定位成英国文化的承袭者而排斥其他文化,或者天然地把其他文化当作是外来的体系而不愿接近。这种没有记忆的幼年的经历对我还是有影响的,至少让我能够感知到这个世界并非单一的,而是丰富多彩的。我想这对我日后选择考古研究作为我的终生职业是有很大帮助的。

您在大学时一直学习物理学,并且取得了物理学博士学位。但博士毕业后却一直从事考古学研究,是什么原因让您从物理学专业转而进入考古学领域?您的科学背景对您从事考古学研究有帮助吗?

我是学物理出身的,从本科到博士都是在约克大学物理系完成

---

1. 牛津大学博士,现为西北大学文化遗产学院教授。

的。我的博士论文是研究约克大教堂上的中世纪玻璃花窗,当时主要是研究它的成分和成色机理以及几百年来它的物理性质的变化。这个题目有点类似于今天的科技考古题目(Archaeological Science),这使我有机会接触到一些考古学的研究和一些考古学家。我在约克大学读博士期间,约克大教堂正在进行大规模的发掘,在现在大教堂的下面,还叠压着维京人占领时期的教堂。在当时,这里是整个北方地区维京人的中心。在中世纪之前,不同民族之间的斗争很激烈。当一个族群占领了一个本来由其他族群控制的城市的时候,他们并不会把原先的中心建筑保留,而是将其摧毁,而后在原址上再建新建筑,以表示对这块土地拥有主权。我家就在约克郡,因此我每年暑假都作为志愿者参加约克大教堂的发掘。在这期间,我对考古发掘的过程有了一定的了解。而且当时,我接触了很多考古学家,他们都是非常有趣的人,爱好广泛,而不像物理学家,多多少少有点刻板。这使得我在跟着这些考古学家工作的时候非常享受,是很愉快的过程。后来我越来越对考古学着迷。你知道,在20世纪70年代,英国的经济状况很好,物理专业的博士生非常容易找到一份不错的工作。但是我并不想一辈子都跟刻板的物理学家打交道,我无意冒犯他们,我只是感觉那种生活可能不适合我。所以后来,当我有机会可以从事考古学研究的时候,我就很自然地转换了自己的专业。我的物理学背景对日后的考古研究有很大的帮助,特别是对物质文化的研究,科学方面的训练让我可以从不同的角度去思考问题,采用多种方法去研究。并且,我会比较容易地与考古学家以及从事自然科学的科学家沟通。这种沟通往往会带来意想不到的启发。

我经常会听到您提及您年轻时的旅行。现在因为学术原因,您也经常要去世界不同角落出差。在旅途中有什么特别难忘的经历吗？旅行的经历是否让您对其他文化更加感兴趣？

  我的确非常喜欢旅行。可能是我出生在国外的原因，我从小就对英国以外的国家和文化感兴趣。印象比较深的一次旅途经历是我在读大学的时候。有一年暑假我去南斯拉夫旅行。那时还是冷战时期，西方人进入东欧非常困难。我先去了希腊，然后从希腊乘火车进入南斯拉夫境内。当火车行驶到南斯拉夫边境时，有警察登上列车对所有乘客进行严格的检查。第一波来的警察拿走了我的护照说要进行仔细核查，然后第二波警察又来检查护照，我告诉他们我的护照刚刚被他们的同事拿走，但是这个理由不被接受。他们暗示我要给点钱来摆平此事，但我当时还是学生，身上没什么钱，而且我也不认为应该给钱了事，双方僵持不下，最终我被强行带下火车，在南斯拉夫的看守所里度过了24小时。现在回想起来，这只是旅行当中的一个小插曲，但是很有意思，因为旅行就是这样充满不确定性，能够带来意想不到的经历。这次在看守所里的经历不但没有减少我对旅行的兴趣，反而令我对不同国度、不同制度、不同社会文化更加着迷，让我开始尝试去了解和理解与我生活的环境不同的其他社会。我想这可能也是我日后转到考古学领域的一个思想准备。

  您是在牛津大学考古学与艺术史实验室完成的博士后研究。以物理学博士身份来到这个世界上最早的考古学实验室做博士后，这段经历给您带来了什么？20年之后，当您再次回到这个实验室并成为实验室主任的时候，您对这个实验室的感受有什么不同？

  能够来到牛津大学考古学与艺术史实验室（Research Laboratory for Archaeology and the History of Art，简称RLAHA）做博士后是非

常幸运的事。这个实验室成立于 1955 年，虽然比大英博物馆的实验室要晚一些，但大英博物馆的实验室主要为馆藏样品做保护，所以 RLAHA 是全世界最早的专门从事考古学研究的实验室，在考古学界享有盛誉。我从约克大学毕业后，遇到了 RLAHA 的创建者、当时的实验室主任爱德华·霍尔（Edward Hall）教授。他是一个具有非凡人格魅力的绅士，同时非常平易近人。我当时想来 RLAHA 工作。他问我对考古学了解多少，我如实回答非常有限，但是很感兴趣。一个星期后，我就来到了 RLAHA，跟着爱德华·霍尔教授一边学习一边从事物质文化的研究。他总是尽可能地给年轻人提供机会。1982 年他资助我与中国艺术史专家杰西卡·罗森教授（Jessica Rawson）、中国陶瓷专家奈吉尔·伍德教授（Nigel Wood），一起来到中国参加古陶瓷学术研讨会，并参观考察了景德镇的陶瓷生产。这是我第一次来到中国，留下了深刻印象。自那以后我又多次来到中国，可以说与中国结下了深厚的缘分。虽然我不是专门研究中国问题的考古学家，但是对中国陶瓷的研究是我在 RLAHA 作博士后期间的主要研究内容，也为我日后从事物质文化的研究奠定了基础。总之，在 RLAHA 的研究经历对我的帮助很大，这是一个很好的平台，有非常多有才华的同事和深厚的研究基础，很多科技考古的新技术和新方法都是在这里诞生的，从这里也走出了很多大家，比如泰特教授（Michael Tite）、亨德尔森教授（Julia Henderson）、马丁·琼斯教授（Martin Jones）、海吉斯教授（Robert Hedges）、马松教授（R. B Mason）等等。在这样一个平台上开始考古学研究，大大开阔了我的视野和研究思路，对我从事科技考古的研究起了很大的推动作用。我离开 RLAHA 之后，去了卡迪夫大学和布拉德福德大学继续从事考古学研究。2004 年，在我离开 RLAHA 20 年之后，我又回到了这里，并担任了实验室成立以来的第三任实验室主任。20年中，我虽然不在这里工作，但与RLAHA一直都有密切的联系，并开展了很多合作研究。它始终保持着严谨的学术传统，为实验室的学生和学者提供良好的研究平台，并为全世界从事科技考古研究的学者提供交流和讨论的机会。值得一提的是，它还为科技考古在世界不同地区的发展提供了很多帮助，比如RLAHA曾帮助北京大学建立了碳十四测年的技术并提供了设备。我认为RLAHA一直是全世界最重要的科技考古研究机构之一。要说这20年时间有什么不同的话，我认为它的研究方向更加多样化，从传统的陶瓷、玻璃、金属等无机材料，扩展到动植物、环境、残留物、火山灰等方向。关注的地域也更加广阔，从欧洲为主扩展到非洲、中东、中亚、南亚、远东以及美洲和大洋洲等有人类活动的所有大陆。研究者也来自世界不同地区。我们的国际学生越来越多了，除了欧洲和英语国家的学生，还有来自印度、墨西哥、韩国、日本、中国等国家的留学生。我希望有更多的来自不同国度、拥有不同背景和文化的学生和学者能够来到RLAHA从事考古学的研究。我相信这无论对实验室、对研究者还是对科技考古学的发展都是有益的。

除了物质文化，您对测年技术也有研究。您如何评价测年技术给考古学研究带来的影响？据我所知，在某些领域，比如对地中海地区古典时期的研究中，很多考古学家认为陶器的类型学分类和断代要比现代的测年技术更准确。您如何看待部分考古学家对现代测年技术精确性的质疑？

测年技术是科技考古学的重要研究领域。测年技术在考古学中的应用，特别是碳十四测年技术的使用，给考古学带来的影响是革命性的。因为它提供了一个绝对的时间标尺,使得原先对不同地域的、相对孤立的考古学文化的研究有了可以进行比较的时间依据,为考古学从静态的研究到动态的研究提供了有力的支持。当然,碳十四等测年技术并不是唯一的考古学判断年代的工具。正如你所说,基于类型学的陶瓷分类和断代也是重要的判定年代的手段,特别是对特定考古学文化的研究,类型学有着不可取代的优势。比如在地中海地区古典时期的研究中,陶器器型的年代判断可以精确到 25 年的范围,这是目前碳十四等科技测年手段尚不能达到的精度。另一方面,科技测年技术还有一些明显的劣势,比如成本很高,得到结果的周期也比较长。在可以预见的未来,陶器类型学断代的技术是不会被取代的。各种测年断代的技术和手段都有各自的优势,应该综合考虑,发挥不同技术的优势,对不同的研究时期和对象使用不同的技术和方法。总的来说,科技测年的技术与史前考古研究的关系更为密切一些。

您能否谈谈科技考古的历史?它与考古学是什么样的关系?您如何评价 20 世纪 60 年代的新考古学运动?

科技考古实际上一直伴随着考古学的发展,在考古学尚未发展成为一门独立的学科时,就有零星的对古代遗物的化学分析工作发表了。早期的考古学借鉴了很多地质学的理论和方法,其实也是一种基于科学而发展起来的学科。不过我们现在意义上的科技考古学(Archaeological Science)是在第二次世界大战以后,伴随着物理学、化学、生物学、天文学等学科的发展,特别是仪器分析手段的发展和完善而产生的一个新的考古学研究方向,它通过多学科的分析手段给研究者提供更多更全面的信息,从而使我们有可能了解到更多之前可能被忽略的事实。成分分析使我们对物质文化的研究从表面深入到了内部，DNA 技术帮助我们了解不同族群的亲缘关系，同位素分析帮助我们了解先民食谱，而测年技术帮助我们建立时间标尺。通过对不同技术手段的综合运用，我们对考古学文化的认识就更加全面而深入了。科技考古学与传统考古学在研究目的上并没有什么不同，只是在技术手段上更丰富。因此，我认为从事科技考古研究的学者首先应该是考古学家，而传统的考古学家也应该对科技考古中的新技术和新方法有所了解，这样才能使科技考古学更好地融入考古学的研究中去。20 世纪 60 年代的新考古学运动走向了另外一个极端，就是过于关注技术手段和数据信息而忽视考古学背景。当时很多研究工作利用统计学理论建立模型来处理大量的测试数据，然后根据模型模拟的结果来进行解释。在解释的过程中往往忽视了考古学背景，只注重数据本身，这其实等于简化了考古学研究的过程，而这种简化丢失了很多考古学信息，使得原本注重实物、实地和实证的考古学研究变成了实验室里的研究，通过这种方法得出的结论常常与一些考古学的常识相悖，被考古学家嗤之以鼻。这种脱离考古学背景的研究使科技考古的发展偏离了方向，所以新考古学运动没能持续下去。不过从另一方面讲，新考古学运动也有它积极的一面，它引入了更多自然科学的新理论、新方法和新技术到考古学的领域中来，也吸引了一大批从事自然科学研究的学者关注和思考考古学上的一些问题，对科技考古学的提升进行了有益的尝试，为科技考古学未来的发展奠定了基础。客观的说，没有新考古学运动，也就没有科技考古学今日的发展。

在您的书中也曾提到过："尽管大多数的考古学家承认科学测年技术和其他的科学技术手段为我们了解过去提供了很多隐藏的信息，但是一种主流的观点认为科学研究常常缺乏某个具体的考古学问题作导向。"这是科技考古学目前仍然面临的一个主要问题吗？

应该说在经历了对新考古学运动中过分强调数据解读的反思之后，大多数的科技考古研究工作都能结合考古学的背景和问题。不过也必须承认，缺乏具体考古学问题作导向的研究工作仍然存在。考古学本身就是一门综合性很强的学科，包罗万象。在研究的过程中，田野材料的分析、背景文化的讨论、实物的测试以及文献的记载都是研究的材料。如果只注重某一方面而偏废其他，就难免存在缺陷。这不仅仅是科技考古研究工作中仍然需要注意的，在考古学其他方向的研究中也存在同样的问题。所以我认为，考古学的研究一定要注重与不同领域不同方向的同行多交流、多合作，这样才能做出真正有水平的考古学研究工作。

您的学术经历相当丰富，不仅在三四所不同的大学任过教，研究的地域更是涵盖了亚、非、欧、美几大洲。您认为对您帮助或者启发最大的学术经历是什么？

我是专注于物质文化（Material Culture）的考古学者，而物质文化的交流和传播往往是跨地域的，所以我有机会从事各个大洲的物质文化研究。从我的经历来看，我从事考古学研究的起步和顶峰阶段都是在牛津大学。我认为牛津大学独特的学院制体系及学术环境给我的启发和帮助非常大。这里我需要对牛津大学的学院制体系做一点解释，它其实是保留了大学最初开始形成时的体系，在12到13世纪时，王室、贵族和一些教会组织资助那些有名望的学者开设学院，传播知识。所以不同的学院并不是以学科来划分的，当时还没有形成现代的学科概念。当时的学术主要是研究神学，而学院更像是以某几位学者为核心的学术团体。在现代学科建立起来以后，以系为单位的按照学科来划分的大学体系逐渐形成了，但是牛津大学仍然保留了学院系统。现在研究生的研究和教学主要由各个系来承担，而本科生的教学仍以学院为主。有人形象地把学院比喻成家庭，每一个家庭中的成员来自各个不同的系或专业，但是大家都生活在自己的学院里，学院有宿舍、餐厅、图书馆、活动室，还给学生提供学业上的辅导。这种学院制系统给不同专业的学生和学者提供了充分的交流机会，因为你在学院的餐厅、图书馆、活动室遇到的同事其实来自各个专业。不同专业背景的学者之间的交流往往能带来意想不到的启发，我想我自己是非常受益于在牛津大学工作时的这种跨专业学者间的对话和讨论的。

据我所知，您对颜料，特别是蓝彩的研究很感兴趣。包括我自己在内，您有若干博士研究生在从事蓝彩的研究工作。能不能就蓝彩研究的意义和现状做一点介绍？

我这几年做了一些关于蓝彩的工作，而关注它的时间则更久远。实际上 100 年前就有学者对蓝彩进行了研究，发现埃及蓝（Egyptian Blue）是一种人工合成的颜料并通过测试得到了它的组成成分。学者们对蓝彩关注是因为在地中海地区，蓝彩出现得非常早而且使用很普遍，早在 5000 年前的埃及法老墓中就发现了大量的蓝彩陶器和玻璃器。除了天然的蓝彩矿物，埃及人甚至发明了人工合成蓝彩的方法，就是前面提到的埃及蓝。在埃及之后的地中海古文明中，比如爱琴海的克里特文明（Minoan Culture）和迈锡尼文明（Mycenaean Culture）中，也发现了大量的蓝彩装饰的壁画。这种对蓝彩的喜爱和使用延续到了其后的罗马和拜占庭帝国，甚至影响了伊斯兰文明。除了地中海地区外，我们发现在中美洲的玛雅文明中，蓝彩也有很特殊的地位。

在玛雅人的墓葬中，只有非常高等级的墓葬才使用蓝彩做装饰。而且玛雅人也使用人工合成的蓝彩颜料，叫作玛雅蓝（Maya Blue）。与无机成分的埃及蓝不同，玛雅蓝是一种从植物中提取的有机颜料，我的一位来自墨西哥的博士生正在从事它的制备过程的研究。在远东的古代文明中，情况似乎与地中海地区及中美洲有所不同，蓝彩装饰的物质并不普遍，出现的时间也比较晚。伴随着佛教石窟寺的兴建和青花瓷的出现，蓝彩才开始大量使用。丝绸之路沿线的佛教石窟寺中使用的蓝彩，主要是由产自阿富汗的青金石加工而成的；而青花瓷所使用的蓝彩的产地还不是很明晰，特别是早期青花瓷的蓝彩产地，学术界的争议比较大。我希望通过这几年的工作，能够使这个问题的认识有所深入。我认为这不仅仅是某一个区域的考古问题，它还涉及不同地域的物质交流和文化传播，还有人类不同文明的差异。这是一个由物质载体而延伸到人类古代文明交流和比较研究的课题，因而具有很重大的意义。

您与中国有相当深厚的渊源。您刚刚开始进入考古学领域时研究的就是中国的瓷器，后来您又多次来过中国，涉及陶瓷、玻璃、青铜等方向的研究。如果未来您有机会与中国的考古学家进行更深入的合作研究，您希望就哪个或哪些方向开展合作？

是的。正如你所说，我与中国非常有缘。我开始从事考古专业的研究工作后，第一次出国就是去中国，当时做了一些关于中国瓷器原料来源的工作。离开牛津大学后，我主要从事欧洲和地中海沿岸包括伊斯兰地区的物质文化研究，但是我对有关中国的研究课题一直非常关注。去年牛津大学考古学院专门成立了东亚考古研究中心，目的也是为了能给关注东亚考古的学者提供一个交流合作的平台。我个人也非常期待与中国考古学家进行合作研究,特别是有关中国古代瓷器生产与当地环境的相互影响,及丝绸之路的物质文化传播这一类的课题。陶瓷专家伍德教授在多次考察了越窑、龙泉窑等窑址之后,对它们的生产能力和生产规模大为惊叹,仅上林湖一地,就发现了几十座龙窑的窑址。这么大的生产规模,对原料和燃料的需求量也一定很惊人,而调制釉水的草木灰和烧造瓷器的木炭应该都来自当地植被,瓷器的生产对当地植被和环境的影响不容忽视。伍德教授甚至认为植被的破坏可能是越窑生产衰落的原因之一。我们希望能通过环境考古的方法,对这一课题做深入的研究。丝绸之路考古是100多年来全世界考古学家始终关注的课题,刚才提到的蓝彩物质的传播也是丝绸之路考古的一个方面。这条通路连接欧亚、沟通东西,通过这条通路传播的,不仅仅是物质,还有技术、文化、宗教、思想等等,我们对它的研究和了解还远远不够,所以我希望今后能有机会与中国考古学者合作,在这一领域做更深入的研究。

(《南方文物》2012年4期)

斯文特·帕波

人类进化遗传学的奠基者

斯文特·帕波
（Swint Pääbo）

世界著名进化遗传学家，现任美国国家科学院、瑞典皇家科学院等多个国家科学院的院士，以及中国科学院研究生院、莱比锡大学等多所著名大学的名誉教授。迄今，他已作过400多次颇具影响力的演说，并获得多项科学奖，包括1992年德国科学基金会授予他的德国最高研究荣誉奖——莱布尼茨奖。1997年，他开始担任德国马普学会莱比锡进化人类学研究所所长至今。帕波教授的研究工作和学术进展始终被世界著名媒体所关注，如《纽约时报》、《时代》、《新闻周刊》、《经济学家》等均对他有过报道。帕波教授在古DNA领域做了大量的研究工作，其研究对象涉及树懒、洞熊、恐鸟、猛犸象和尼安德特人等。他曾在《细胞》(Cell)、《自然》(Nature)、《科学》(Science)、《美国国家科学院院报》(PNAS)等重要刊物发表了一系列研究成果，并在美国芝加哥费尔德自然历史博物馆（Field Musuem）、旧金山展览馆及纽约自然历史博物馆展出。鉴于帕波教授在科学研究上的杰出贡献，2007年，他被《时代》(*Times*)杂志评选为"全球最具影响力的一百人"之一。2008年，他被《新科学家》(*New Scientist*)评选为8位年度科学英雄之一。2009年2月，他所引领的科研团队，已初步完成超过30亿碱基对序列的尼安德特人基因组。无疑，这个科学项目的完成，将使人们对现代人的进化史有更新的认识。

采访、翻译 | 付巧妹[1]

终审 | 李水城

古 DNA 研究迄今已走过 20 多年的历程。您不仅是这一历史进程的见证者，更是这一领域的先驱和奠基者。今年 5 月，中国科学院与德国马普学会人类演化和科技考古联合实验室在北京古脊椎动物与古人类研究所挂牌成立，它将有力地推动人类起源与演化的研究。值此之际，有机会对您进行采访，我感到十分荣幸。20 世纪 80 年代，"分子克隆古埃及木乃伊 DNA" 是您踏入古 DNA 研究领域的第一步。这一工作不仅引起了世界的关注，也是人类历史上首次将克隆技术应用于古 DNA 的创举。请问，是什么原因促使您投身这一特殊的领域？在研究过程中，您遇到的挑战主要有哪些？

这与我的求学经历有关。在攻读医药学博士和分子生物学博士之前，我研究的是埃及学。因此，我清楚在埃及的博物馆中收藏了数以千计的木乃伊，而且每年还有近百件新的木乃伊被发现。另外，细菌克隆 DNA 在当时是相当新的技术，还没有相关文献表明这个技术曾被应用于考古遗存。显而易见，将 DNA 克隆应用于木乃伊，是一个值得尝试研究和应用的领域。当时，最大的挑战是如何证明木乃伊中的 DNA 历经数千年仍能存在。主要的证据来自两个方面：显微镜下观察到木乃伊细胞核中存在被染色的 DNA；通过细菌成功克隆了从木乃伊组织中提取的 DNA，并在所克隆的 DNA 中发现了人类的 DNA。尽管当时我还不知道 DNA 的污染程度。但现在看来，木乃伊受到外源人类 DNA 的污染，其可能性还是存在的。

---

1. 德国马普进化人类学研究所博士研究生，师从斯文特·帕波教授。现为中国科学院古脊椎动物与古人类研究所古 DNA 实验室主任、研究员。

当您的分子克隆古埃及木乃伊 DNA 研究引起世界学术界关注之时，20 世纪 80 年代末，您带领您的团队毅然转向了灭绝物种的系统发育及其与现存相邻物种之间关系等领域的研究。请问，这又是什么原因促使您作出研究方向重大转移的决定？在这个新的学术领域，您有哪些振奋人心的成果呢？

我发现，人类 DNA 普遍存在于出土及馆藏的古代遗物中，若采用聚合酶链式反应（PCR）扩增技术研究古人类 DNA，其污染问题在所难免，其所得结果也很难令人信服。然而，将研究对象改为非人类物种时，外源人类 DNA 的污染则不难鉴别和剔除。此时，利用 PCR 技术，扩增特定 DNA 片段，开展这些物种的研究，应该没有难以逾越的困难。鉴于此，我开始将注意力转向了灭绝动物，并应用相关的技术，探索其与现存动物之间的遗传关系。多年来，我们在这一领域取得了一系列令人瞩目的成果。例如，远古时代，南美有一种与澳大利亚灭绝袋狼相近的有袋动物。然而，研究发现，相比于这种南美的有袋类动物，澳大利亚的灭绝袋狼与当地现存有袋类动物的关系更加紧密。再如，新西兰有一种不能飞行的灭绝恐鸟，我们的研究发现，新西兰当地的无翼鸟，即现存的不能飞行鸟，较之这种当地灭绝的恐鸟，更接近于澳大利亚及非洲现存的不能飞行鸟。这表明灭绝恐鸟与现存无翼鸟尽管都在新西兰，但两者可能拥有不同的祖先。再如，加利福尼亚沙漠百年以前即有袋鼠存在，依据博物馆的记录和百年前的地图，我们确定了博物馆收藏的近百件袋鼠所捕获的地点，再选取同一地点的现存袋鼠，首次通过 DNA 分析，揭示了种群随时间的遗传变化规律。

1997 年以来，您的研究又主要转向了尼安德特人基因组及其遗传关系。您为何作出这一选择？它是否有助于解答现代人的起源问题？

根据已有的研究，您如何认识现代人和尼安德特人之间的关系？

利用古 DNA 技术，探索人类的进化过程，始终是我的梦想。作为最接近现代人的灭绝旁系亲属，尼安德特人无疑是研究这一进程的理想对象。通过比较现代人自身和尼安德特人的 DNA 序列，我们可以了解，人类基因组在近几十万年里所发生的变化。而这些遗传变化的背后，应该隐藏着它对人类文化和技术发展的推动作用。至今，我们已完成了尼安德特人线粒体 DNA 的研究。以往的研究似乎表明，尼安德特人线粒体 DNA 对现代人线粒体 DNA 没有明显贡献。目前，我们正在分析整个尼安德特人的基因组，相信它最终能够全面揭示尼安德特人与现代人之间的遗传关系。其中，最为关键的是，它能告诉我们，究竟是尼安德特人的基因对现代人的遗传变异有一定贡献，还是现代人祖先对他们的基因库有所贡献？我相信，往后的几个月里，我们的研究将有突破性的进展。

古 DNA 分析中，真实性至关重要。您是如何确保尼安德特人 DNA 的真实性的？

首先，我们的 DNA 分析是在极其清洁的环境下进行的，以避免实验室内引入 DNA 的污染。例如，在专用实验室内提取 DNA，实验室设备皆要经过严格的消毒处理；每天用紫外线照射实验室；实验室人员必须穿防护服等。不难理解，这些措施仍不能消除已存在于样品内的 DNA 污染，所以必须对 DNA 的受污染程度作认真的评估。

业已证明，尼安德特人基因组的大部分片段与现代人相近，但其线粒体 DNA 则与现代人之间存在一定差异。这样，分析尼安德特人线粒体基因组中不同于现代人的位点，即可评估样品所提取线粒体 DNA 的污染程度，进而判断该样品线粒体 DNA 分析的有效性。一般说来，根据已知线粒体 DNA 的污染程度，尚可推算内源的核 DNA 含量。然而，由于线粒体 DNA 与核 DNA 的污染程度不一定相同，为了确保分析的可靠性，通常还需要采用其他方法验证核 DNA 的污染程度。例如，分析尼安德特人女性骨骼样品时，拟寻找她是否有 Y 染色体 DNA。若有，则可确定存在男性污染，这是因为唯有男性才存在 Y 染色体。目前，我们正在致力于探明尼安德特人核基因组中不同于现代人的位点。相信在不久的将来，人们根据这些位点的分析，即可直接评估有无外来核 DNA 的污染。

当前，您所开展的研究项目是完成尼安德特人的完整基因组序列，它对于认识人类进化史具有难以估量的意义。请问，完整的基因组序列，比如人类和黑猩猩的完整基因组序列，能提供哪些重要的信息？当然，人们应该更关心尼安德特人完整基因组序列的工作进展和具体意义。

首先，完整的基因组序列能够成为生物学家的工具。生物学家可以使用计算机和互联网，分析基因组中任一感兴趣的片段或结构，而不需要再次进行繁琐的基因测序。我们拥有共同的祖先，即 400 万年到 700 万年前的猿类。而不同基因组的比较，如人类基因组与黑猩猩或其他猿类基因组的比较，可望了解到基因组发生变化的具体位点和变化规律。假如人类的基因组不同于黑猩猩的基因组，则表明人类基因组确实发生了不可忽视的变化。具体说来，欲标定进化分支上人类相应的基因变化，尼安德特人完整基因组的研究显然具有极为重要的意义。如果早在尼安德特人出现之前，一些人类基因已经发生了变化，则表明现代人与尼安德特人的基因序列相近。反之则表明，较之于现代人，尼安德特人更接近于猿。需要指出的是，尼安德特人完整基因组的研究，还可以作为一种新的方法和新的思路，以探寻人类基因组中受正向选择（物种受外界环境的影响，在已突变的基因中筛选，淘汰不适应环境的基因，选择可有效适应环境的基因）影响的区域。即将尼安德特人基因组与现代人及近亲物种的基因组进行对比，了解那些与人类进化密切相关、并保留于现代人中的基因区域。

目前，您还致力于研究一些特定基因，如对现代人类语言具有重要作用的 $FOXP_2$ 基因。请您解释一下，判定 $FOXP_2$ 基因与人类语言相关，其根据是什么？尼安德特人的 $FOXP_2$ 变异是否与现代人相同？如果是，是否意味着尼安德特人具有说话的能力？

现代人的 $FOXP_2$ 基因中，任一染色体的突变都将导致严重的语言障碍。诸如口齿不清；无法区分一些基本音节；不能理解语法和句子等。此外，$FOXP_2$ 基因表达蛋白的演变也十分重要，应给予关注。事实上，所有哺乳动物皆保留有 $FOXP_2$ 基因表达的蛋白。不过，现代人的蛋白中，已有两个氨基酸发生了变化。最近的研究表明，尼安德特人 $FOXP_2$ 基因的表达蛋白同样具有相似的变化。由此可推测，这两个氨基酸的变化要么发生在现代人和尼安德特人分化之前，要么是早期现代人将其遗传给了较晚的尼安德特人。这些氨基酸是否对语言很重要呢？最近，我们所做的相关实验给出了肯定答案。首先，将老鼠的 $FOXP2$ 基因作了改动，让其表达出本质上与现代人一样的 $FOXP_2$ 蛋白，其结果不仅促使老鼠发出了不同声音，也增强了这些老鼠脑细胞之间的联系，并导致其功能发生变化。尽管这些变化的机制不甚清晰，但仍可通过动物模型去探索。我坚信，这些方面的研究将会取得更多的进展。然而，这些结果并非意味着，拥有相同 $FOXP_2$ 表达蛋白的尼安德特人能像我们一样说话。目前，人们对语言的遗传背景知之甚少，现在假设或推测尼安德特人能够说话还为时尚早。应该说，还有许多不清楚的基因对语言有着重要影响。一旦相关未知基因被破解了,不仅可检验尼安德特人基因组序列中是否存在相似的基因,还有望解答他们能否说话的问题。

现如今,您引领着马普学会莱比锡进化人类学研究所的进化遗传学系。您认为遗传学系中什么问题至关重要?不同背景的科学家如何解决这个问题?

事实上,我们的工作和所里大多数专家一样,都注重探索现代人与近亲物种间的相同和不同之处。这里的近亲物种主要指现存猿类和灭绝旁系(如古老的尼安德特人及其他古人类)。我们的研究内容主要有两大方面:一方面,比较现代人和近亲物种基因组;另一方面,分析不同组织的不同基因所产生的核糖核酸(RNA)含量,探讨相关基因的活性。目前,我们已开始采用基因组测序、微阵列、RNA 高通量测序/质谱高通量分析蛋白质等一系列方法,研究相关基因表达蛋白的含量。

今年 5 月,中国科学院与德国马普学会人类演化和科技考古联合实验室在北京正式挂牌成立,有关学术界对此表示了高度关注。请您结合古 DNA 和食谱研究,谈谈对这一合作前景的看法。

中国科学院与德国马普学会人类演化和科技考古联合实验室的成立,让我激动不已。对我们而言,这是一个与中国科学院,尤其是中国科学院古脊椎动物与古人类研究所、中国科学院研究生院的科学家们一起工作的极好机会。这两个机构拥有独一无二的材料和专长,并一直利用这些材料和专长详尽地解答中国甚至整个世界的人类进化问题。我深信,联合实验室将会发展成为一个卓越的人类进化科学研究中心。中国科学院与马普学会建立的联合实验室,将使双方的科学家彼此紧密联系，共同研究重大课题。与此同时，联合实验室还将注重培养DNA技术、食谱分析和石器微痕分析方面的年轻科学家。不难理解，化石样品可有效地开展古代食谱和DNA分析，并可从不同的侧面了解样品的保存情况。当然，最为重要的是：联合实验室可望在中国境内古人类的进化方面不断取得令世人瞩目的重大成果。

您如何认识中国境内人类化石DNA测序的可能性，例如北京人？

我相信，中国境内的一些人类化石中，应含有足以提取并用于分析的DNA。和欧洲及亚洲其他地区一样，只有DNA保存得足够好的遗址才有可能提取到DNA。因此，我们首先要着手寻找这些遗址。一般而言，低于20万年或10万年的人类化石很可能存在DNA。北京人虽不在其中，但其后的人类化石中，其DNA仍可让我们了解到中国境内人类的进化历程。

最后，对于有兴趣研究古DNA的年轻一代学者，您可否给些建议？

古DNA研究不仅需要学习大量的技术，还需要在洞察学术前沿问题的基础上，毕生致力于相关技术的改进。因此，我对有志于从事古DNA研究的年轻学者的建议是：不仅要研究化石，而且还要具备坚实的分子生物学知识和技能。我还认为，学生和青年科学家应该认真思考他们工作中所遇到的问题，并能对他们的教授和其他学者的观点提出质疑。从我个人的经验而言，一个团队最好的发展，即取得最大进步的最好方式是：每个人都可以对相关项目进行讨论、提出问题和发表意见。

（《南方文物》2010年2期）

岡村秀典

礼制的形成与早期中国

冈村秀典

日本京都大学人文科学研究所教授。1980年，本科毕业于京都大学文学部考古学专业；同年入京都大学大学院文学研究科攻读博士课程；就读博士后期课程时，曾在京都大学文学部任助教。1990年，就职于九州大学文学部，后升任副教授。1994年调入京都大学人文科学研究所，历任副教授、教授。

冈村秀典的专业研究方向为中国考古学，其主要研究领域涉及三个方面：1. 新石器时代至殷周时期的畜牧业、动物牺牲和国家的形成；2. 汉代三国两晋南北朝的铜镜研究以及向日本列岛的传入；3. 佛教文化从犍陀罗到云冈石窟的东传研究。在过去10年间，在京都大学人文科学研究所的共同研究班，冈村秀典先后主持中国古镜研究、东亚初期佛教寺院研究、云冈石窟研究、北朝石窟寺院研究等。其主要专著有：《中国文明：农业和礼制的考古学》（京都大学学术出版社，2008）；《夏王朝：中国文明的原像》（讲谈社，2007）；《中国古代王权与祭祀》(学生社,2005);《三角缘神兽镜的时代》(吉川弘文馆,1999);编著有:《丝绸之路发掘70年:从云冈石窟到犍陀罗》(京都大学人文科学研究所,2008);《云冈石窟:遗物篇》(朋友书店,2006);《国家形成的比较研究》(学生社,2005);《文家屯:1942年辽东先史遗迹发掘调查报告书》(真阳社,2002);《世界美术大全集:东洋篇第1卷:先史、殷、周》(小学馆,2000);《三星堆:中国5000年之谜——惊异的假面王国》(朝日新闻社,1998);《番塚古坟》(九州大学文学部考古学研究室,1993);《椿井大塚山古坟和三角缘神兽镜》(京都大学文学部博物馆,1989)等。2000年,冈村秀典荣获第13届日本滨田青陵奖。

受北京大学李水城教授委托,曾执教于日本金泽大学的秦小丽博士,于2015年11月9日特地前往京都大学人文科学研究所考古学共同研究室采访了冈村秀典教授。本次采访还得到京都大学人文科学研究所特别研究员菊地大树、京都大学大学院文学研究科硕士研究生马渊一辉的全力协助,在此向他们致以谢意!

采访、翻译 | 秦小丽
终审 | 李水城

自 20 世纪 80 年代以来，您一直是日本研究中国考古学具有代表性的考古学家之一。请谈谈您是如何对中国考古学产生兴趣的？开始于何时？

首先感谢你这么认为。我出生在日本古都奈良，这是一座美丽而古老的城市，这里遍布古代遗址。从小生长在这一环境里，耳濡目染，自然而然就对古代文化产生了兴趣。其中对我影响特别深刻的是 1972 年奈良高松塚古坟壁画的发现，这正好是我的初中、高中时代。而在中国，这一年正好有湖南长沙马王堆汉墓的重要发现。两年后的 1974 年，又有陕西临潼秦始皇陵兵马俑坑的大发现。这些重要的考古发现都激起了我探索历史的好奇心，也使我开始对历史和考古产生兴趣。于是，1976 年我选择了京都大学东洋史作为专业。之所以一开始未选考古学专业，是因为我希望能对整体的历史学进行研究，特别是那时我将注意力放在了中国历史方面。可以说我是首先对中国历史感兴趣，然后才选择了中国考古学。在有了历史学基础之后，大三选择专业时，我选择了考古学。那时我们考古班总共就 4 个人。1980 年我大学毕业后选择继续攻读硕士与博士课程。

在京都大学求学期间，我得到了樋口隆康和林巳奈夫等教授的指导。樋口隆康先生的研究范围从中国铜器到中亚佛教考古，跨度比较大。林巳奈夫先生以研究中国青铜器与玉器著名，也是这一领域的权威。我的硕士论文选择了汉代铜镜研究，这是因为当时日本出土了大量中国制造的铜镜，这有利于我实地调查研究时亲眼观察实物资料，而且还有樋口隆康等教授的指导。当时，京都大学的中国考古学可以比喻为中国铜镜研究的圣地，研究风气很盛。1984 年硕士毕业时，我的硕士论文的前半部分（《西汉镜的编年及样式》）被京都大学的学术杂志《史林》刊载。这是我考古学研究生涯中的第一个研究成果，也可以说是我的中国考古学研究的一个起点。

80 年代初期，您作为早期留学中国的日本留学生，曾在北京大学留学。您能谈谈您的留学经历及感受吗？

1981 年我前往北京大学留学，对于了解中国考古学的全貌是一个非常好的机会。特别是宿白、邹衡、俞伟超、严文明、李伯谦等先生都给予我很大的教诲，并且还让我参观了一些考古遗址的发掘现场。当时像我们这样的外国人能去的地方仅限于开放性城市，而考古发掘现场几乎都在农村，我们是不能随便去的。但考古学专业的留学生可以以团体形式，在规定的时间内去参观事先选好的遗址点。因此我去了山西省侯马市附近的天马—曲村遗址。

自 1990 年开始，您参加了一些在中国的考古遗址调查与发掘，那时您还在九州大学任教，是吗？

我到九州大学任教之后，1990 年首次参加了和中国辽宁省文物考古研究所合作进行的遗址调查。其后，1994 年我参加了江苏草鞋山遗址的发掘调查，并于同年从九州大学调回母校京都大学人文科学研究所任教。稍后，我又参加了湖北省阴湘城遗址的发掘。再后来，1998—1999 年我参加了在河南省焦作市府城遗址进行的大规模考古发掘，这也使我有机会第一次参与二里冈文化时期的城郭遗址发掘，并在城址内部发掘了宫殿基址。当时的最大收获是亲眼目睹了大量从二里头文化到二里冈文化时期的陶器。在河南发掘期间，我们还实地考察了河南省偃师城址及郑州城址等商代前期的遗址遗物调查。这些对我此后执笔撰写夏王朝及殷商时代的相关研究著作起到了极大的帮助。

您曾经在北京大学留学，也曾在中国参与多项考古发掘，您同时还兼任中国社会科学院考古研究所的客座研究员，这些经历使您有机会对中日两国的考古研究有一个全面的了解。在考古学理论和方法方面，中国和日本既有相同的地方，也有很多不同。您能谈谈这方面的看法吗？

首先，中日两国的考古学在规模和形式上有着较大的不同。中国的考古学规模很大，以北京大学为例，历史系与考古系的教授阵容和学生人数几乎是相同的，各自处于同等并列的地位。考古系的研究人数比日本多出一位数字来。在日本，考古学只是历史学中的一个专业。在机构编制上，以京都大学文学部为例，以文献的有无将考古学分为"先史考古"与"历史考古"，除了研究日本考古学之外，还必须涵盖世界范围的考古学。在中国，考古学按照旧石器时代、新石器时代、商周、秦汉、汉唐、宋元、明清等朝代划分，并由相应的教授执教，并且将自然科学领域及博物馆学等学科也纳入考古学的体系。这虽然是北京大学的情况，但如今中国各大学的中国考古学基本上是按时代的横轴区分编制的。日本的现状则是以教授个人为单位来设定时代和研究课题。

中国社会科学院考古研究所的研究人员数量比北京大学更多，是中国考古学的一个核心研究所，其研究范围涵盖了全国，加上边疆考古研究中心，共有5个研究部门，其研究体制的组成也很有中国特色。近年来,中国社会科学院考古研究所承担了两个国家级大型研究项目,其中之一是1996年启动的夏商周断代工程;另一个是从2000年启动,至今仍在继续的中国古代文明探源工程。从形式上而言,因为我是中国社会科学院古代文明研究中心的客座研究员,所以每年都有年报等资料邮寄过来。这些资料中最让我感兴趣的成果是山西陶寺遗址的新发现和河南新砦遗址的发掘。探源工程从形式上看,一个最大特点是自然科学类的学者参与到了课题研究中,并取得了可喜的成果。最近石峁城郭遗址的发掘也很轰动。我以前去过延安,但还没有到过榆林,有机会的话很想去看看。因为从很早,也就是我关注新石器时代的玉器研究时,就觉得这个地区非常重要,是中国文明研究不可忽视的一个地区。

我想就考古学的概念请教几个问题,可以吗?一般人们认为,考古学仅仅是研究过去历史的。您也这样认为吗?

关于这个问题,你可以参考我在滨田青陵奖25周年纪念演讲会上的发言,演讲的题目是:"考古学的今天与今后。"正如你所言,从20世纪前半期开始,来自欧美的文化史考古学概念被引入日本,考古学家注重于遗址与遗物这些考古资料的型式学分类,并由此综合各种形式的考古学文化,以探讨考古资料的时空位置。考古学家也将考古资料的何时、何地作为研究的最大目的,此即所谓考古学是研究过去历史的定义。京都大学也将考古学放在史学学科内。美国则不同,考古学是在人类学系。作为历史学的考古学与作为人类学的考古学的最大不同是对考古学研究对象的理解。历史学科的考古学家认为,考古学就是研究人类留下的过去历史的学科。而人类学科的考古学家则以研究人类本身为目的。其实这是两种不同方向的研究方法,也是我经过多年研究才终于明白的。研究过去历史虽然很重要,但我们忘记了人类究竟是什么,人类是一个怎样的存在,这些很具体的问题应该是考古学今后需要思考的问题。因为人类不仅仅是历史所涵盖的范畴,也包括他的现在和未来。

具体来说,历史学探讨遗址与遗物何时、在哪儿、做了些什么东西,而人类学则关注和探讨是如何做的、谁做的、什么技术做的,等一些与人相关的问题。比如你研究二里头、二里冈文化的陶器,注重陶器形态变化的时代差异与区域差异,这点虽然很必要,但是还必须要思考陶器形态变化背后人的行为关系。即需要考虑陶器形态为什么变化,比如居住形态、着火面、火炉的变化都可能是陶器形态变化的原因,此即以人的行为变化导致遗物形态变化的一个例子。也就是说,当你研究考古遗物时,必须要综合考虑与人的行为相关的很多因素,将人作为主线去思考问题,才能真正理解他们留下的遗物。

这是否就是您在演讲中提到的"人的考古学"呢?能谈谈您所倡导的"人的考古学"的具体内容吗?

具体来说,美国将考古学纳入人类学领域,这一点我是赞同的。但是我认为考古学不仅要像人类学那样重视世界通行的普世价值观,而且应该纳入探讨人类多样性的人文学领域,这样会更好一些,我将此称作"人的考古学"。考古学的终极目的,与其说是研究人类过去的物质文化,或者是研究人类的过去,不如说是通过遗址和遗物,或者是通过历史来思考人的学问。我不仅强调注重对过去历史的研究,更主张将创造历史的人置身于社会环境中进行人文社会学的综合考察与研究。我不擅长讨论抽象概念与理论，下面通过我目前做的具体研究，举例说明如何从考古学研究来看待现代社会与文化。

日本绳文时代中期的绝对年代大概与中国的龙山文化—西周时代相当。考古学发掘成果显示，公元前 2000 年的黄河流域已开始栽培大豆。至于大豆的栽培过程，大概日本与中国是分别各自进行的。虽然了解从野生大豆到人工栽培大豆的过程非常有趣，但我更重视人工栽培以后大豆的发展动向。在中国，人工栽培的大豆被作为五谷之一，得到重视并利用。但在日本东部，绳文时代后期后半段的大豆栽培反而开始衰退。

大豆科植物通过光合作用，从空气中获取氮素，不仅为大豆产生蛋白质，也为吸入根瘤菌生成氮素化合物。这些都对种植的土壤有肥料作用。为避免连续种植的障碍，需要轮流种植小麦与杂谷类植物，而大豆本身就具有这样的功效，可以达到更好的轮作效果。因此我认为，大豆在中国北方开始种植，后来被杂谷种植所替代，开始了五谷轮作的种植方式，这一种植方式带来的结果使北方黄河流域的农业生产力有了飞跃式的发展，也由此促成了古代王朝的产生，这种可能性很大。相反，日本绳文时代中部大豆栽培衰落可能是因其依存单一的种植模式。而现在的世界，大豆再次成为人们的话题，即转基因大豆。2012 年 10 月，京都大学农学部曾举办一个关于大豆的研究会。如今号称世界大豆产量第一的美国，居然 90% 以上是转基因大豆，面对这一非常态发达的改良品种，日本综合地球环境学研究所的佐藤洋一郎和我分别介绍了大豆的栽培史。历史能告诉农业的未来。但面对这样的现实,就像拿着传统竹枪面对现代化的 B29 武器那样,显得很无力。

如果说这个例子是关于食物研究的,那还有一个例子是关于精神文化方面的。我在京都大学人文科学研究所主持一个共同研究班,与一些文学和语言学家一起研读中国铜镜上的铭文。日本关于铜镜的研究都以分析铜镜纹饰和年代为主要内容。其间包括我自己,也包括东京帝室博物馆的三宅米吉等老一代学者。从 20 世纪初开始,对铜镜的研究都不太重视铭文本身,至多只在意何时、哪里这样一些历史范畴的讨论。而同时期,瑞典的语言学家高本汉(Karlgren)关注汉镜铭文,收集了从上古音到中古音过渡期的同时期 257 种铭文资料,并做了详细的注释与译注,这是 1934 年的事。70 年后的今天,中国和日本都不断发现新的铜镜铭文,但像高本汉那样的集成注释则没有任何的更新。因此,10 年前我就想将高本汉的工作继续下去,收集 70 年来新出土的铜镜铭文,并进行注释与译注。经过 7 年的努力,这项工作在 2012 年完成。我自己很有信心,我们所做的这项工作完全不逊于高本汉 70 年前的工作,而且在基础资料的收集与分析过程中还有很多新发现。西汉时期的铜镜铭文有不少属于文学性的抒情诗,如出土于西安三爻村 6 号墓的连弧纹铭文镜,铭文是首诗,表达了送丈夫远征的妻子的心情。与此类似的还有 6 世纪徐陵在《玉台新咏》中收录的苏伯玉妻的"盘中诗"。迄今为止,人们一直将"盘中诗"看作是西晋时期的,但是通过比较,这枚西汉镜铭文与"盘中诗"在文学与语言学上有许多共同点。尽管史书没有关于苏伯玉的传记,但大致可以判断它们来自同一首诗。

东汉时期的铜镜铭文大多有工匠的名字,像大家都比较熟悉的三角缘神兽镜上的陈氏、张氏等工匠铭。但迄今为止的考古学研究，大多使用即成的类型学研究法，根据纹饰进行分类，以此确定铜镜的年代。最近，用计算机处理纹饰的机械性研究也不断增加。但是在文学和美术史研究领域，大多数研究则以鉴赏为主，对作者本人进行深入研究的较多，如杜甫和李白的诗、毕加索与梵高的画等。从这一研究视角出发，我觉得既然铜镜作者专门将自己的名字写在镜子的铭文里，然后再将其作品推向世界，那么以这些名字为线索收集每位作者的作品，然后根据鉴赏这些图像的纹饰与铭文，应该可以了解到这些铜镜作品的艺术特性和作者的履历。兹举一例介绍，如活跃在公元80—90年代的杜氏，其作品最初来自官营工坊的尚方，因而遵循尚方的传统制镜。但不可思议的是，后世留下了非常珍贵的自署杜氏工名的带图像与铭文的作品。后经分析得知，其实杜氏从尚方独立出来后，建立了自己的杜氏工坊[1]。处于转变阶段的东汉时期，官营手工业作坊衰落，表现自我的艺术家开始独立。作为艺术家一员的镜工们开始自立，并向民间输送各自独立的作品。可见铜镜的研究不应只看纹饰而不看制作者本人。我认为应该通过观赏作品或观察遗物去关注遗物的作者，这是今后考古学研究中需要强调的一个方面。

当然，像铜镜或铜器那样有作者名字的考古资料很少。但是，我认为在研究陶器这类没有任何名字的资料时，也不应该仅仅停留在陶器的形态、时代、何地等陶器类型的研究，而是需要探讨为什么采用这种器形，为何要从这样的器形变成那样的器形，人们如何制作这些陶器，又如何使用它们。即使植物考古和动物考古这些与人有

---

1. 请参考《名工杜氏传——改变东汉铜镜的工匠》，《技术与交流的考古学》，同成社，2013年。

关的自然遗物也一样。我们应该把落脚点放在关注人的问题上。人类最初是如何利用的以及为何要利用它们？因此，我所倡导的"人的考古学"，就是不仅主张从考古学资料中见人见物，还应该通过考古学资料来探讨人的技术和思想、艺术性和文学性这些更深层次的东西。

现在中国的公众考古学颇为流行。也就是说，很多学者都在努力设法将考古学的信息向大众传播。作为一名学者，您如何看待这个问题？考古学家应该如何应对时代的变化？特别是在研究方法上？

这是一件很值得推崇的事情，我也很敬佩那些致力于这一方面的学者。但我的研究与此不同，也没有考虑要向公众社会传播我的研究。从史学、哲学和人文学的角度，实证性地对考古遗址、遗物进行综合研究是我的使命。至于我的研究成果是否要被一般社会成员所接受，这比较困难。因为一个有深度的研究需要在大学或研究所这样的象牙塔之中，在相对清净的环境下思考超越现实社会的深层次问题，这些研究成果也不是马上就能被一般的普罗大众所接受的，可能需要50年或更长时间，而且一般大众也不会对我的研究感兴趣。但它在学术上的价值应该是长久的，对未来社会的发展也是必要的，这就是学术研究。正如我几年前完成的铜镜研究就是继续70年前一位瑞典语言学家的研究方法，对新资料进行的研究。

无论时代如何变化，考古学研究方法的思考和创新都很重要。比如我30年前的铜镜编年与类型学研究，当时得到一致好评，也是在京都大学传统考古学方法的熏陶下完成的，迄今为止也还被认可，最近翻译成中文在中国也得到好评。我也认为这是一项有益的研究,而且这样的基础研究也很有必要。换句话说,若没有当年的这些基础研究,就没有现在的我。但是如果我仅仅满足于这样程度的一种研究,肯定不行,也会很无聊。因此我认为,考古学的研究方法要不断更新,这一点也受惠于我所在的京都大学人文科学研究所的环境。人文社会科学研究方法的发掘与创新是该研究所的使命。你也知道,我们研究所有两种类型的研究:即个人研究与共同研究。个人研究大家都是一样的,没必要介绍。这里我想强调的是共同研究。这是一个为期五年每两周一次的共同研究班,将不同学科专业领域的学者汇聚到一起,通过一个课题的讨论,共同探索新的人文社会学科的研究方法。比如我所作的关于殷王朝动物祭祀与礼仪,就得益于这样的共同研究班。这个课题并非我自己有意选择,而是因为在小南一郎先生的共同研究班与大家一起读《周礼·春官》时,书中有许多关于动物祭祀的记载,觉得在考古学研究中可以用到而产生的研究想法。此前,关于动物考古学的研究大多限于新石器时代遗址中的出土动物骨骼。像大汶口文化墓地出土的猪下颌骨,考古学家多认为这是社会阶层的标志。我在读《周礼》时却发现,猪在殷代动物祭祀中是排在牛、羊之后的。中国学者很重视文献,但是《周礼》关于动物的记载并未引起他们的注意。因为中国学者多关注甲骨文上的文字,虽然知道大部分卜骨是牛骨,只是没有思考为什么是牛骨而不是猪骨,或者其他。但我认为这个问题很重要。研究动物考古学,也要通过动物骨骼的分析了解这些动物如何被人们饲养、利用。要解决这些问题,仅仅靠考古学是不够的,还需要读文献。但我这里所说的文献并不仅仅指历史文献,也包括文学、哲学、美术史、艺术哲学、佛教等这些人们通过思考撰写出的有思想性的文献,以此了解这个国家的文化传统。因此,我觉得今后的考古学不能像以往那样以研究过去作为历史使命，而是要把它作为综合人文社会学科的一部分，以更开阔的思维来做考古研究。

20世纪90年代末以来，您开始整理20世纪三四十年代日本学者在山西省云冈石窟以及周边地区的考古调查资料。您能否谈谈这方面的情况？

其实我从20世纪90年代初期就开始做这项工作，也就是前面我曾提到整理辽宁省四平山遗址的发掘资料。因为这批资料分别收藏在京都大学和九州大学，而我又正好在这两所大学都工作过，因此有了这个机会。后来我还整理了辽宁省文家屯的资料，这两座遗址都属于新石器时代。2002年出版了文家屯的报告。2003年又开始整理1943年水野清一和长广敏雄等对云冈石窟及周围遗址的调查资料，并于2006年出版了《云冈石窟：遗物篇》报告。这本书主要收集了云冈石窟以外的资料，包括云冈石窟周边北魏时期的寺院遗址、西册田遗址、张家寨等从新石器时代到北魏时期6个遗址的出土遗物。

2000年您获得了日本考古学界最高的研究奖——滨田青陵奖。请问这一奖项主要针对您在哪个方面作出的特别贡献？

那是2000年的事。我在1999年出版了《三角缘神兽镜的时代》，这是一本研究日本出土铜镜的书，因此我所获得的滨田青陵奖并不是我在中国考古学方面的成就，而是奖励我在日本考古学研究方面的贡献，也就是说，当时我在考古学界还是以研究日本铜镜而被大家所认可。当然现在我的主要研究成果是中国考古学。

我翻阅了近30年来您完成的18部专著及诸多学术论文，这些研究成果涵盖了从新石器时代到魏晋南北朝时期以及动物考古、农业考古和佛教考古等多方面的研究。您能谈谈近30年来您的研究主题是如何变化的吗？

其实，这些研究都不是我特意选择或主动变化的，而是就自己所处工作环境及身边方便观察的资料决定的。比如当年研究生阶段所作的铜镜研究，是因为当时京都大学不仅有著名教授，还因为京都大学藏有很多铜镜及相关的资料。京大研究生毕业后我留校做助教，负责整理京大博物馆收藏的辽宁大连四平山新石器时代资料，因而开始了新石器时代的研究。后到九州大学做副教授，继续整理有关中国东北地区的资料。同时参加了秋山进午先生在辽宁省的一个调查发掘项目，这就使得我的新石器时代考古研究有了新的展开，也相继发表了一些论文和整理报告。1994年我调回母校京都大学人文科学研究所后，因为这里收藏了大量的文献资料，而且同事们都是研究中国文学、哲学、史学、文献学、金文学、甲骨文、美术史、图像学的学者。当时正好参加了小南一郎先生的中国古代文明共同研究班，与不同专业的学者一起读王国维的研究及《周礼》等书，开始对夏商周考古起了兴趣。此时你也正好来京都大学留学。通过在小南班对礼书的阅读，觉得通过分析殷代的动物祭祀，或许可了解国家统治者所追求的国家形成过程。与此同时，本所研究两河流域文明的前川和也教授也主持了一个共同研究班，讨论中国以外区域，如玛雅、中南美洲、印度河、东北亚等地的国家形成过程。因此这个时期在京都大学是研究早期王朝国家形成的一个最好时期。我从中获益良多，也完成了我那几本关于夏王朝以及殷代动物祭祀等方面的著作。

开始研究北魏考古，完全是因为我所在人文科学研究所的工作需要。大家知道，20世纪三四十年代本研究所的水野清一和长广敏雄等人对山西省云冈石窟进行调查，许多资料都收藏在本所。尽管当时出版过一套报告，但仅仅发表了不到一半资料。大量照片、记录、拓片等珍贵资料都没发表。这些资料由于世事变迁以及自然和人为的破坏，可能在现在的云冈石窟本地也看不到了。如高达14米的云冈大佛测绘图与拓片等，这些资料很可能是世界上保存下来的唯一资料。特别是如今云冈石窟成为世界文化遗产之后，已不方便再作研究调查，因此这些当时的调查资料就显得尤为珍贵。这些纸质资料与照片都还存在一个能否长期保存的问题，特别是玻璃版照片需要进行保护。我当时为配合这项工作需要，将云冈的所有资料整理了一遍。我觉得既然整理，就可以配合这项工作对云冈石窟进行研究，进而还可将这些沉睡已久的考古资料公开出版，为那些没机会看到资料的学者们提供研究的机会。当然，最重要的是当年调查这些资料的水野清一等先生去世较早，使得我必须将这些第一手资料整理出来并进行研究。尽管不是我主动去选择做这个课题，但在资料整理、分析与阅读过程中，还是有很有意义的发现。关于云冈石窟的研究最后出版了33册报告，中文版现在还在出版中。大概是2005年，当我行将结束云冈石窟研究课题时，人文科学研究所需要我来主持一个与文字研究有关的共同研究班，当时与中国文学研究专家金文京先生的想法比较接近，就一起商量组织了一个研究班。此即前面提到的中国铜镜研究班。7年之后的2012年结束，取得了很不错的研究成果,这也促使我开始思考属于人文学领域的"人的考古学"的问题。

在您看来,现在与未来在日本的中国考古学研究中,有哪些方面比较有挑战性?您有哪些新的研究课题准备去做?

在考古学研究中要有综合性的研究能力不是件容易的事。比如在云冈石窟的整理研究中,了解到美术视角和研究方法的重要性,也深深感到阅读佛教文献知识的必要性,目前我正在做洛阳龙门石窟资料的整理与研究。京大人文科学研究所收藏有很多龙门石窟的资料,虽然比云冈石窟要少。但这里保存有 1893 年冈仓天心在龙门拍摄的大量照片,以及当时东京大学关野贞的调查资料。这些资料大部分没发表,拓片更多。这些资料大部分是内藤湖南的收藏,约有 800 多件。此外,京大文学部还收藏有 1500 多件。目前刚刚开始研究,希望能有一个不错的研究结果。

您对有志于研究中国考古学的年轻人有些什么建议?

任何科学研究最主要的是要有想法,不拘泥于已有的研究成果和敢于挑战权威。考古学也一样。我一直以来都是从自己身边的资料观察做起,一旦开始就全力以赴,寻求新的思路,而不是拘泥于那些曾经权威的说教。我喜欢从不同的学科寻求灵感,当你没有想法时,就去读那些能给你火花的有思想的书籍。考古学是一门实证科学,因此对遗物和遗址的观察始终是首要工作,这也是京都大学的传统。在充分观察资料的基础上,深入思考,然后再与不同学科的研究者交换意见,这一点也很重要。最后是将考古学放在人文社会科学的大领域里来思考。这样写出的论文才不会枯燥无聊。作为一名年轻的考古学者，既需要学好考古学研究的基础，即对遗物观察的能力，又要拓展视野，阅读大量的人文科学书籍。

（《南方文物》2016 年 2 期）

狄宇宙

东亚游牧族群的崛起与发展

狄宇宙（Nicola Di Cosmo）

现任职于美国普林斯顿高等研究院，执"路斯基金会东亚研究教授"（Luce Foundation Professor in East Asian Studies）讲席，兼任上海纽约大学客座教授。1991年，狄宇宙在美国印第安纳大学中央欧亚研究系（原乌拉尔和阿尔泰研究系）获博士学位。1989—1992年，任剑桥大学克莱尔学院（Clare Hall）研究员；1992—1993年，任美国印第安纳大学访问讲师和洛克菲勒研究员；1993—1997年，任哈佛大学助理教授，1998—1999年任副教授；1999年，任美国普林斯顿高等研究院研究员；1999—2003年，任新西兰坎特伯雷大学高级讲师；2003年，重返普林斯顿高等研究院任职。

狄宇宙教授为国际知名的历史学家。他长期致力于东亚、中亚古代史研究，主要研究领域为史前至现代中国与亚洲内陆草原民族间的互动关系、蒙元时期的气候变迁问题、满族早期政治思想和满清入关前东北亚的商业关系。迄今已发表学术论文及专著109篇（部）。其代表作主要有:《古代中国及其强邻——东亚历史上游牧力量的兴起》(*Ancient China and Its Enemies: The Rise of Nomadic Powers in East Asian History*, 2002);《满清入关前的满蒙关系》(*Manchu-Mongol Relations on the Eve of the Qing Conquest*, 2003)。作为《剑桥中国古代史》的特约作者,2009年,他主编了《帝制中国的军事文化》(*Military Culture in Imperial China*)、《剑桥亚洲内陆史》(*The Cambridge History of Inner Asia*)。此外,他还是《亚洲研究学刊》(*Journal of Asian Studies*)、《泰东》(*Asia Major*)、《东亚考古杂志》(*Journal of East Asian Archaeology*)的编委会成员。

狄宇宙教授撰写的《古代中国与其强邻——东亚历史上游牧力量的兴起》是一部汉学研究的力作。出版后在史学界产生了很大影响。此书将历史文献和考古资料相结合,以独特的视角对中国农耕民族与草原游牧民族的关系进行了深入研究,对中国北疆的互动关系模式,及以往熟知的历史事件作了新的诠释。

采访 | 彭　鹏[1]、曹大志[2]、曹业宬[3]

翻译 | 于　璞[4]

终审 | 彭　鹏、李水城

您是土生土长的意大利人，当初您为何把中国作为学术研究的主要方向？

我于 1976 年开始学习汉语。在此之前，我并不太了解中国，仅有的一些知识来自像米开朗琪罗·安东尼奥尼（Michelangelo Antonioni）拍摄的电影《中国》(*Chung Kuo, Cina*)。1976 年我去威尼斯大学学习东方语言之后，情况发生了变化。起初，我学习汉语和阿拉伯语，不久我放弃了阿拉伯语，继续学习汉语和满语。1980—1981 年，有一年全额奖学金的资助，我到南京大学深入学习汉语和满语。因为受到欧文·拉铁摩尔（Owen Lattimore）的启发，我开始对蒙、满历史产生了浓厚兴趣。此后，我前往美国印第安纳大学（Indiana University）攻读学位。1991 年拿到亚洲内陆地区历史学方向的博士学位。现在我的研究主要集中在三个领域：即早期中国、蒙古帝国和满清中国。

我知道，您从 1993—1999 年在哈佛大学任教。当时，张光直先生也在那里。您对他印象如何？

我见过他好几回。我们分属不同的院系，所以并不经常碰面。那段时间他已罹患帕金森症，你能看到他双手不停地颤抖。但他十分

---

1. 美国普林斯顿大学博士候选人。现任职于香港中文大学。
2. 美国普林斯顿大学博士候选人。现任职于北京大学考古文博学院。
3. 美国普林斯顿大学博士候选人。现在美国佛罗里达新学院做博士后。
4. 北京大学国学研究中心博士研究生。

坚强，也非常独立，甚至独自驾车出行。我们在一起谈论中国考古学。令人难以置信的是，他的头脑非常清醒。我认为他是非同凡响的学者。

您是应鲁惟一（Michael Loewe）教授之邀撰写《剑桥中国古代史》中的《前帝国时期的中国北疆》这一章节的吗？

实际上是鲁惟一和夏含夷（Edward Shaughnessy）联合邀请我的。这是一项浩大的工程。在1996年我们开始动笔之前，在芝加哥召开了一个会议，李学勤也与会了。你知道，我们以考古资料和历史文献为基础撰写汉代以前的章节。鉴于写作时间较短，我认为这本书非常成功。现在看来，由于有新的考古发现，有些章节或许显得过时了。不管怎么说，这都是快20年前的事了。1996年我们开始动手，1999年书就印出来了，编辑们的工作效率很高。我想，现在我们有那么多新的证据，也涌现出那么多新的考古材料，还有新的理论，有必要撰写不同于旧版的新书了。

您最近所做的研究工作是什么？

主要在做蒙古国方面的考古。去年我在蒙古国进行了气候变迁的研究，这是我的研究项目之一。这篇文章今年已经发表了，题目是《洪水、干旱、蒙古帝国和现代蒙古国》。该文探讨了蒙古帝国的崛起与环境改善、资源充沛之间的关系。你知道在成吉思汗征战时期，蒙古地区的气候从干燥转向长期的湿暖。这个变化很剧烈，而我们的理论认为，在气候湿润期蒙古经济能够更快地发展。我们相信，当时的气候条件提升了草原的生产力，有了更多的人，更多的马和更庞大的资源。也正因为如此，才能在一定区域内供养庞大的军队，这也促进了蒙古政治及军事力的发展。我想将来考古学家要做的工作之一就是与其他学科的学者一起密切合作,不仅要有体质人类学家,还要有气候学家、遗传学家和历史学家。我希望看到各个学科在考古研究中的通力协作。

在蒙古国进行考古发掘有哪些困难?

你知道的,考古发掘项目首先要申请经费,因为需要资金。然后你还得有中央政府和地方政府的批准。其实,如果有蒙古学者参与合作,在蒙古国获得发掘批准并不太难——在中国似乎更难一些。

我听说蒙古国的某些人对中国人不太友好,确实如此吗?

有这种情况,少数人会不友好。我认为现在一些人有民族主义倾向。但相对于中国人而言,他们似乎更不喜欢俄国人,因为蒙古国在政治和经济上长时间受苏联控制。像其他亚洲东部的国家一样,蒙古国政府与苏联关系非常密切。此外,蒙古国可能顾忌中国,因为蒙古国人口只有区区的三百万,仅仅相当于上海市人口的零头。蒙古国与内蒙古在语言方面有所不同,但差别不大。现在,虽然蒙古国和内蒙古都认可共同的文化遗产,但他们的书面语言已经不再相同,且各自对蒙古人的历史角色的认知方面也有差异。蒙古国人多数认为自己是成吉思汗的后代。几乎所有的商品,例如啤酒、伏特加和香烟等,都冠以"成吉思汗"。这确实多了些。据我所知,他们去年通过立法禁止更多的商品命名为"成吉思汗"。

包括中国在内的许多国家的考古依然主要依赖于考古类型学研究。您作为一位历史学家,有无感兴趣的问题是中国考古学家所不能解答的?

我很依赖于考古学家的研究。历史学家的思路与考古学家有很多不同。而我个人觉得这里面有很多问题。你也知道,各个学科都有自己的特色。考古学家解答出的一些答案其实是由我们历史学家提出的问题引出的。例如,中国境内的匈奴考古学文化与蒙古国境内、外贝加尔地区的匈奴考古学文化之间有何联系?有哪些区别?这也是同一术语应用在了不同研究体系中的例子之一。然而,当我们提到"匈奴文化"的时候,还是没有足够的信息确定我们在谈论什么。不同的研究体系差别很大。匈奴考古学的主流研究分为苏联/俄罗斯学派和中国学派,现在又多了一个蒙古学派。他们都建立在不同的研究前提与研究方法之上,由此而来,想要在考古学的范畴内定义"匈奴文化"就很困难了。

依赖文化类型学研究的考古学家经常会说:哦,这个遗址属于哪种文化。然而,一些考古学文化虽然具有物质遗存方面的相同特点,但文化本身可能有很大差别。如你所知,在中国早期历史中,匈奴的位置举足轻重——其在物质文化方面的影响我还不敢肯定,而其政治文化是后期游牧民族如鲜卑族政治文化的重要来源。

我实际上对南北朝特别感兴趣,我很期待这一时期更多的考古研究。北京大学的罗新教授明年将作为访问学者来到普林斯顿高等研究院作相关的研究。南北朝时期众多的少数民族如羌、匈奴、鲜卑等等,他们源于何处?他们彼此之间在哪些方面有区别?在欧洲历史上,匈人(Huns)、高卢人、汪达尔人等民族造成的所谓"蛮族入侵",与中国同时代的历史相似性令人关注。去年,我在普林斯顿高等研究院组织了一个学术会议,将公元 3 世纪到 7 世纪之间欧洲与中国的历史进行比较。例如,在中国的胡人政权是如何调整为中国式的统治形式的?而在欧洲的蛮族又是如何调整为罗马式的统治形式的?你会发现这种相似性的确非常有趣。当然,从物质文化角度来确定民族属性也是非常重要的。如果不能拨开历史的迷雾,我们也不可能了解古人。

在汉学界,南北朝历史研究一直是显学。其驱动力是什么?

有两个主要的驱动力。其中之一是研究传统文化在所谓胡蛮乱华时代"不连续性"中的连续性。即是否存在传统文化基本的连续性?随后的隋唐体制又得益于哪些新的因素?这都是典型课题。另一个是现代问题,关注的是当今中国境内的少数民族。1950 年代以后,历史学家在构建和回顾少数民族的历史方面产生了极大兴趣。那么,我们如何探究历史上少数民族之间的关系,以及少数民族与汉民族的关系?这一方面的研究还很不够,我们需要了解得更多。这一探究精神是主要的驱动力。过去通常忽视与少数民族崛起有关的历史,而这些历史在中国整体历史上则非常重要。几年前,在大都会艺术博物馆成功举办了一项名为"中国:黄金时代的黎明 公元 200 年至 750 年"的大型展览,主要关注南北朝时期。我想,在这个展览的设计中,艺术史家和考古学家比历史文献学家更重要。实际上,那里还成功举办过类似的展览。例如,对辽代的研究方面,相比传统的文献研究,从物质遗存方面有更大收获。有关辽代的历史文献很少,限制了进一步的深入研究,而几次艺术展则表明契丹文化的独特性和丰富性。

从事从早至晚的中国边疆研究，需要学习什么？您在研究中最为深刻的体会是什么？

从事中国边疆研究，你得学会好几门书面语言，而且你需要运用不同学科的理论。关于亚洲内陆史的存世文献非常少，这些文献还用不同的语言进行书写，有拉丁语、阿拉伯语、汉语、希腊语、波斯语、突厥语和欧洲的英语、法语、德语和俄语等。学者在研究不同历史时期时，需要有不同的研究方法。进行游牧民族的发展和交往关系研究，确实需要人类学的理论。对于游牧民族的起源研究，西方学者依据的是人类学理论，而中国和俄罗斯学者则根据社会进化论。这些理论都沿用至今，其实都没有什么考古证据和文献支撑。中国传统历史文献中有关游牧民族的书面文字记载远远晚于游牧民族真正形成的时间。游牧民族的历史超越书面文字记载。因此，我的研究会根据研究材料的不同而选择不同的研究方法，除了基本文献解读外，还有历史分析、古代气候环境研究、考古人类学研究等。

你也知道，考古学的许多理论来自人类学。在中国边疆研究中，我逐渐认识到了从匈奴到鲜卑，再到辽、金、蒙古、清等诸多的强大游牧政权在政治文化方面的连续性，似乎有一种政治文化贯穿了各个时期。其中一些因素来自中原王朝，一些则不是。例如，突厥人就从匈奴人那里获得了经验。你也知道，这两个民族完全不同，且相隔几个世纪。因此，需要思考是什么将这些游牧政权联系起来了呢？这个问题还没有得到解答。就满族人而言，他们翻译了《辽史》、《金史》和《元史》。我需要了解北方游牧帝国是如何接受、修正和调适来自中原王朝的政治文化的。在这个过程中，史料的编纂起了很重要的作用。《史记》中记载了许多有关匈奴和其他北方民族的史料，而之后的北方游牧民族也把这些史料作为自己的遗产予以接受。北方游牧政权的政治文化不同于中原王朝。比如,没人会认为,就与外族政权的关系而言,满清和明朝会是同一种类型。满族政权早期有其自身的政治文化。当他们入主中原后,自身进行了调整,吸纳了中原王朝传统的统治方式。然而,他们也保留了自己政治文化中的一些成分。如果将明、清两代进行对比,你会发现,虽然满清皇帝自认为是明朝的继承者,却有两种截然不同的边疆管理和国家防御的模式:一种模式是"内地"模式(虽然我犹豫是否使用这个词语);另一种模式则属于满—蒙的政治传统。这个例子告诉我们,对边疆的研究能让我们更深地理解,随着时间的推移,中国的政治文化和统治方式都在发生着变化。

对于亚洲内陆地区的古代游牧民族历史的研究方法,您有何高见?

其实,我本人关于亚洲内陆史的观点一直在动态调整中。譬如,以前说游牧民族不可能有农业,或者说游牧民族的政治结构和经济体系都差不多一样,这些学术观点预设性太强,阻碍了对具体民族和历史的深入分析。我的研究并不局限于某个专门领域内的文献学方法(philological approach),我已经试着用各种方法来研究亚洲内陆历史。如果将来有可能,我很想写一部书来探讨关于亚洲内陆历史的研究方法和相关概念的形成。我觉得这比写亚洲内陆历史更重要。讲到研究方法,就必须首先弄清楚亚洲内陆古代游牧民族的自身特点,也得知道我们能够获得哪些有用的研究资料。要洞悉亚洲内陆游牧社会的社会组织框架结构和运作方式。还要弄明白,在漫长的历史中这些游牧社会之间是如何互动的,他们与其他类型的社会又是如何互动的。另外，我们还要更全面和深入地理解游牧社会的宗教信仰及政治文化。游牧社会在很大程度上是自主的方式连续向前发展，受外来影响其实非常有限。举例说，游牧民族的社会组织并不是建立在层级制的官僚体系之上，因此不需要使用成系统的书面文字，因此也就没有文字。只有当游牧民族征服了其他民族之后，为了社会管理的需要，才有必要使用书面文字。过去的研究一直强调农业社会对游牧社会的影响，进而把关注点都放到这里，显然是有问题的。

我们对亚洲内陆历史的了解很少，因此需要利用一切有用的材料进行研究，当然包括科学数据和考古发掘材料。在亚洲内陆进行考古工作，不断提供新的材料，改变我们旧有的观念。而科学技术手段也辅助我们研究亚洲内陆的历史，比如 DNA 研究就可以追踪历史上曾经出现过的游牧民族的迁徙轨迹。

研究亚洲内陆古代史的意义何在？

因为传统史学更注重对大型文明的研究，亚洲内陆历史就不怎么受重视。亚洲内陆历史与全球史之间的关系需从更为宏观的历史角度予以分析。如果我们能够全面看待历史的话，就会发现，亚洲内陆曾经在人类历史上有扮演过重要的角色时期；也有被边缘化，处于外围的时期。亚洲内陆历史上曾有几个时期对全球史的进展产生了不可估量的影响，如公元前一千纪后半段、公元4至7世纪、蒙古对外扩张时期、清帝国和沙皇俄国时期。我认为这些时期正是需要学者将来集中研究的领域。我们需要明确一个事实，即亚洲内陆历史的发展动态有其自身的独特性。通过对亚洲内陆历史的研究，能够对欧亚大陆两端的东西方有更深的理解。西方的罗马帝国和东方的汉帝国在世界史上虽然是最重要的帝国,但相互之间几乎没有直接交流。然而,亚洲内陆地区却把两者联系起来。因此,传统上忽视内陆的存在,把亚洲内陆等世界多数地区视作无关紧要的配角,显然不是历史性地看问题。

您的著作《古代中国与其强邻——东亚历史上游牧力量的兴起》在学术界影响很大。那您是用什么方法来研究中国的青铜时代的?这与后段历史的研究应该颇为不同吧?

虽然我从没有做过青铜器或陶器的考古类型学分析,但青铜时代令我非常着迷。我提出的问题多是关于特定社会的演变及物质文化方面的——我一般将这些社会称为中国北部的"早期游牧民族",虽然我曾认为其中一些民族,如羌,其实并不是纯粹的游牧民族。

我相信现在越来越多的学者认同您的观点。

谢谢你。在我的书中,我认为他们是半游牧和半定居的人群。他们养殖很多的绵羊和山羊,但并非真正的游牧民族。我们现在还没有足够的证据来说他们是"谁",但"游牧"这个词或许太不准确了。在游牧地区(如西伯利亚南部)发现的农业遗存确实让这个问题复杂化了。中国西北的戎(如犬戎)也有战车,对吧?他们除了名称之外,其他方面与西周列国并无显著区别。在所谓的狄人之间,以及狄人与周人之间,有许多通婚的例子。这些民族看来是外围民族,其实是与中原民族一样,都是"圈内人"。匈奴人则绝对属于"圈外人"。

他们与戎、狄有较大差异。中国北部游牧文化的演变情况依然很不明朗。不过我也承认，近年对这一地区的资料我关注不多。

在这其中某些问题的看法上，您与王明珂的意见并不一致，对吧？您的书中也提到了。

是的。但是我很少完全不同意别人的观点，因为那大多是对历史材料的阐释不同而已。我的阐释有所不同，但我也可能错了。然而，对于一些学者，如托马斯·巴菲尔德（Thomas Barfield），我们看问题的方式确实存在真正的不同。我没有发现托马斯·巴菲尔德对于考古证据有何兴趣，我想这是他研究中的一个缺陷。他把人类学理论和历史文献附会，阐释中原王朝与游牧政权之间的互动关系。

我很好奇，他是怎么获得证据的？

主要来自传世文献，如《史记》。你知道，单单利用传世文献来构建理论是困难重重的。例如：他在解释为何匈奴人不断侵扰中原的问题上，就基于一个理念，即专门化的游牧部落需要依赖于从中原地区才能得到的农业产品。但是考古学家从哈萨克斯坦、蒙古国和中国新疆等地都发现了定居和农业遗存。这就很难否认草原地带没有农业。问题是，随着考古学家提供的证据不断在增加，我们的陈旧观念也需要摒弃。如果托马斯·巴菲尔德承认在他的代表作《危险的边疆：游牧帝国与中国》(*The Perilous Frontier: Nomadic Empires and China*) 中对一系列问题的阐释有误，或者至少在他所做的阐释中能加入考古资料，并说明这些资料是如何与其理论契合的,那就太好不过了。在此基础上,我和他之间才能有建设性的对话。

您的著作《古代中国与其强邻》在许多方面具有开创性,这本书中体现了您哪些独有的研究方法?

对于游牧民族入侵的研究,中国和西方在传统上总习惯于将之视为文明与野蛮的对峙,简单化地按照两分法来处理。仅就中国传统史学而言,由于视角的局限,使得一些新的研究方法无法提出。在我看来,西方所谓的"蛮族入侵"时期与中国汉朝及隋唐时代极为相似。对于中国和欧洲的历史学家而言,将两者进行比较是一个重要的比较史学研究领域。欧亚大陆两端的大帝国都衰落了,外来民族入侵并在新的王国和朝代建立中起了非常重要的作用。

在欧亚大陆不断迁徙的游牧民族促进了各种技术和知识的交流传播,这需要包括中西学者在内的密切合作,从比较史的角度进行研究。中国在魏晋南北朝时期出现了帝国的瓦解和外来游牧民族建立政权的情况。在这些新政权的形成过程中,出现了许多与族群有关的问题。欧洲当时的情况与此类似,因此,中西历史学家需要共同研究,一起面对这个有趣的课题。我最初写作《古代中国与其强邻》的目的是为了构建一个全新的学术范式,从而更好地研究古代中国与中国北方各民族的关系,特别是那些先后建立了庞大帝国的游牧民族。在《古代中国与其强邻》中,我试着从一个新的历史视角来探讨游牧民族的兴起,探究其政治组织形式和复杂的社会架构,同时讨论中国古代对游牧民族历史书写的发展演变。

对于《古代中国与其强邻》的中译本，您的看法如何？老实说，这个译本似乎不太成功，我发现了不少误译[1]。

这里有一个有趣的小插曲。去年8月，我应中国人民大学之邀去做一个报告。在报告结束的时候，有许多学生拿着这个中译本来找我签名。事实上，我对该中译本没有任何发言权。我没有看到校样，真是一点都没看到。如果其中有错误，我觉得我不必为此负责。我正在考虑出这本书的第二版，也许将来我会在新的中译本中提到相关的问题。

您对中国清代历史有深入的研究，但通常没有把您归入"新清史"学派。请问您怎么看美国的"新清史"？您对清史研究有哪些意见？

美国的汉学研究传统不同于欧洲、日本。第二次世界大战后，随着东亚研究的崛起，美国的清史研究更加与欧洲、日本的汉学研究分道扬镳。当时的美国学者对清代晚期的关注点较多，例如西方列强的冲击及鸦片战争、中国现代性研究等。哈佛的费正清学派就是代表，几乎只使用汉语资料。他们培养了许多有成就的学者。

我个人认为，美国的"新清史"是外来学术观点融合的产物。来自欧洲和日本的清史学术观点混合在一起，以各自不同的名称进入美国。欧洲和日本的清史研究主要基于对蒙古和满洲的研究。由此而来，美国的清史研究就将蒙古和满洲重新纳入研究视野，这或许应称之为"美国新清史"。显然，美国学者并没有开创新

---

1. 2007年，狄宇宙教授的重要著作《古代中国与其强邻》中文版由中国社会科学出版社正式出版。译者有两位：一位是中国劳动关系学院文化传播学院副教授贺严，2005年毕业于南京大学中文系，研究方向为中国古代文学。另一位是北京物资学院法政系讲师高书文，2005年毕业于河北大学政法学院中国哲学专业，研究方向为中国古代哲学。——编者注。

的清史研究流派，而只是重新接受了旧有的清史研究传统。作为新清史学派内部来说，他们也自称关注新的问题，这方面研究贡献最大的是柯娇燕（Pamela Crossley），其次是欧立德（Mark Elliott），再次之是研究族群问题以及满族在清史中的特殊地位的学者。"新清史"展现出了一种更为多元包容、更为敏锐的研究视野，而不是什么新的研究方法。美国的新清史研究对清史研究有重要影响，一方面使学者从传统的、过于局限的"汉化"模式中解脱出来，另一方面也培养了青年学者使用多种语言研究的能力。美国青年学者的学术视野变得更为宽阔，获取到了更为丰富的文学资料，形成了更加多样的学术课题，诸如清朝军事史、满族社会史、边疆史等。这些课题在汉语以外的其他语种文献中也有丰富的资源。随着满语、蒙古语档案的不断出版，美国学者与中国学者的合作将更为密切。

美国多数学者支持新清史学派，尤其是欧立德。我想，进行清史研究，就得利用一切可以利用的资源，提出重要而有趣的问题，不懈地追寻正确答案。目前，我的研究大量用到了满语、蒙古语等各种文学，来研究我感兴趣的满族起源问题、如何取代明朝的问题。

您在新西兰有过数年的任教经历，对此您有何感受？

我非常喜欢新西兰。这是一个很有趣的地方。当你首次抵达那里，就会清晰感受到一种特有的"殖民气息"。原住民毛利人在当地社会中其实是一股重要的力量。这是一个有趣的国度：殖民力量与原住民文化之间的关系以一种特有的方式发展，这种发展在世界其他地方是看不到的。因为在美国或澳大利亚等其他国家中，原住民文化几乎彻底消失了。而新西兰的毛利文化则一直充满生机。例如，原住民语言有施展的空间，你可以看到一个毛利语的电视频道。新西兰提供了一个对待原住民文化的新模式，这或许会给那些"后殖民"国家一定启发，尤其是南美洲的一些国家，如玻利维亚或墨西哥。

在新西兰居住的时候，我正在写《古代中国及其强邻》，书名在形式上借鉴了卡尔·波普尔的《开放社会及其敌人》。我喜欢卡尔·波普尔这本著作，巧的是他写这本书时也住在新西兰。

我第一次见到您是罗森夫人（Jessica Rawson）在普林斯顿大学"2011年年复礼纪念讲座"之后。您怎么看她的讲座"从青铜铸造到玛瑙珠制作：公元前2000年至公元前500年间改变中国的亚洲内陆技术"？您作为研究亚洲内陆和中国的专家，对于中国青铜铸造的起源等问题，有何见解？

其实我发现"起源"并不像我们通常认为的那样重要。我对"如何吸纳新技术"的问题更感兴趣。"火药"的传播就是一个经典例子。在西方，火药的使用方式不同于中国。蒙古人将火药传播到中国境外，先是中亚，最后传到了欧洲。对这项技术的吸收与利用方式就像是一个新的发明，与最初的起源差别很大。

后　　记

2013年，我请普林斯顿大学博士候选人彭鹏对狄宇宙教授进行了采访。翌年春，采访在美国普林斯顿大学高等研究院进行，采访者为普林斯顿大学博士候选人彭鹏、博士曹大志（现任职于北京大学考古文博学院）和博士候选人曹业宬。后由彭鹏将采访文字整理成文，并由于璞（北京大学国学研究中心博士研究生）翻译成中文，并增补了部分内容，再由彭鹏作了校对，最后由我整理终审完成。

2015年，狄宇宙教授曾前往中国访问，先后在北京大学、复旦大学作学术演讲，《上海早报》、《澎湃新闻》也先后对他作了采访，其中有些内容与我们的采访相关。为此，我们请于璞从上述演讲和采访中摘取了部分内容以充实这次采访。

李水城

（《南方文物》2017年1期）

中村慎一

稻作农业与长江流域的史前文明

中村慎一

日本金泽大学教授、副校长。20世纪70年代就读于东京大学文学部,专业为日本古代史。大学毕业后在东京大学研究生院继续攻读研究生,专业转为中国考古学。毕业后进入日本奈良国立文化财研究所。曾在北京大学考古学系留学一年。1992年至今以研究员身份转入金泽大学任教。

2005年,中村慎一教授因在稻作农耕与中国文明研究中的杰出成就,荣获第18届日本滨田青陵奖;2016年,因在中国文明起源领域的比较研究,荣获日本北国文化奖。

中村慎一教授的学术专著有:《稻作考古学》(同成社,2002)、《亚洲的王墓》(合著,高志书院,2014)等共12部。编著《文化资源研究导论》(Cultural Resource Studies: An Introductory Texbook,金泽大学,2013)等共7部。

采访 | 秦小丽

翻译 | 吕　梦[1]

终审 | 李水城

感谢您接受采访。我的第一个问题是，作为日本研究中国考古的学者，您是从何时开始对中国考古学产生兴趣的？请讲讲您自己与考古相关的经历。

我读本科是在东京大学文学部，专业是日本史，所以最初接触的不是考古学，而是历史学。我尤为关注日本古代史中关于大和的"水人"，或者说"海人"部分。日语中有"あま"这个词，指的是在水边捕鱼，或从事海上运输的人群。这些人与古代中国江南地区的吴人、越人在生活方式与文化上有很多共通点，如两者都有文身习俗等。因为这些证据，学界曾提出日本的"水人"起源于中国的江南地区，这也让我因此对中国考古学产生了兴趣。我了解到，做研究时不能只依靠历史文献记录，还要思考民族学的作用、与考古学的关联等。这也促使我的关注点逐渐扩展，对中国考古学的兴趣越来越浓厚。总之，我原本的出发点是日本古代史，其后逐渐专注于中国，特别是中国江南的古代文化。所以，我在本科毕业时写的是日本古代史方面的论文，但毕业后先是以旁听生的身份在东京大学研究生院补习了一年考古，之后成为正式在籍的考古学方向研究生。从那以后一直从事中国考古学研究，特别是中国长江流域的古代文化、新石器时代文化的研究。可以说，包括稻作农业起源在内，我的研究初衷可以追溯到我的大学时期。

---

1. 日本金泽大学。

在东京大学的学生时代，哪一位老师对您影响最大？都受到了怎样的影响？

在大学，对我影响最大的老师应该是大林太良先生，他去世已经很多年了。大林太良先生是一位博学多识的民族学家，曾经把以德国和奥地利为中心发展起来的、包括"文化圈"理论在内的德奥历史民族学介绍到日本。大林老师当时承担文学部考古学方向的一门课——东南亚考古学，课上阅读与东南亚地区相关的文献。他认为，作为东大的学生只会英语是远远不够的。所以在他的课上，每半年要轮换阅读法语和德语文献。通常是在他的研究室，几个学生围坐在一起，以研讨会的形式进行。课程开始时，大林老师会先谈谈他最近写的论文，并对课程概要进行介绍，之后再带领大家阅读法语或德语文献。

您能阅读法语和德语文献吗？

法语和德语是作为第二外语学习的。大家的英语不会有什么问题，毕竟是入学考试科目。进入大学后，还要再学其他外语。我当时选学的第二外语是德语，所以在课上阅读德语文献没有太大问题。但法语完全没学过，为了读法语文献特地去学了这门语言，达到了查字典基本可以阅读的程度。其实这些都不算什么，对我触动最大的是大林老师的博学。比如说他经常会给我们讲，新几内亚岛某地的某个民族是这个样子的，古代希腊的斯巴达是那个样子的，中国《三国志》的《魏书》中有这样的记载等等。像这样从世界各地、各个时代的历史中都可随意举出例子向我们进行说明，这是我感触最深的。从那时起，我就下决心要成为大林老师那样的学者。所以说，大林老师虽然不是考古学家，但对我的影响却最大。他启示我在探索历史的时候，不仅仅需要考古学,还要关注民族学、神话学、人类学等等,要从多学科的角度出发进行研究。

这是东京大学治学的特征吗?
与其说是东大的特征,不如说是大林老师的治学特征。

不过,学生们的外语都很好,这一点应该是东大的要求吧?
大林老师尤其重视这一点。最近这样的老师越来越少,已经变成论文只要能用英语写就行的时代了。这导致大家,特别是年轻人,都没办法读懂英语以外语言写的东西了。

您在这30多年的时间里发表了很多论文,也出版了一些书。其中大部分都与中国新石器时代长江中下游地区的都市、国家、王权以及稻作农业起源等问题有关。对此,您有什么特别的考虑吗?

正像我前面所说的,我原本就对中国江南地区的古代民族感兴趣。1978年,在这个地区发现了河姆渡遗址,这一发现对日本考古学界有莫大的影响。对于中国先史文化与日本绳文文化的关系,例如玦的思考也是从那个时候开始的。总之,因为河姆渡遗址的发现,此前尚不清楚的长江流域远古时代的文化面貌逐渐清晰起来,它与之后出现的日本的"水人"与"海人"也有联系。我开始学习考古的时候正好赶上中国经济大发展的初期,各个地区都在开发,每年都有新的考古发现。江南地区在河姆渡遗址之后也不停地有新的遗址发现。正巧在我到中国留学前夕的1986年,良渚的瑶山、反山这些遗址被发现。其实,河姆渡遗址发现以后,关于亚洲稻作农业的东南亚起源说、印度起源说得到大幅度的改写,已让我察觉到长江下游地区考古学研究的有趣之处。此时,良渚文化的瑶山、反山遗址也先后被发现,首次证明中国江南的远古时代,或者说从夏、商、周之前的时代已发展出了高度发达的文明。虽然那个时候还不能确定它们就是都市或国家,但我感到,能够改写中国历史的遗物就埋藏在这个区域。所以带着稻作农业起源和中华文明起源这两个问题,我下决心要学习长江流域,特别是长江下游的考古。总之,以此为契机,我开始了自己的研究。此后,这个领域不断有新的考古发现,作为考古研究者,我也一直十分兴奋地研究至今。

今后您也会继续研究这个区域吧?

现在我还不知道将来能做到什么程度。不过江南这个地区确实非常有趣,这并不是说其他地区的研究就没有意思。但我这些年来都在做江南地区的考古,认识的研究伙伴也都在这个区域,所以今后还想继续从事这方面的工作。

您曾经在北京大学留学。请谈谈这段留学经历对您的影响,特别是在考古学方法论上,中国和日本的方法论有什么相同或不同之处?

这个问题很难回答。简单地说,我的研究对象是中国的史前文化,如果不去看看它在什么样的土地与环境中起源、发展的,就没有办法深入了解这个文化。因此不仅要关注文献,也要进行实物研究,这一点是我留学的最大考量。早年在日本进行的中国研究都是通过文字记录进行的,但到了我这一代人的时候,去中国留学已成为可能,所以肯定要去中国看看那些遗址。

留学期间，您参观了很多遗址吗？

我当时在北京大学历史系考古专业留学，指导老师是严文明先生。严先生当时只给本科生开设了一门"中国考古学概论"课。虽然我当时已是博士生，但指导老师的课不能不去上，就去听课了。但严先生说，这门课是给本科生开的概论课，这些知识你已经知道了，好不容易来中国留学，还是多到外边看看吧。他建议我多去参观遗址，多认识一些同行。我听从了严先生的建议，所以留学期间基本没去听课，而是到处参观遗址，认识各个遗址的发掘领队和研究者。当时在北大考古专业留学的日本学生有好几个人，比如现在在茨城大学的铃木敦老师；再如最近出版了好几本书的来村多加史老师，他的专业是中国历史时代考古；还有筑波大学的八木春生老师。总之，当时有好几个考古学方向或艺术史方向的伙伴，大家结伴到各地参观遗址。当时，留学生想在中国独自旅行还是相当困难的，几个人结伴出行是比较好的选择。这样不仅能去参观自己专业的新石器时代遗址，还可以看看历史时期的遗迹，还是非常有意义的。

您那个时候就经常去浙江省吗？

第一次去浙江已是留学第二年的冬天了。1988年12月，我带着严先生写给王明达先生的推荐信去了浙江。王明达和牟永抗两位先生带着我在省内各个遗址参观，比如刘斌先生发掘的良渚罗村遗址，还让我看了发掘出来的遗物，给我留下很深的印象。1988年是第一次。从那以后，几乎每年都要去浙江，（到）现在已经将近30年了，每年去三四次，算起来已经去过一百多次了。

您在东大的时候，除了传统的日本考古学，还学习了欧美考古学方法，并将其活用到之后的研究中。和日本的其他中国考古学研究者相比，您的研究的特别之处在哪儿呢？

确实有很大不同。日本传统的中国考古学是研究如何通过考古材料对文献进行补充，从有文献材料的时代向前追溯，到了没有文字资料的时代，再用考古材料说明。也就是说，这种研究思路是从晚近的时代向前推。另一方面，生物进化研究是从远古时代向后推，人的进化研究也是从过去向现在一点点地进行的。总之，在研究进化这个问题时，需要从古至今的思路，在研究社会时也应该先回到远古，再考虑社会是怎样一步步发展复杂起来的。我的研究思路是这样的：从远古开始，观察遗物和遗迹如何渐渐变化，聚落规模如何发展，墓葬和随葬品如何变化，这样在不同时代之间做连续的观察，就能发现某个部分发生了重大变化。总之，我的研究思路和日本传统的中国考古学方法基本上背道而驰，也许别人会觉得奇怪吧。我的另一特点是，并不是把中国考古学放在中国史的框架下进行研究，而是放在人类历史的大框架下考虑中国先史文化的意义。我并不同意"只有中国研究者才能理解"这种说法，而是想为世界各地的人类是如何进化出社会性、发展出文化的这个问题提供资料。比如说，美索不达米亚是这个样子，埃及是那个样子，中国又是什么样子呢？我想提供的是这方面材料。

从世界角度着眼，把中国作为一个区域进行分析，这还真是很大的不同点，这个是人类学的方法论吗？

我是在20世纪70年代快结束时开始学习考古的。那个时候进化主义的人类学理论十分盛行，接受了这个理论的新考古学，或者说过程主义考古学在欧美，特别是在美国的学术界兴起。这些研究方法在70年代末渐渐传入日本。他们的研究受到进化主义人类学的很大影响，虽然和历史学很接近，但考古学还是物质研究，生产关系是社会文化的基础。我认为这个理论非常有道理。从这个角度上说，我的研究确实受到了过程主义考古学的很大影响。

这就是您研究的特点吗？

我也不知道能否把它称为"特点"。当时，宾福德是新考古学的提倡者，他的一个支持者叫弗兰纳利（Kent Flannery），研究方向是中美洲考古，他的研究提到很多有趣的东西，对我触动很大。我不能说受到了宾福德的很大影响，也没怎么用他的国家起源之类的理论，但从弗兰纳利的研究中汲取到了不少的营养。他的夫人马库斯（Joyce Marcus）也是一位考古学家，两个人一同从事中南美洲的考古研究。我本人从他们夫妇的研究中得到很多启示。

这些年来，您启动了很多研究项目，和中国学者一起在长江下游地区进行共同发掘和研究。请您谈谈其中印象最深刻的发现。

印象深刻的发现有很多。比如说普安桥遗址、草鞋山遗址，我都参加了发掘。

这是您的第一次发掘经历吗？

我当时参加了量博满先生与藤原宏志先生带领的科研项目，得到了非常宝贵的经验。我自己申请到科研项目、带队到中国进行调查时已经40岁出头，第一次的研究内容是有关良渚文化的石器。

有关玉器的研究吗？

玉器并不属于那个科研项目的研究内容。

我看到过您有关玉器的研究论文。

那个是在奈良国立文化财研究所工作时申请的青年研究项目的内容，属于个人研究，并不是项目研究。最初几次进行的项目研究是关于良渚文化的石器和植物考古，其中有很多印象深刻的经历。因为我一直在做浙江这边的新石器时代考古研究，见证了很多重要的考古发现，比如 2007 年发现良渚古城，这是可以在中国考古学史中留下一笔的大发现。再比如 2004 年发现的田螺山遗址，也被称作第二个河姆渡。这座遗址的发现十分偶然，一家工厂在打井的时候，从井中挖出大量遗物，施工人员通知了浙江省文物考古研究所，这处地点才被认定为遗址，也才有了 2004 年的发掘。我见证了田螺山遗址的发现，并从遗址发现伊始就一直参与工作到现在。这应该是最重要的经历了。

跨湖桥的工作您也参与了吗？

我没有直接参与跨湖桥的发掘。我和京都大学的村上由美子老师是在发掘工作结束后参与了木器的整理工作，还在那边做过植物考古研究。说到木器，中国当时还没有这方向的专家。浙江有很多地下水位很高的饱水遗址，也出土有大量木器，但基本上没有像样的木器研究。当时的跨湖桥遗址也是这个状态。我们对跨湖桥出土大量保存相对完整的木器进行了观察和整理。已经出版的考古报告就在这里。独木舟很引人瞩目，比如说这张照片里的木棒，发掘负责人蒋乐平先生并未意识到它是人工制品,是遗物,而是当做混进来的自然木棒。但我们在观察时发现,这个木棒的中段较细,而且表面有一层带光泽的膜。但仅靠外观还不能下判断,因为也有树皮本身带光泽的例子,比如说樱树皮。但这个木棒看起来并不属于这种情况。木棒出土时中段已折断了,我们又从断面观察到木棒的年轮。一般情况下,树木的年轮应该呈现同心圆状态,但这个木棒的年轮没有"芯"的部分,只有一道道的"轮"。所以,这种断面圆形、表面还有膜状物的木棒不可能是自然状态下的树枝,肯定经过加工。我意识到它应该是人工制品,之后(日本)东北大学的铃木三男教授又在显微镜下观察了切片,做了各种分析,发现器表没有树皮,那有光泽的膜就只可能是漆了。这就是中国目前所知最古老的漆器发现的经过。

中国最早的漆器,还真是一个大发现。

大家都知道河姆渡文化有漆器,但这是第一次在比河姆渡年代更早的遗址中发现的漆器。还有那个木制的梯子,当时发掘人员已知道,这种等距离刻出凹槽的现象是人工加工的结果,但无法断定遗物用途。其实,在日本弥生时代以后的遗址中出土大量这种用一根圆木削成的梯子,现在去伊势神宫参观的话还能看到这种梯子,不过要更大一些。在日本的遗址中如果发现这样的遗物,大家都知道是梯子。但中国没有出土的先例。准确地说,虽然没有出土的实物例证,但在中国汉代的明器中可以看到一样的东西架在谷仓旁。如果知道这一点,还是有可能发现那件遗物是梯子,只是大家一直都没有注意到罢了。我们当时一提醒,大家都恍然大悟。而梯子的发现说明，当时存在干栏式建筑，从这一点来说，这是一个十分重要的发现。大家都知道，河姆渡有干栏式建筑，但并不清楚河姆渡之前有没有这种建筑形式，这个梯子的发现就很能说明问题了。说到梯子，虽然半地穴建筑也需要出入的梯子，但这个遗址完全没有发现半地穴建筑的痕迹，所以只有可能是干栏式建筑。总之，我们在与中国学者的交流、共同工作中学到了很多东西。同时，我们的研究也起到了弥补中国考古学界空白的作用，从这个意义上讲有很多新的发现。

您在 2005 年获得滨田青陵奖，可以谈谈获奖的是哪项研究成果吗？

获奖是因为两方面的研究：第一点是关于亚洲稻作农业起源；第二点是关于中国国家和文明的起源。

11 年后，您又获得北国新闻的北国文化奖，这次获奖是哪方面的研究呢？

探讨中国文明起源的比较考古学研究。

从 2012 年开始，您担任金泽大学的教育理事，现在还是副校长。可以谈谈您任职 4 年来的感想吗？

因为近年来日本的国家财政越来越不好，国立大学，特别是文科学部，由于不能带来直接的技术革新或新的发明，越来越被冷遇。还有更极端的人，认为文科没有用，大学不需要文科学部。但是作为一个人，还是应该对人类自身是如何发展到今天的这个问题感兴趣吧！

发现兴趣并回答这些疑问正是我们考古学家肩负的重大职责。虽然没有实际利益，但能够回应人们的心理需求，在这个意义上，这门学问还是有它存在的意义的。所以现在的国立大学虽然承受很大压力，但人文学科，例如我所在的考古学科还是要振作起来坚持下去。大家必须坚定这个信念。

您这次新学术领域研究项目"稻作与中国文明"获得日本政府的科研经费支持。您在2002年出版的稻作农业考古学方面的代表作《稻作考古学》也在中国获得很高评价。可以谈谈这个研究项目的申请过程、研究目的和内容吗？

正如这个项目的标题那样，研究内容是"稻作"与"中国文明"，所以并不限定在长江下游或者长江流域，而是以中国整体作为研究对象。在日本有中国四千年文明或五千年文明的说法。在世界范围内，一个文明能够持续四五千年的例子十分稀少，甚至可以说这是唯一的一例。四五千年前，世界上不仅只有中国文明，还有美索不达米亚、印度和埃及。距今两千多年前，南美洲的安第斯山脉地区与中美洲的玛雅地区也发展出文明，但这些地区的古文明都已消失得无影无踪了。为何中国文明能持续至今呢？这个真是人类历史上的重大谜团。如果观察中国的生业方式，你会发现，其他地区基本只有一种作物，但中国的情况是，北方种植麦子，新石器时代是杂粮；南方种植水稻。这种南北二元对立的生业方式是不是有重大意义呢？也就是说，当一种谷物收成不好的时候可以用另一种去补充，可能正是这样的生业方式支持着中国文明持续至今。如果是这个原因的话，就必须考虑为什么会有这种生业方式，以及这种生业方式产生的时间。这个研究虽然是以考古学家为中心进行的,但还需要其他很多学科的专家学者协助,申请这个项目就是为了更好地开展合作研究。我一直以来就认为,与其一个人或少数人闭门研究,不如组成团队大家一同努力。道理很简单,一个人如果能够同时观察两个方面的话,两个人就可以看到四个。总之,团队合作可以使视野变得宽广。另一个原因是,做考古研究,特别是在外国进行考古研究时,所在国会有很多限制,发掘调查的机会比较少。所以在得到一个机会时,就应该对遗物展开最大限度的分析,争取尽可能全面地获取信息。特别是考古学,它不仅仅对肉眼看到的状态进行研究,还要重视肉眼看不到的维度,比如说:植硅石、花粉、硅藻,还要涉及分析化学、年代学、DNA科学等诸多领域。与考古学家自己对遗址、遗物的分析相比,这样的综合研究一定能获得更多信息。正是因为上述两个理由,我们的研究一直都是以团队形式进行的。这次也想通过这种共同研究的方式,对遗物进行最大限度的分析,所以申请了这个项目。

为了培养青年学者,您在项目中特地设立了"田螺山夏令营"这个环节。您能谈谈青年学者的培养现状吗?

虽然都称为青年学者,但他们其实来自日本、中国及其他很多国家,每个国家的状况都不一样。所以与其讨论青年学者的现状,不如说一说这个项目的后继问题,也就是说,我们现在所做的研究需要后继者来发扬光大。我们就算用一生的时间做研究,也不可能把这个项目永远持续下去,所以必须要不断有新人加入,让这个项目一直保持活力。所以我想把一部分机会让给年轻人,让他们也像我们一样去遗址调查。这样既激发了他们的研究热情,又可以使他们增加自己的学术成果,让他们觉得这个时代很有趣,将来也想继续从事这个领域的研究。正是出于吸引年轻人的目的,我们在项目中增加了"田螺山夏令营"这个环节。

夏令营每年都有吗?

这个环节从项目的第二年开始,至少会持续四年。

最近几年,您有没有对中国考古学中的哪个方向特别感兴趣?准备工作有没有开始呢?

这些年来,中国的考古学者、文化遗产方面的行政机构终于意识到,中国史,特别是考古学所展现的新石器时代这段历史所包含的世界史、人类史的重要意义。我们也逐渐认识到,必须要让越来越多的人了解我们的研究成果,这也是推动学术研究发展的好机会。和国外学者合作研究,将研究成果展示给国外学术界的这种做法已逐渐成为一种风潮,这也使得我们的研究变得更容易进行了。比如,新材料必须首先在中国国内发表的这类限制最近渐渐变少了,说明学问是人类共有财产的这种想法已在学术界越来越深入人心。我们觉得这是非常好的转变。中国不应该只强调政治上的成果,还应该看到自己的历史与文化的丰富性,并将这种丰富性介绍给全世界。

请您谈谈您作为一个外国人,研究中国考古学的意义所在?另外,现在中日关系的变化对学术研究有何影响?

中国人在进行中国考古学研究时会有各种束缚,比如说需要考虑文化和社会的期待,或权威的说法。外国人反倒能自由地发表意见。我觉得这是外国人研究中国考古学的一个优势。第二点正像我前面所提到的，不要在中国的范畴内画地为牢，而是在全世界、全人类的范畴内展开研究。从这一点看，做研究的时候其实没必要在意自己是中国人还是外国人。另外，现在的中日关系确实是一个大问题。我在大学工作，所以看得很清楚。曾经有一个时期，日本的大学以中文为第二外语的学生数量很多，现在的数量却逐年下降，更多的人选择学德语和法语。这说明现在的日本年轻人对中国越来越不感兴趣。日本的媒体报道又有刻意的偏重，比如会重点报道中国某个地区又发生了反日游行等。其实，这在中国国内是很少一部分人的行为，但对于只通过电视了解中国的日本民众来说，很可能会认为中国全国都是这种状态。近些年来，日本国内的对华感情与以前相比变得越来越差了，特别是在年轻人当中，中国不好、中国很可怕的观念越来越强烈。学习中文的人越来越少，肯定会导致学习中国文化的人越来越少，考古学也不能幸免。但是，从世界范围来看，像中国考古那样不断有新发现、新认识的研究领域并不多见，日本考古学的情况是每年虽然都有考古发掘，但很难找到超越现有知识体系的新发现，只是在不停地证明现有的认识。像美索不达米亚这些区域，虽然也会有很多新发现，但由于战乱基本无法开展考古发掘工作。但在中国，虽然现代化开发带来了很多问题，但从另一方面来讲，这也导致不断有新的遗址被发掘，每年都会有重要发现。所以中国考古真是一个非常有趣的研究领域。但是，由于之前所说的原因，现在几乎没有学习这个领域的学生，实在是非常遗憾。

有什么办法解决这个问题吗?

也正因为如此,我们这些从事中国考古研究的人必须想尽一切办法把这个领域的有趣之处告诉别人,让越来越多的人了解到它的魅力。比如说我们组织了面向普通民众的演讲会,还想组织对考古学与考古科学感兴趣的高中生开展一些活动。虽然只是很少一部分学生,如果能借机向年轻人传达这个领域的魅力也足够了。

中村先生,您是金泽大学新学术创成机构的领导者。听说这个机构里有研究世界文化遗产相关的国际合作与管理部门。请您具体谈谈这个机构的工作内容,以及与中国的关联。

工作目标主要有三点:第一点是国际融合研究,这也是最核心的一点。第二点是以青年学者为中心的人才培养工作。第三点是与外国学者展开积极的学术交流。总之,这个机构的目标是不固守以往的研究框架,而是在传统治学方法中发展多学科的融合、多领域互动,从而创造出新的学术领域。正所谓"新学术创成"的意义在于"创成"。旧有研究方向再怎么发展,路只能越走越窄,没有办法带来新的成果。所以我们这个机构就是想进行以往没有做过的尝试,去发现以往没有看到的东西。我们的研究正是抱着这样的目标,对于用传统考古学研究方法不能破解的问题,通过大家的合作研究来解决。这种方法将会是以后学术研究的潮流。

最后请您对希望从事中国考古研究的年轻人说几句寄语。

前边提到过,现在的中国考古每年都有激动人心的新发现,这一点在整个考古学科中都十分少见，与其他学科相比也毫不逊色。中国考古真的是能够让人体会到做学问乐趣的研究领域，所以请一定坚持这个领域的学习与研究。而且现在学习中国考古的人很少，反倒是入行的好时机，这么好的研究领域如果错过，就太可惜了，请一定抓住机会。

（《南方文物》2018 年 1 期）

勒洪·奥利维

凯尔特人与古代中欧的制盐业

勒洪·奥利维
（Laurent Olivier）

国际著名的盐业考古学家。他曾执教于法国梅斯大学（1985—1986）和巴黎第一大学（1995—2001），讲授考古学理论、西欧青铜器及铁器时代考古等课程。现任法国国家考古博物馆考古遗产部主任。

奥利维先生于1995年4月获得英国剑桥大学考古学博士学位，同年7月获得法国巴黎第一大学人类学、民族学和史前学博士学位；2006年4月成为巴黎第一大学特聘教授（法德意等国的最高学术资格）。他还担任过法国洛林大区省立考古局考古发掘部主任（1983—1985）和奥尔良法国中央大区省立考古局遗产部主任（1995—1996）；曾任"法国：考古发现30年"大展和法国"年度考古"大展联合主席（1986—1990）。1997年至今，他还兼任法国国家考古博物馆铁器时代古物部主任。

近年来，奥利维先生所主持的考古发掘集中在法国东部的洛林地区。他曾以探沟法试掘了古罗马时期的第二大露天剧场——"圆形剧场"(1975—1979);发掘了克莱约尔镇一处铁器时代早期的土塚墓地——"纳盖大墓"(1980—1985);系统调查了撒克逊—锡永镇(Sion)一处中石器早期至新石器中期遗址——"锡永断崖层"(1985),并作了考古发掘。此外,他还先后发掘了马东河畔马兰维尔镇一处铁器时代早期战车墓冢和新石器时代早期的聚落和墓地(1986—1988)、维克斯镇铁器时代早期临时营地(1992—1994)、迪阿尔维尔镇铁器时代早期战车土塚墓地(1988—1999)。自2001年至今,他长期主持塞耶河谷铁器时代制盐遗址的考古发掘和制盐生产的多学科研究。

奥利维先生在西方考古学界非常活跃。1999年以来,他先后在法国、克罗地亚、俄罗斯、葡萄牙、英国等地举办多项国际会议和研讨会。会议主题包括:考古学理论、考古学的全球化、欧洲考古学、纳粹占领时期的考古学等。

迄今为止,奥利维先生已发表89篇学术论文、6部考古报告、2部译著、4部专著(3部为合著)。其研究领域涵盖盐业考古、纳粹考古、凯尔特考古、法国考古学史和考古学理论与方法等。在盐业考古领域,他主要研究法国塞耶河谷铁器时代的盐业生产及相关课题。在纳粹考古研究领域,他著有《欧洲西部有关纳粹的考古学》,先后发表了《当考古学为纳粹服务时》、《考古学与法国维希政权》、《在纳粹占领时期的法国考古学》等多篇论文,深入探讨了隐藏于历史深处的一段考古学史,体现了当代富有良知的考古学家对纳粹主义考古学的反思。在凯尔特考古领域,他出版的专著有《洛林的凯尔特王妃们:锡永——对一块土地的三千年考古》和《洛林的凯尔特王妃们:战车墓葬》。在法国考古学史研究领域,他出版了专著《法国考古学:30年来的发现》,深入探讨了法国考古学的起源和发展。在考古学理论与方法及考古学自身研究中,发表了《现在的过去:考古学的记忆与时间》等文章。

2001年以来,奥利维先生开始主持"塞耶河谷的制盐遗址"国际研究项目。该遗址是欧洲铁器时代规模最大的盐场遗址群,其中第一阶段是为期五年的田野工作,目标是为确定制盐工场的复杂景观和内在结构提供可能;2006年以来,田野工作和研究重心已转移到铁器时代制盐工人的居址和墓地。通过长期的田野工作,发现并认识到了这座密集的制盐场所及其生产在当地人与环境的交互中所发挥的核心作用。通过发掘,极大地丰富了马萨尔盐业博物馆的藏品,并有望使该博物馆成为一个国际性的盐业考古研究中心。

奥利维先生对中国考古学的发展非常关注,并努力发展和推进与中国考古学家的合作。鉴于"塞耶河谷的制盐遗址"研究项目具有国际性的影响,作为项目主持者,奥利维先生不断将最新的考古发现和研究成果介绍给中国,努力促成与北京大学考古文博学院的合作,并多次邀请北大师生前往法国参加塞耶河谷制盐遗址的发掘,为中国盐业考古的发展作出了积极贡献。

采访、翻译 | 彭　鹏

终审 | 李水城

奥利维先生，作为盐业考古领域的专家，您的研究涉及法国考古学史、考古学的理论与方法、考古学与人类记忆、凯尔特考古和纳粹考古。您可否谈一下您的个人经历和您为何选择考古作为职业？

你说得对，我的研究涉及面很广。但是，这些课题以一个基本的问题相互关联：考古学家的使命是什么？我的意思是，我们产出哪类知识？我们为什么这样做？换言之，作为社会的一部分，不仅对学科本身，也对社会公众，我们的职责是什么？这就是我所努力探索和试图理解的。

我们从您的简历中得知，您曾获取了两个博士学位，一个来自法国巴黎第一大学，另一个来自英国剑桥大学。这是不是说您写了两篇博士论文？

确实如此！在20世纪90年代，若在法国大学任教，需要有法国本土的学位。至少对考古学而言是这样的。但当时我已读过路易斯·宾福德（Lewis Binford）的著作，继而又被所谓的"后过程主义考古学"吸引，这种思潮在当时的剑桥大学最盛。因此，我决定负笈前往那里攻读博士。我的指导老师是桑德·范·德·列欧（Sander van der Leeuw）。那时柯林·伦福儒（Colin Renfrew）和伊安·霍德（Ian Hodder）都在剑桥，他们用一种颇为创新的方式启发着我们的研究。1994年，我在剑桥大学获博士学位。回到法国以后，我被告知，有剑桥大学的学位当然很好，但"硬通"的法国学位是必不可少的。因此，我又通过了法国的考试，获得了欧洲大陆特有的一种名为

"论文博士"的学位（"thèse d'habilitation"）。其后，才拥有教授资格并可以领导课题研究。

法国在考古学的发展史上占有重要地位。特别是在旧石器考古领域具有领先的地位。您能否简要介绍一下法国考古学的形成与发展？您如何评价法国在当代世界考古学中的地位和影响？

这真是一个挺难回答的问题。我们很幸运，拥有可溯自旧石器时代的绝佳遗迹，如拉斯科（Lascaux）、肖维（Chauvet）和科斯盖尔（Cosquer）等绚丽的洞穴壁画；再有如潘斯旺（Pincevent）和埃蒂奥勒（Etiolles）等保存良好的猎鹿人营地……或许法国最出色的领域是对远古艺术（代表人物是安德雷·勒鲁瓦-古朗 [André Leroi-Gourhan]）和石器技术（代表人物是弗朗索瓦·博尔德 [François Bordes] 及其弟子）的研究。但1968年这一年，不仅在法国，也包括整个欧洲和美国都非同寻常。年轻人抱怨他们受够了当时"权威"们的陈旧、乏味和独断专行。那些在"二战"中向纳粹妥协的人，仍然向他们灌输是非对错。于是年轻人舍弃了传统考古和殖民考古，并转向田野考古的具体实践。从那时起，在考古工地发掘的人都是在共同参与一项科学研究。在考古发掘中没有纯体力的"民工"，只有科研队伍的成员。我与我的同辈们一样，正是在这种方式下受教的。

您的研究好像主要关注法国东部的洛林地区。为何您对那里情有独钟？

我忠实于自己的朋友，热爱那里的人们。他们勤奋工作，率真有趣，喜欢美食和美酒。不过洛林考古的确很特别。那里既产铁也产盐。如你所知，这两种资源是权力和文化的基础。

凯尔特是古代欧洲的重要民族，在欧洲历史的发展中扮演着重要角色。您主编了一本研究法国洛林地区凯尔特遗存的书。能否简要介绍一下此书的内容？

那是我的科研队伍历经10年，对位于洛林中部锡永（Sion）的一处铁器时代山城城堡所做的系统调查和发掘之后撰写的研究成果。为此，我们还专门在位于巴黎圣日尔曼（Saint-Germain）的国家考古博物馆举办了展览。在马兰维尔（Marainville），我们发掘了一处公元前6世纪非比寻常的随葬四轮车的墓。墓中出土了源自希腊的青铜祭祀容器，还有一把令人震惊的铁剑。铁剑柄部用非洲象牙雕刻而成，上面镶嵌来自斯堪的纳维亚地区所产的琥珀。在几千米外的迪阿尔维尔（Diarville），我们又用科学方法首次发掘了一处非凡的随葬四轮车的墓。我们的研究不仅着眼于铁器时代，还关注从新石器时代到19世纪人类生业的演变。我们的目标是分析过去五千年漫长岁月中人类的活动与自然环境变化之间的关系。我们在塞耶河谷的工作已相当成熟。

法国人认为，高卢人是其祖先，这种联系从何而来？凯尔特人和高卢人之间是什么关系？高卢人的称呼又从何而来？

这里面的情况相当复杂。如你所知，法国在18世纪末进行了大革命，以人民的名义推翻了国王和贵族们的统治。君主制度把社会上大多数的公民，如工人、农民等看作下等人，当时的社会秩序就建立在这样一种理念之上。在公元6—7世纪的中世纪早期，日耳曼人征服了当时还是罗马帝国的领土。于是，后来的法国贵族便声称他们是日耳曼战士的后裔。对他们而言，既然自己的祖先占领了这个国家，他们理所当然就是百姓的主人。但启蒙思想家对此提出质疑，人民——即真正的法兰西民族——既然占有社会的大多数，那么唯有他们才能决定自身的归属。为了使此观点合理化，他们考察了过去的历史。哪些人才是法兰西民族的真正祖先？是那些后来的日耳曼入侵者？还是罗马入侵之前就居住在那里的高卢人？显而易见，把法国人和高卢人联系在一起的，是政治。高卢人就是凯尔特人。公元前600年，希腊人建立了马赛港，把港口周围的原住民称为凯尔特人（*Keltoi*）。这个希腊名字的得来是因为这些原住民本来就自称为凯尔特人（*Celts*）。当时的凯尔特人遍及法国中部。后来，罗马人将他们称作高卢人（*Galli*）。我不知道这个称呼从何而来。

那高卢人又为何将雄鸡作为他们的图腾？这故事的背后一定相当有趣。

Gallus，高卢人，这个词在拉丁语中与"公鸡"发音很像。这就能解释法兰西共和国为何将雄鸡作为国家的象征。我必须说这有点滑稽。因为其他国家一般会选择诸如鹰、狮、虎，甚至大象等令人印象深刻的动物作为图腾……法国人觉得，雄鸡是一个隐含民族性格的完美形象，即便足陷淤污，仍能引吭高歌。

法国是盐业考古的诞生地，您又在此领域享有盛誉。请问您是从何时开始关注盐业考古的？与其他考古领域相比，盐业考古有何特殊之处？

是的，盐业考古于18世纪前半叶肇始于法国东部的马萨尔（*Marsal*），我们至今还在那里发掘。我们的项目始于2001年，先采用了大范围的航空和地球物理勘测,之后又进行了系统的钻探和发掘。就本质而言,盐业考古属于工业考古的范畴,它使我们重建了盐业制作过程中完整的"操作链"(chaîne opératoire):即从取卤、过滤、浓缩,到最后煎卤成盐、制成盐饼。盐业考古是一个引人入胜的考古学分支,不仅是因为它要求我们根据很简单的遗存来重建业已消失的技术,而且,盐在全世界前工业社会中均是重要资源。它不仅对人类的饮食,尤其是食物保鲜极为关键,还可以满足诸如马、牛、羊等食草类家畜的需要。换言之,如若人类定居并饲养牲畜,就必须要有盐,而且需要定期且大量地获取盐。在海边,盐不难收集,但在离海数百公里的内陆该怎么办?那里的盐可能深深地埋在地下数百米处,从地表无法获取。不过,当盐溶于水后,会在某些地区渗出地表。这种情况正好发生在法国洛林的塞耶地区。在那里,盐泉的含盐浓度是地中海的三倍,即 1 升水中有 100 克盐。此外,盐的开采和流通还涉及经济学、社会学等很多方面,这也正是盐业考古的迷人之处。无论你处在任何时期或任何文明中,这种关联普遍存在。为什么?简单来说,当一种资源既关键又稀缺时,你控制了它,你就能对周围的人施加影响。这有点像今天的石油,你必须尽全力控制它。一旦如此,你就能随意定价。难怪盐在古代被称作"白金"。有了它,你就能雇最好的战士、买最好的武器去攻伐;也能有最好的工程师来为你构筑防御工事……盐能使你的地位非凡。但是,一旦你开始玩这个激动人心的游戏,那就不可能停下来或放慢脚步,你需要用盐来弥补在战争和征服中不断增长的费用。因为你不再是工匠,而是某种意义上的"企业家"了。这也就是为什么持续的盐业开采与生态危机之间有很大关系。也就是说,盐业考古能让我们考察人类社会与自然环境之间的关系和互动。

法国东部洛林地区的塞耶河谷拥有丰富的制盐遗址。是否由于这些资源才导致历史上德法两国对这一地区的长期争夺？您在洛林地区领导的盐业考古在国际上有着怎样的影响？

是的。这对数百年来都说法语的当地人来说，是一段苦涩的记忆。他们不说任何德语，却被迫在"一战"和"二战"中两次加入德军……我们取得的最重要的成果是什么？那就是把史前时期的制盐理解为一个生产体系。产业约束恰恰是推动塞耶河谷技术发展的动力。当提高产量和效率的压力持续增加时，古人还必须节约燃料，使整个生产过程合理化。他们还需要掌控自然环境，避免洪涝灾害以及森林与木炭的短缺。制盐工场通常会延续使用到中世纪甚至近现代，比较早的遗址则被压在晚期堆积之下。除非有特殊的机遇，如大规模基建，否则很难一窥这些深埋在地下的遗址。我们很幸运，类似的（破坏）情况并未在塞耶河谷出现。这处制盐工场在公元前5世纪初的铁器时代被废弃以后，再未起用。因此，我们调查发现了超过100万平方米的整个工场的遗址群。通过对拥有众多遗址和墓葬的区域展开一系列的物理勘探，我们第一次获取了这座制盐工场内部结构的全貌，包括遗址与河道、墓葬和居址之间的关系等信息。

除了洛林地区以外，法国还有哪些重要的制盐遗址？它们都分布在哪里？是否发现过早期制作海盐的遗址？它们与内陆的制盐遗址有什么差异？

还没有发现与洛林地区旗鼓相当的制盐遗址。在青铜时代和铁器时代，汝拉（Jura）地区有部分盐泉得到开发，但远不及塞耶河谷的规模。北海至大西洋沿岸也有一些小作坊。有些位于农场内，时代可上溯至铁器时代晚期。但是，这些遗址同样没有达到工业化的规模，充其量只是一些地方性的手工业而已。

除了您所在的法国国家考古博物馆外，法国还有哪些机构有人从事盐业考古的发掘和研究？他们主要在哪个地区做工作？

法国国家科学研究中心（CNRS）参与大西洋海滨，尤其是布列塔尼地区的陶器制盐研究。国家考古保护研究所（INRAP）在法国北部的北海和英吉利海峡之间开展工作。我不知道是否有什么机构将法国与其他国家的盐业考古进行比较研究。据我所知，只有中国才有能与塞耶河谷史前"原始工业"相媲美的制盐遗址。

自2007年以来，北京大学的李水城教授一直与您在盐业考古领域进行合作，您也因此开始关注中国的盐业考古。与法国相比，您觉得中国的考古有哪些特点？中法之间有哪些可以相互借鉴之处？

对我们来说，我与李水城教授的合作相当美好。不过，中、法两国的考古委实很难进行比较。它们各自有着不同的文化背景，有着不同的发展历程。事实就是如此。我们很不一样，这也正是我们合作的有趣之处。譬如，法国考古学始于16世纪的文艺复兴之后，而那时中国的金石学早已诞生了。再看近些年来的学科演变，如今的欧洲考古学与30年前我当学生时已大不相同。因此，我们所谈的"考古学"如何界定？还是谈谈我们各自的所长吧！正如你在马萨尔参加我们的发掘时所见到的，欧洲人比较擅长大范围的地球物理勘探和对古文化所在环境展开的所谓"地质考古学"（Geoarchaeology）研究。这些研究方法如果应用到中国的一些古遗址调查上，想必会有惊人的成果。

我确信，欧洲的方法加上中国的考古实践能给全世界的考古学带来革命。要牢记，你们年轻人才是考古学的未来。

除了中、法以外，您对世界其他国家和地区的盐业考古也有兴趣吗？您是如何评价欧洲，尤其是德国和英国的盐业考古的？

当然关注了。我们首先关注的是德国，还有比利时、荷兰、意大利和英国……但我必须说明，就制盐而言，欧洲还没有哪个地方能与法国的塞耶河谷相提并论。北海至大西洋以及不列颠群岛沿岸也分布有一系列的制盐作坊，但都还达不到马萨尔那样真正的工业化产业中心。它们中的大多数，如英国的制盐遗址，时代要晚于塞耶河谷的盐场。而那些时代较早的（如东欧地区的遗址），还没有一处达到洛林制盐遗址的规模。就生产强度来看，只有奥地利萨尔茨堡（Salzberg）地区的哈尔施塔特（Hallstatt）和杜恩堡（Dürrnberg）盐矿可与之相比。

记得我们在马萨尔发掘期间，常常有旅游者前来造访考古工地，这时您就会安排专人去接待他们，并给予耐心的讲解。请问您是如何理解公众考古的？

如你所知，考古并不属于某些人，它属于所有的人。我的意思是，它是大家的遗产，不管你怎么称呼，邻里、公众、民族、人类……当你发掘的时候，务必尽力为之——因为发掘在某种程度上就是一种破坏，而那些被破坏的宝藏又并不被我们所专有。因此，你有义务将你在发掘中所获得的知识反馈给大众。这非常重要！如果你不这么做，就是将古代遗存，包括对其研究和知识的传递、与子孙后代的联系都给切断了。如果考古无法给大家真正带来什么，那它就只是让学者们为之忙碌的死的东西，也毫无意义可言。从这个层面来讲，考古是一个政治问题。它是我们每个人的事务，超越了金钱与利益。全社会都有责任关心考古，正如全社会都有义务为大家提供好的医疗、教育和文化一样。

我特别注意到您曾撰写一部有关纳粹考古的专著。您是如何想到涉足这个领域的？它包括哪些内容？有何特殊意义？

纳粹给欧洲造成了严重创伤。有人说，欧洲至今还没从20世纪三四十年代恢复过来。此中滋味，大概与中国被日本侵略的情况相似。如果说美国从20世纪五六十年代开始在文化上走强，那是因为欧洲太弱了。纳粹制定了疯狂的计划，要消灭非日耳曼的一切。而他们也确实在认真付诸实践。如果你把人杀光了、把书烧光了，你真的可以抹掉你不喜欢的记忆。纳粹不单单要改变未来，还要重写过去。对纳粹而言，史前史就是纯粹的日耳曼史。因为日耳曼人的祖先从人类伊始就是四处扩张的"优等民族"。以此为目标，他们试图干预整个欧洲的考古，包括法国。在德国，考古学家一度是最"纳粹"的团体。他们中超过85%是纳粹党员，四分之一是党卫军人。在战后1950年代后期，他们中大部分都谋得了大学的教职，继续从事他们的研究，并开始教学。当然这是一个公开的秘密，但大家都心照不宣，因为这些人有不少在职业生涯的晚期成了著名教授，或大学院长。我必须指出的是，在推倒柏林墙之后的1990年代，德国的年轻一代学者开始揭发这个秘密。我将继续揭露纳粹在法国的所作所为。我必须这么做！因为你不能永远与谎言为伍。

后　记

　　1964年1月27日，中国的毛泽东主席和法国的戴高乐总统决定中法两国正式建立外交关系，这个历史性的决定随即轰动世界。如今，中法两国建交已整整过去50年了，这也成为两国隆重纪念的一个重大历史事件。去年（2013），法国国家博物馆考古遗产部主任奥利维先生为此专门致函北京大学李水城教授，商议如何庆祝这个值得两国人民纪念的日子。李水城教授考虑，近10余年来，中国的盐业考古取得了举世瞩目的成果，并在中国建立了盐业考古这个分支学科。回想起来，中国的盐业考古之所以能在如此之短的时间内取得长足的进展，一个重要原因就是中外考古学家，特别是中美、中法考古学家的精诚合作精神和相互学习的科学态度。自2007年以来，李水城教授曾数次带队前往法国参加塞耶河谷制盐遗址的考古发掘，可谓获益良多。此外，奥利维先生也数次前来中国，不仅在北京大学考古文博学院举办学术讲座，还多次前往山东北部沿海考察制盐遗址，并参与制盐遗址的试掘。双方对各自国家的盐业考古有了较深入的了解，推动了盐业考古的发展和进步。两位教授分别撰写论文发表在对方国家的学术刊物上。可以说，中法两国的盐业考古合作产生的影响已远远超出考古学的范畴，成为中外国际合作的典范。为此，李水城教授提议对奥利维先生进行一次专访，以考古学的视角隆重纪念中法两国建交50周年。

　　此次采访由美国普林斯顿大学博士候选人彭鹏负责，北京大学考古文博学院博士研究生于璞对此次采访的后期工作有重要贡献。在此特别要感谢刘楠祺先生，他在法文方面的卓越造诣对于本文具有画龙点睛的重要价值。

（《南方文物》2014年4期）

宮本一夫

日本在亚欧大陆文化交互中的位置

宫本一夫

日本九州大学人文科学研究院教授、日本中国考古学会会长。1982年日本京都大学文学部本科毕业，1984年京都大学硕士研究生毕业，后任京都大学文学部助手。1987年转任日本爱媛大学文学部副教授。1994年调九州大学文学部，历任副教授、教授。2002年至今起任九州大学人文科学研究院教授。1991年曾作为高级进修生，在北京大学考古学系留学一年。1997年在哈佛大学燕京学社做访问学者一年。

宫本一夫教授在东亚考古学领域主要从事的研究有：中国青铜器、东北亚陶器编年、东北亚农耕社会的起源与发展、东北亚青铜器的谱系与扩散、东北亚初期铁器文化的谱系与扩散、东北亚古代国家形成过程的比较研究等。近年来，他开始转向东亚史前社会在欧亚大陆史前社会中的位置，及社会变化的规律性与特殊性的研究。

宫本一夫教授在继续从事西日本绳文时代、弥生时代与古坟时代遗址调查发掘的同时，还在中国、俄罗斯滨海地区、蒙古国、韩国与越南等国进行考古发掘和调研。近年来还在北京大学、吉林大学、山东大学开设定期的考古学讲座。

宫本一夫教授的主要著作有：《中国古代北疆史的考古学研究》(中国书店，2000)；《中国的历史：从神话到历史》(讲谈社，2005；中译本，吴菲译，广西师范大学出版社，2014)；《辽东半岛四平山积石塚的研究》(柳原出版，2008)；《长城地带青铜文化的研究》(《丝绸之路研究》第29期，2008)；《海岱地区早期农业与人类学研究》(科学出版社，2008)；《中国初期青铜器文化的研究》(九州大学出版会，2009)；《农耕起源的探索——稻的传播之路》(文化交流史话271，吉川弘文馆，2009)；《新修福冈市史：史料篇考古3》(福冈市，2011)；《西藏东部地区的史前社会——四川省藏族自治州中日共同考古发掘记录》(中国书店，2013)；《新修福冈市史（特别篇）：从自然与历史来看福冈的历史》(福冈市，2013)；《西南地区北方谱系青铜器及石棺葬文化研究》(科学出版社，2013)；《辽东半岛上马石贝塚的研究》(九州大学出版会，2015)。

2003年，宫本一夫教授荣获第16届日本滨田青陵奖。

采访、翻译 | 秦小丽
整理 | 马涛涛[1]
终审 | 李水城

首先感谢您在百忙之中接受我们的采访！作为日本中国考古学界具有代表性的考古学家之一，能否请您谈一谈您的考古研究经历，以及什么时候开始对中国考古学感兴趣的？

此事说来话长。我对考古学开始感兴趣可以追溯到我的孩提时代。我出生在岛根县一个叫松江的地方。那里是古代出云文化[2]的发源地，有很多遗迹，比如说铜铎、加茂、岩仓等，是一个遗迹很丰富的地方。另外也有很多神社，例如出云大社、加茂大社等。正如《风土记》中记载的那样，出云大社是一个非常有名的地方，出现在日本的很多神话中。在日本，11月称为日本历的"无神月"，可对出云来说却是"神在月"。据说这时候来自全国各地的神仙会云集出云大社来商量一年中的行动计划，比如决定让谁和谁结婚等。从这个意义上来讲，出云可以说是一个神话的故乡。这个地域也是一个对古老文化，包括神话等，非常重视的地方。并且这里的人对本地古老文化传统怀有一种自豪之情。因此作为一个当地人，我也就自然而然地对古老的东西怀有非常强烈的兴趣和关心。

我对中国文化感兴趣始于高中时代。说起日本文化，它和亚洲文化，尤其是中国文化有着各种各样的联系，中国文化也是日本文化的"祖先"。恰逢当时以丝绸之路为首的异国古代文化热在日本兴起，于

---

1. 金泽大学博士研究生。
2. 出云大社位于日本岛根县出云市，是日本最古老的神社之一，也是日本被冠有"大社"之名的神社之一。供奉的神是被称为"国中第一之灵神"的大国主大神。每年的农历10月11—17日举行盛大的神在祭。——编者注。

是从高中时代开始我就对中国文化产生了浓厚兴趣。

当时也正是我选择大学和入学考试的时候。听说京都大学人文科学研究所非常有名，是亚洲学研究的中心，而且有包括贝塚茂树[1]先生在内的一些知名教授在那里任教。于是，我萌发了去京都大学研究亚洲历史的想法。后来顺利考入京都大学，并在入学后很快加入了京都大学的考古学研究会。京都大学北部有个叫岩仓的地方，那里有很多须慧器[2]的陶窑址，我在参加研究会的时候参与了窑址的分布调查，就是那种边走边捡一些陶片的调查。另外，我还利用假期参加了由辰马考古资料馆的先生们组织的以兵库县为中心的寺院发掘调查。通过这些活动，我慢慢地对考古学产生了兴趣。

当时，因为受朋友影响，我还参加了京都大学的哲学研究会，阅读了许多哲学方面的书籍与文章，也曾有过选择考古学还是哲学的犹豫。但是，因为对古代文物和亚洲历史更感兴趣，最终还是决定选择学习考古学。特别是大学二年级时，我发表的一篇论文更坚定了我选择考古学的决心。那是在调查岩仓地区的窑址分布过程中，我发现沿着河流下游到上游，调查所得须慧器的器形在逐渐发生变化，这种变化显示的是从早到晚的时代变化，表示这种器物有可能是从下游逐渐发展到上游的。于是大二时，我在考古研究会的杂志上和其他考古研究会成员合作发表了一篇有关须慧器编年的论文，我写的部分受到了前辈们的褒奖，这让我觉得考古学原来这么有意思，给了我

---

1. 贝冢茂树（1904—1987），日本东洋历史学家、中国古代史专家，京都大学教授，在甲骨文和金文方面有较深的造诣。1948 年以《中国古代史学的发展》一书获朝日新闻社文化奖金，并获博士学位。1984 年获日本文化勋章。1951 年和 1954 年先后两次被选为日本学术会议员。1954 年参加日本学术文化访华团访问了新中国。他同吉川幸次郎、桑原武夫并称"京都大学三杰"。他的主要论著有《古代的精神》《孔子》《中国古代国家》《对中国的怀念》《旧中国和新中国》等。——编者注。
2. 须慧器，日本古坟时代到平安时代生产的一种硬质灰色陶器。与同时期的土师器在陶质和颜色上明显不同。一般被认为其来源于朝鲜半岛的灰质硬陶。——编者注。

从事考古学的自信。这也成了我大三时决定继续研究考古学的契机。否则的话，我可能今天就是一个公司职员，而不是考古学专业的教授了。

我的毕业论文选择中国青铜器作为研究对象。这一方面是受当时丝绸之路热引起的中国文化热的影响，还有一个原因就是中国是日本文化的发源地。日本的弥生时代[1]也有青铜器，但并不繁盛，青铜器的年代等也不明确。弥生时代以后的日本文化起源于中国，因此我希望通过研究发源地中国的青铜器，进而了解日本青铜器的年代等问题。

当时京都大学人文科学研究所有林巳奈夫[2]先生在研究中国青铜武器。林巳先生的博士论文是以1970年以前的考古资料为基础完成的。而我开始研究时已经是80年代了。当时中国刚开始改革开放，除三大杂志以外，各种地方杂志陆续出现，资料增加了很多。我就依据这些新增加的资料，首先进行墓葬的编年研究，取得了很大收获。并在仅有的两年时间里，对从殷墟时代到战国时代的青铜容器编年等内容进行了比较全面的研究，写了一篇很长的毕业论文。当时樋口隆康[3]先生是考古专业的主任，林巳先生也是论文审查者之一。因为那时关于墓葬编年有一些争论，而且资料很少，我的论文恰好弥补了这方面资料的缺失，为此两位先生就我的论文进行了热烈的讨论，并给予了很高的评价。

---

1. 弥生时代是指日本公元前300—公元250年使用弥生式陶器的时代。1884年，这种陶器首次在东京都文京区弥生町发现而命名。弥生文化是在绳文文化的基础上，受到大陆（包括中国和朝鲜半岛）文化影响而产生的。弥生时代普遍出现以种植水稻为主的农业，并开始使用铜器和铁器。——编者注。
2. 林巳奈夫为日本中国考古学家，专攻中国古代青铜器和玉器。1950年毕业于京都大学。1975年获博士学位。他曾在平凡社任编辑。1975年开始在京都大学人文科学研究所任教授，2006年离世。林巳奈夫曾获日本学士院院士，勳三等旭日中勋章。他一生著述丰硕，出版有《中国殷周时代の武器》等大型专著20余部。——编者注。
3. 樋口隆康为日本考古学家，京都大学名誉教授。1962年获京都大学文学博士。历任京都大学文学部教授、泉屋博古馆馆长、奈良县立橿原考古研究所所长、丝绸之路学研究中心所长、京都府埋藏文化财研究中心理事长等要职。——编者注。

冈村秀典[1]是高我两届的前辈，他本科的研究方向是弥生时代到古坟时代初期的铁器。硕士研究生时，带着跟我一样的想法开始了中国铜镜的研究。在他之前，还有西村俊范等人也对中国考古学感兴趣，并于1980年去中国留学。我从硕士时代开始，便参加了京都大学人文科学研究所（后简称"人文研"）的"史前考古"共同研究班。其实，当时的人文科学研究所是不允许硕士以下的学生参加研究班的。当我进入研究班时，江村治树是助教，罗泰是访问学者。冈村秀典恰好去了中国留学，他是留学归国之后进入人文研的。所以跟冈村比起来，我进入人文研的时间还要更早一些。

大学四年级时，我参加了樋口隆康先生的实习课。同时参加的还有做东洋史研究的籾山明、浅原达郎等人。实习课的主要内容是研究中国古代的金文，也包括考古学中与殷商相关的论文介绍以及关于青铜器中金文新资料的介绍等。进入硕士研究生阶段，我才正式开始了青铜器的研究。你也知道，京都大学的研究传统是必须接触和观察实物后才能开始研究，所以我先对京都大学附属陈列馆的所有青铜器进行了测量与观察。恰巧京都大学陈列馆收藏有以辽东半岛为主的旧满洲以及东亚地区的很多相关资料。当时冈内三真先生是陈列馆的助手，托他的福，我接触到很多上马石等尚未发表的遗址资料。刚好当时大贯静夫以东京大学收藏的资料为基础，对辽东半岛的青铜器进行了编年研究。而我的研究则在时间上从新石器时代扩展到青铜器时

---

1. 冈村秀典为京都大学人文科学研究所教授，研究方向为中国考古学。他长期从事新石器时代—商周时期的祭祀礼仪、两汉六朝铜镜及其向日本的传播、从犍陀罗到云冈佛教文化东来等领域的研究。曾主持"中国古镜研究"、"东亚初期佛教寺院研究"、"云冈石窟研究"、"北朝佛教寺院研究"共同研究班。其代表性著作有：《中国古代王权与祭祀》、《三角缘神兽镜的时代》、《中国文明：农业与礼制的考古学》等。曾编《丝绸之路发掘70年——从云冈石窟到犍陀罗》、《云冈石窟：遗物篇》、《世界美术大全集·东洋篇第1卷（先史、殷、商）》等。——编者注。

代；在地域上从辽东半岛扩展到朝鲜半岛，直到日本九州地区。加上现有的中原地区编年，我的研究范围便覆盖了整个东亚地区。这也是我当初的一个研究目标与策略。由于当时并未通读所有资料，有一部分也只是浅读，所以直到最近才总算完成了这一研究，并出版了专著《辽东半岛上马石贝丘的研究》。从学生时代算起，这本书总共用去了整整35年时间。

正是因为这一课题的研究，我从学生时代开始就一直和中国考古学有剪不断的联系。进入博士课程后，我曾一度想去中国留学。但当时刚好樋口先生退休，小野山节[1]先生接任考古学研究室的教授，在他的邀请下，我做了京都大学埋藏文化财研究中心的助手。当时需要一边做考古发掘一边参加人文研共同研究班，所以错失了去中国留学的机会。这样过了3年多，我转到爱媛大学埋藏文化财研究中心工作，晋升为爱媛大学的副教授，当时我只有28岁。我在爱媛大学进行了三四年的校内弥生时代聚落遗址及绳文时代贝塚遗址调查之后，在日本学术振兴会资助下，于1991年实现了去中国留学的愿望，成为北京大学严文明先生的学生。1994年，我又转到九州大学文学部做副教授。

请您谈谈从学生时代起，对你影响最大的先生都有谁？

大学时期受林巳奈夫先生影响最大。但是如果从直接接受教育的角度来看，小野山节先生对我的影响恐怕是最大的。当时他刚从英国留学归来，晋升为教授，是一个对教育很热心，同时也是一个对学生要求很严、很有原则的教授。比如每次上他的课，学生们都需要对前

---

1. 小野山节为京都大学文学部教授，日本考古学家。专攻日本古坟时代考古，曾参与四平山等考古遗址报告的整理与编写。——编者注。

一节课所学内容作一个总结。每两周一次的实习课，每个人都必须对两周来的研究内容提交一个总结报告。也正因为有这种严格的训练，我在他的课程中逐渐锻炼出写调查报告的能力，也为以后论文的写作打下了良好的基础。

我翻阅了您30多年来完成的很多著作及诸多学术论文，这些研究成果涵盖了从新石器时代、秦汉时期以及日本绳文和弥生时代的研究，范围则涉及中国、日本、朝鲜半岛、越南、蒙古，甚至俄罗斯。能谈谈这30多年来您的研究内容跟范围是如何变化的吗？

我的研究目标是整个亚欧大陆。在研究亚欧大陆农业社会的形成时，离不开东亚和西亚两部分。东亚有大米、小米跟黍子，西亚有大麦、小麦。东亚有印度河文明，西亚有埃及文明及欧洲文明，这两个地域各自形成了自身的农业文明，而外围及相连地域则有草原地带的畜牧社会。我认为，即使追溯到先史时代，在研究亚欧大陆时必须同时考虑这三个地域。虽然各个地域有各自的特点，各自的发展，但通过草原地域有了相互影响。通过研究不同地域的文化以及他们之间的相互影响来分析整个亚欧大陆和草原地带的关系，进而探讨日本在其中的位置，这正是我研究的目的。要完成这一目标，我的下一个研究地域将是俄罗斯南部和哈萨克斯坦，最后到罗马。

20世纪90年代初，您曾在北京大学留学，这一经历对您日后的考古学研究有哪些方面的影响？特别是在考古学理论与方法上，中国和日本既有相同的地方，也有很多不同。能请您谈一谈这一方面的看法吗？

说起中国考古学，大家都知道在文献史学方面是非常优秀的。我的想法是，首先要抛开这些，回到考古学本身，即从考古学的角度来探讨物质文化本身，进而分析社会变化、物质变化及技术变化等。对于殷周以后的社会来说，文献固然很重要，但我觉得首当其冲的应是物质文化，应该通过考古学的角度对其进行研究与探讨。

我在北京大学留学时的最大收获是，有机会接触到包括严文明、高明、李伯谦等先生在内的一批中国顶尖的考古学家。他们的研究领域都很广泛，又有各自擅长的部分。特别是严文明先生在运用理论、总结归纳方面非常优秀，至今无人能与其匹敌。北京大学留学期间的另一个收获是，收集到很多的考古资料与信息。中国是一个多民族多文化的国家，地域文化很发达。托严文明先生的福，我有幸参加了很多研讨会，也因此能和各地的学者有机会交流，获得很多信息。当时我人虽然在中国，但作为一个外国留学生，接触实物的机会还是相当少的，而我却在当时调查了很多资料，这是我在北京大学留学期间的最大收获。

当时还有一个额外的收获就是，有机会接触很多普通的中国老百姓。我当时是跟我妻子一起留学的（其实是她先去），也了解到许多一般留学生了解不到的人和事。后来，我们全家还在美国一起生活了一年，还带着孩子，通过孩子的一些活动与许多考古圈之外的各种各样的人有了交往。所以我总觉得，出国留学或访问最好带着家庭，会有更多机会了解异国风情。除了前年在韩国三个半月的讲学，我出国基本上都是带家属的。

顺便问一下，您能讲几种语言？

除了日语、中文、英文、韩文外，通过字典可以读俄罗斯文。我觉得，搞东北亚研究，最好能运用以上这五种语言。

您曾经说过,您在大学时代系统地学习了日本考古学方法,因而在研究中多有应用,这也是您与其他日本中国考古学家略有不同的地方。您能具体谈一谈吗?

当年在京都大学学习到的研究方法主要是对考古遗物做细微的观察,以类型学的方法对遗物的变化进行细致地分析和总结。这一研究方法在我的很多研究中都有应用。例如在最近一个与中国社科院的合作研究中,我们运用这一方法对二里头、二里冈时期青铜器制造技术的变化进行研究,复原了当时的社会与政治制度变化。

说起考古学研究方法,我想比较一下京都大学与九州大学的不同。我来九州大学执教至今已有22年了,与京都大学重视考古遗物本身变化的文化考古学不同,九州大学的特点是社会考古学,即如何通过考古学研究来复原整个社会体系。考古学研究的角度有很多,我个人觉得,无论是物质文化研究还是人类社会历史的整体研究都不可缺少。以梅原末治先生为代表的京都大学早期的考古学家非常注重物质方面的纯考古学研究,避免涉及与人相关的因素,这也许与当时日本国内的社会环境("二战"前天皇中心时期)有关,无法过多地阐述与历史、社会、民众有关的历史问题。我认为,考古学研究的终极目标应该是要了解人与社会的关系。从这个意义上来说,来到九州大学教书对我也许是一个比较好的选择。

我知道您除了大学教学与研究外,还多次在中国内蒙古、辽宁、新疆、河南、山东、四川等地与中国考古学家合作进行考古发掘与田野调查。请问在这一系列的考古活动中,有哪些给您留下了特别深的印象?

有很多。比如说山东杨家圈遗址。对杨家圈遗址的调查是基于我的一个假设课题,即韩国和日本弥生时代初期的板付遗址的水田可能是从山东半岛东部的胶东半岛而来的。虽然现在那里都是玉米地,特别是烟台地区现如今没有水田,但是在杨家圈遗址的所在地,龙山时代是生产稻米的。为了找到那里曾经存在水田的证据,首先我们在那里进行了探铲调查。在杨家圈附近进行了多处尝试,始终没有在2米以上的地层发现任何稻米痕迹。幸运的是,最终在一个小山谷2米深以下的地层找到了水稻硅酸体。当时是请宫崎大学的宇田津彻郎先生帮助对硅酸体进行检测的。当他从中分析出水稻硅酸体时,半夜打来电话向我祝贺。这一结果证实了我最初的推测,此研究论文已在《考古》杂志发表。我们最近正准备对杨家圈遗址所在地区进行更大范围的发掘,希望能有新的发现。

另外一个印象较深的是最近对四川省西部和西藏地区的调查,这也是源于我的一个假说课题。中国川藏地区的青铜文化源于西北地区的青铜文化,这不是大家的共识,而且究竟是经过怎样的路径而来,也不是很清楚。我推测这应该与西北地区和川藏有联系,并且是通过川藏最后到达云南的。在第一年的调查中,我们就发现了商代铜戈。当然关于这件铜戈本身是否为商的东西这点上仍有争议,但它的确是商时期的形状,至少是公元前13世纪左右的东西。其后还发掘出10具以上的人骨,经测量是公元前15世纪至前13世纪的。这些都印证了我的推测。另外,来自北方卡拉苏克(Karasuk)式铜剑(曲柄铜剑),到了这里后却作为铜戈使用,尽管形状上依然和铜剑相似。为何北方的剑到了这个地区后变成了戈?不管原因是什么,从结论上讲,证实川藏地区的青铜器来自西北,并在这里演变发展,这一点让我感到很振奋。

除此之外,与俄罗斯合作在滨海州的发掘,也给我留下了很深印象。我们对初期铁器时代的卡若诺夫卡（Krounovka）居住遗址进行调查时，在地层剖面发现了不曾见过的新石器时代陶器。这种陶器是在沿海州和西伯利亚也很少见的带樶丝纹[1]的陶器，我们将其命名为衡希（Khansi）文化。这个文化应属于新石器时代中期扎伊桑诺夫卡（Zaisanovka）文化的最早阶段。同时，在该遗址还出土了粟和黍。对地域农耕文化起源的研究也是我的研究目的之一，因此，这一发现正好实现了我的愿望。

以上调查结果均证实了我对这些研究课题的推测与假说，我觉得我是比较幸运的。

2003年您曾获得日本考古学界最高研究奖——滨田青陵奖。请问这一奖项主要是针对您在哪一方面的特别贡献？

我最初的研究对象是中国青铜器，之后又进行陶器编年的研究。通过对整个东亚地区青铜器的研究，明确日本弥生文化的地位和意义，这个奖主要肯定了我在青铜文化谱系关系上的研究。当年我到九州大学时，曾从京大带过来很多考古调查资料，虽然完成了一些整理和研究，但有些，如长崎壹岐岛的资料至今尚未全部完成。

正如前面所谈到的，我的许多研究都是从验证假说开始的。这些假说的提出是基于对资料的整理，而假说的验证则需要做大量的发掘与调查。当你花了大量时间整理资料，又进行了大量的调查发掘，最终证明你的假说是正确的时候，那种感动是无以言表的。作为一名考古学者，我的原则是，为了验证一些考古学假设，必须进行发掘调

---

1. 樶丝纹是日本绳文时代的一种陶器类型，特点是用缠有绳子的木棍在陶器表面滚压施纹。——编者注。

查,尤其是田野发掘,并针对这些发掘调查,从多个角度进行综合分析。

您从3年前开始担任日本中国考古学会会长。请您介绍一下日本中国考古学会是一个什么样的组织?它是如何运营的?今后的发展方向是什么?

正如我多次提到的,日本文化在很多方面都起源于中国文化,中日之间在历史上也有过非常密切的交流。对日本研究者来说,如果不了解中国历史,那么对日本的历史也不可能十分清楚。因此一直以来,日本研究者对中国都抱有高度的感谢之情。相反,中国的研究者很少有对日本感兴趣的。可能很多中国学者认为中国才是中心,不太关心周围其他的国家。

从20世纪80年代改革开放起,中国的很多年轻学者开始到日本学习方法论、技术等,两国的学者于是有了相互学习的机会。当时,在京都、东京等地有很多日本考古学者组成了一些地方团体,并经常聚在一起讨论、研究,于是有些成员便尝试组织一个更大的网络,把各地的学者聚集到一起。1980年左右,日本中国考古学会应运而生。对日本研究者来说,这是一个中国考古研究的交流场所,也是钻研学习的场所。从那时起,有很多中国留学生加入了学会。所以与其说日本中国考古学会是一个日本研究者的团体,还不如说它是一个包括了中日两国研究者的学会。20世纪90年代以前,在日本很难接触到中国的第一手资料,随着一些到中国留学的年轻学者的归来,这个学会也慢慢变成了一个大家互相分享从中国收集来的第一手考古资料的场所。在这个过程中,日本中国考古学会也逐渐发展成日本国内考古学领域的中心学会。因为即使是专攻日本考古学的学者，如果不了解中国考古学相关知识的话，日本考古研究也会有局限的。从这一点来说，日本中国考古学会的存在是很有必要的。同时我也希望中日两国的研究者能通过这个学会，继续保持相互交流的良好关系。

很多日本年轻人都曾对中国抱有很大的关注和兴趣，但现在这种热情在逐渐消退，许多人的兴趣转向了欧美。针对这一情况，去年3月我们举办了一次日本中国考古学论坛，首次规定，论坛的主要用语不是日语而是中文，要求所有大会发言者，不管来自日本还是中国，都必须用中文进行报告、演讲与讨论。这个活动取得了很好的效果，并受到一致好评。这样的中日考古学论坛今后将每三年举办一次。我希望将来有一天，日本中国考古学会能发展成全球中国考古学研究的一部分。

请问您对近年来中国考古学的哪些方面更感兴趣？今后有什么新的研究计划？

目前有几个课题我正在做。一是日本弥生时代的水稻农业起源地问题。我个人认为这个起源地应该在山东地区。我觉得东北亚农业的传播可以分为四个阶段。第二阶段大约在龙山时代，水稻从山东传播到辽东半岛。从现在的证据来看，大约与龙山时代同期，即从现在往前数的4400年前。因为硅酸体是在土壤里，污染的可能性也有，但证据并不确实。因此最近请熊本大学的小畑弘己先生参与到研究陶器压痕分析中来，希望通过陶片压痕分析找到新的证据。去年在京都大学收藏的文家屯陶器中，在小珠山上层的陶片上发现一个稻粒的压痕，验证了我一直在考虑的这个问题。我以前曾出版一本《探讨农耕的起源》的书，有学者对其中的观点表示批评，怀疑到底有没有，现在终于得到了验证[1]。另外，去年开始与山东大学一起，对一处从大汶口文化延续到龙山时期的王家村遗址（辽东半岛旅顺附近）展开调查，也在陶器表面发现两处稻粒的压痕。

作为一个外国人，您觉得研究中国考古学时有哪些挑战？另外，作为一位日本学者，您认为中日关系的变化对您的研究有哪些影响？

中国历史和文化对日本影响很大。日本文化正是接受了各种外来文化的影响才发展到现在。从这个意义上说，更好地理解中国文化，对日本人来讲很有必要。从另一个角度来讲，我觉得很多中国学者只重视中国文化，忽视其他周边国家的文化。这大概与中国文化是一个以汉民族为中心的文化有关。在我看来，从更多的角度发现、了解中国文化，外国人可能比中国人本身更容易办到，尤其是与中国相邻的日本人，相对来讲比其他邻国更有这个义务。再从更大的视角看，在整个亚欧大陆，尤其是东亚地区，中国是一个基点，因此更好地理解中国文化是非常重要的。

说到外国人，尤其是日本人在中国的调查研究，我有很多有趣的经历。比如说在四川省的调查。当时外国人要想在中国进行发掘调查，需要国务院特批。我是在2007年11月拿到的特别批文。我想当时我可能是第一个拿到批文的日本人，这也可能与当时日本是由比较亲中的福田政府执政有一定的关系。拿到批文后，本来准备2008年初开始调查。3月西藏拉萨地区发生动乱，同年5月又发生了汶川大地震，所以正式调查一直到10月才开始。

---

1. 参照宫本一夫2009《農耕の起源を探る－イネの来た道》·吉川弘文館，2009年。

您的著作《从神话到历史：神化时代的夏王朝》在中国受到很大的关注。能否谈谈您当初是怎么想到写这么一本面向一般读者的书的？

这本书是从日文译成中文的，原本是"讲谈社·中国的历史"丛书的一部。没有料到在中国如此受欢迎，至今已卖了十几万部。这是一本反映个人历史观的书，是一个人长期积累的对一些历史问题看法的总结。在中国，这种类型的著作还很少，因此得到了很好的评价，尤其是受到很多年轻人的喜爱，这一点让我很欣慰。当然，这本书不是小说，而是一部根据科学依据来论述从史前以来的社会变化的书，这也是我的一种尝试。

另外这三年，我每年在吉林大学有一个集中讲座，每次一到两周，每场讲座三个小时。作为一种教育普及活动的类似讲座，在山东大学和北京大学也举办过。去年在吉林大学访问期间，我还应出版社之邀，与刘绪先生一起，在北京中关村搞了一次签名售书活动。虽然正值7月份的暑假，但来了大约150多位听众，跟日本不同，来的大多是年轻人。活动之后还接受了5家报社约2小时的采访，之后又进行了约30分钟的演讲。这个演讲在YouTube[1]上可以找到（"一席"宫本一夫《远古时代的中国》）。

我自己感觉，这些年虽然中日关系一直不是很好，但民间的交流还是很多的。另外，中国很多年轻人对历史如此感兴趣，给我留下了很深的印象，也让我很感动。

最后一个问题，您对今后有志于研究中国考古的年轻人有什么建议吗？

---

1. 网址：https://www.youtube.com/watch?v=rXcxChlBWt8。

年轻学者首先要树立远大的志向。另外不仅要爱古老的中国，还要爱现在的中国。同为亚洲人，不要简单地把中国当成一个外国，更要把中国文化作为研究本国文化的一个重要组成部分。

谢谢您花这么多的时间接受我们的采访。我觉得从您这里也学到了很多东西。

后　　记

2016年1月15日，现执教于日本金泽大学的秦小丽博士受我之约，前往九州采访了日本九州大学人文科学研究院的宫本一夫教授。此次采访得到京都大学人文科学研究所特别研究员菊地大树的竭诚帮助。采访录音由金泽大学人间社会环境学研究科博士研究生马涛涛整理。一并在此致以谢意！

李水城

（《南方文物》2017年3期）

吉迪·谢拉赫-拉维

中国北疆史前社会的考古探索

吉迪·谢拉赫-拉维
（Gideon Shelach-Lavi）

1959年生于以色列。1989年在耶路撒冷希伯来大学获学士学位。1990—1991年作为以色列首批赴华留学生，在四川西南师范大学学习中文。1991—1996年赴美国匹兹堡大学师从林嘉琳（Katheryn Linduff）教授学习中国考古学，获博士学位。其间，曾于1994—1995年在北京大学考古学系留学。

1996年开始在希伯来大学从事教学和科研工作。历任亚洲研究系主任、亚洲领域项目负责人，路易斯·弗瑞伯格（Louis Freiberg）东亚研究中心主任、人文学部副部长。现任希伯来大学东亚路易斯·弗瑞伯格教授，同时兼任希伯来大学亚非研究中心主任、吉林大学匡亚明讲座教授。

吉迪教授专长于中国北方地区新石器时代—青铜时代考古。他先后与中国吉林大学、北京大学、辽宁省文物考古研究所，美国匹兹堡大学、哈佛大学合作。从1995年起在中国带队进行考古发掘，与中国学者联合主持内蒙古赤峰区域系统考古调查、东北地区农业与定居的起源等研究项目。现任希伯来大学与辽宁省文物考古研究所阜新合作考古项目负责人。

吉迪在《古物》(Antiquity)、《科学》(Science)、《考古人类学》(Journal of Anthropological Archaeology)、《考古科学》(Journal of Archaeological Science)、《考古》、《考古与文物》等期刊杂志发表论文60余篇。代表作有：《领导策略、经济活动与区域间的交互作用：中国东北地区的社会复杂化》(Leadership Strategies, Economic Activity and Interregional Interaction: Social Complexity in Northeast China, Plenum Press, 1999);《内蒙古东部（赤峰）区域考古调查阶段性报告》(合作主编，科学出版社，2003);《中国北方边疆地区的史前社会：公元前一千年间身份标识的形成及经济变化的考古学观察》(中国社会科学出版社，2012; Prehistoric Societies on the Northern Frontiers of China: Archaeological Perspectives on Identity Formation and Economic Change during the First Millennium BCE, Equinox Press, 2009);《赤峰地区的聚落形态》(赤峰国际合作考古项目合作作者; Settlement Patterns of Chifeng Region [co-author], Pittsburgh, 2011); Kol Asher mi-takhat le-shamaim: Sin Ha-Keisarit (All under Heaven: Imperial China [in Hebrew], co-author with Yuri Pines, Open University Press, 2012);《帝国的诞生：再访秦国》(合作作者)，加州大学出版社 (The Birth of Empire: The State of Qin Revisited [co-author], University of California Press, 2014);《早期中国的考古：从史前到汉代》(The Archaeology of Early China: From Prehistory to the Han Dynasty, Cambridge University Press, 2015)。

采访 | 李水城

翻译 | 涂栋栋[1]

核校 | 李水城

你从小在以色列的基布兹长大，中学毕业后又服了几年兵役。你是怎么走上考古这条道路的？与你的家庭有关吗？抑或是某个人的影响？或者是以色列悠久的历史和遍地的文物古迹熏陶了你？

我在以色列北部一个叫米什马尔-哈耶迈科（Mishmar-Haemek）的基布兹里出生并长大。在基布兹附近有一座古遗址，是《圣经》所记载的位于以色列的"高地"之一。幼年时，我喜欢参观这个遗址并寻找古代遗物。比如，我收藏有大量希腊和罗马钱币，后来我将这些古钱币捐献给了当地博物馆。从军队退役以后[2]，我去了南美旅行。当我回到以色列进入大学时，我意识到，我仍然对考古感兴趣，于是决定在希伯来大学学习考古学。我父亲是一位历史学家，所以我猜想他的兴趣也影响了我。在以色列，就像中国一样，人们对过去的历史有极高的赞赏，许多人对考古感兴趣，在我年幼时，我肯定也受到了这种影响。

大学本科你学的是什么专业？以色列和中国远隔千山万水，你怎么会对中国历史和考古产生兴趣？没来中国之前，你对中国有哪些了解？

根据以色列的教育制度，一个学生通常要选择两个学士学位的专业。既然我想学考古学，我希望选择一个与考古学相关的学科，如历

---

1. 以色列希伯来大学博士候选人。
2. 在以色列，每个人都必须参军服役 3—4 年。——编者注。

史学、犹太史或圣经研究等。但是我想拓展我的学术视野,所以选择中国研究作为我的第二专业。因为那时(我于1986年开始本科的学习)中国和以色列还没有建立外交关系,我们对中国了解很少,很少有学生选择研究中国、学习中文。因为我们两国之间没有外交关系。此前我没有学习过中国历史,甚至没有访问过其他的亚洲国家,所以在学习之前,我真的不太了解中国。但也可能正是因为我过去忽略了中国,所以我渴望学习,从大学的第一年开始,我就对中国的历史和文化着迷。其实,那时希伯来大学东亚系的教授全部是研究中国现代史的专家,所以我没有很多的机会学习中国的古代史,但是我利用了一切机会去阅读中国古代史的书籍并听有关的讲座。

你大学毕业后选择到中国留学,但没有到北京、上海等一线城市,而是去了四川西南师范大学,为何会去那儿?有什么因素吗?毕竟当时中国和以色列还没有建立外交关系。

我毕业于1989年,然后在以色列不同的考古发掘项目里工作了一年。我没想到能有机会去中国旅行,因为当时两国还没有(建立)外交关系,以色列人不能去中国旅行,更不用说去那里学习了。意外的是,我听说外交部正在推广一个与中国交换学生的项目。尽管有很多人申请,我还是被选为第一批去中国学习的以色列学生。作为建立双边关系进程的一部分,两国政府不想让这批学生引起太多的国际关注,我们被送到了四川的西南师范大学,那里的外国留学生很少。对我们来讲,这是一个非常特殊的经历,不仅因为我必须要说中文(那里的人都不说英文),而且还能观察中国乡村的生活方式并且遇见很多有趣的人。

中国的留学生活结束后,你去了美国攻读博士?你的博士论文题目是什么?能讲讲那个阶段你所作的研究吗?

早在去中国学习以前,我就开始查询可以进行中国考古学博士研究的地方。幸运的是,我得到一份去美国匹兹堡大学学习的奖学金,在那里我在林嘉琳教授的指导下学习,同时跟随周南(Dick Drennan)教授学习。后来,他们两位和我成为内蒙古赤峰项目的合作伙伴。因为我对研究中国跨区域交流背景下的复杂社会进程感兴趣,我的博士论文也由此而产生。这次田野工作的成果,综合其他已有的考古材料,构成了我的博士论文,题目是"公元前四千纪至(公元前)一千纪东北地区复杂社会的产生:以内蒙古赤峰地区为视角"。

我记得你是最早参加赤峰田野考古中美合作调查项目的成员之一,当时你还在读博士吧?赤峰田野调查在中国考古学界有一定的影响。这是你首次在中国参加田野考古吗?能否谈谈这次的经历以及对你的影响?

1994年,我前往中国的北京大学,在严文明教授指导下学习了一年。我真的很幸运,因为那时外国人也能够在中国进行田野考古了。当我在赤峰地区进行第一次调查时,我是受益于此的首批外国考古学家。在严文明教授的指导下与当地考古学家合作完成了这次调查,调查面积200平方公里。后来,我返回了匹兹堡完成我的博士论文,也正是在那时,我与林嘉琳教授开始考虑在赤峰地区进行一个更大规模的考古项目的可能性。林嘉琳教授与张忠培教授和吉林大学考古系联系,1998年,我们再次前往赤峰规划这个项目。那年,周南教授作为顾问也参加了我们的工作,后来他成了这个项目的组织者之一。虽然此前我在中国做过田野工作，但这次是我与中国考古学家的第一次全面合作，不仅包括野外工作，也包括整理、发表报告和撰写学术论文。我在那里和中国的考古学家建立了联系，特别是与吉林大学的滕铭予教授，也包括许多其他的中国考古学家，这对我理解中国考古学和在这个领域的职业生涯至关重要。也正是在那段时间，我回到以色列，开始在希伯来大学工作，赤峰项目也成了我带领以色列学生前往中国并引导他们进入中国考古学（研究）领域的绝佳机会。其中有些学生继续在这一领域学习，现在他们自身也开始专注中国的考古和历史。

近几年你和辽宁省文物考古研究所合作开展田野调查，这应该是由你牵头的中（国）以（色列）考古合作项目。能否介绍一下这个项目的学术目的以及取得了哪些成果？

我们在辽宁阜新的工作关注东北地区的农业和定居生活方式的转变。当我在赤峰工作的时候，我越来越意识到这个地区有早期村落的存在，它们几乎与黄河流域的早期村落同时出现。在与滕铭予教授和辽宁省文物考古研究所的同事们讨论之后，我们认为，更好地理解这一地区从狩猎—采集到农业社会的转变过程非常有意思，这个转变是人类历史上最基本的变化之一，这方面的研究不仅有助于更好地了解这个区域的历史，也有助于了解人类历史更为普遍的问题。我们在辽宁的查海地区工作，那里有兴隆洼文化时期记录最好的遗址。在两个工作季度里，我们组织了区域系统考古调查，发现大量兴隆洼时期的遗址和一些属于小河西时期、年代更早的遗址。2015 年，我们对一座小河西时期的遗址和一处兴隆洼文化的遗址进行了试掘，发现大量有关年代、人口、经济基础和气候条件的相关信息。阜新区域考古调查的成果已发表在《北方文物》[1]和《田野考古期刊》(*Journal of Field Archaeology*)[2]上，我们现在正致力于发掘材料的整理和发表。我希望这是在这个重要课题上进行的一个项目的开始。

你与辽宁省的合作项目很快要结束了。下一步你有什么研究计划？你对中（国）以（色列）两国考古的合作前景怎么看？

如我所言，我希望继续研究中国北方地区农业和定居社会的发展。我还不确定是否有可能在辽宁或中国北方的其他地区继续开展这项研究，但是我认为，我们还需要发现更多的材料和理解这一过程。另外，我希望能进一步促进以色列和中国考古学家之间的联系。我觉得两国的考古学家有很多相似性，我们可以从彼此的经验中学到很多东西。我也希望能有更多的中国学生来到希伯来大学学习，目前我正在参与一些支持中国学生赴希伯来大学留学的项目。当然我也希望有更多的以色列考古学家来中国学习你们的经验。

以色列是一个伟大的国家，犹太民族是一个了不起的民族。以色列所在的黎凡特地区在考古学上占有得天独厚的位置。那里是研究人类起源、农业起源、社会复杂化和国家起源的重要地区，也是圣经考古、犹太考古、埃及考古、罗马考古、奥斯曼考古、水下考古以及环地中海文化交互研究的重要地区。据我所知，以色列的考古学家基本都在做这个区域的考古，包括你所在的大学也是如此。而你研究中国

---

1. 滕铭予，Gideon Shelach-Lavi，万雄飞等：《辽宁阜新地区区域性考古调查阶段性报告（2012～2013）》，《北方文物》2014年第3期，3—10页。
2. Shelach-Lavi, G., Teng, M., Goldsmith, Y., Wachtel, I., Ovadia, A., Wan, X., & Marder, O. (2016). Human Adaptation and Socioeconomic Change in Northeast China: Results of the Fuxin Regional Survey. *Journal of Field Archaeology*, 41 (4), 467—485.

考古则是一个特例,估计在你的国家很少有人能和你在学术上对话?你是否有孤独之感?你的同事和朋友对你所做的研究怎么看?

的确,特别是当我刚刚返回以色列开始在希伯来大学工作的时候,我觉得有点孤独。不过从一开始我就与亚洲研究系的同事们进行了卓有成效的合作,尤其是与尤锐·潘斯(Yuri Pines)教授,他是一位研究早期中国的历史学家,我俩合作发表了一些研究论文,包括最近正在编辑的有关秦帝国的书《帝国的诞生:再访秦国》[1],另外一位与我合作的同事是彭晓燕(Michal Biran)教授,她是一位研究中国辽代和蒙古时期的历史学家。我与她进行讨论,并共同合作研究史前和历史时期中国社会与邻近游牧社会的交流。我认为,近年来以色列考古学家更愿意了解其他地区的考古学,而且我也正在与他们进行更多的互动。我们有些合作项目,如比较亚洲不同文化的"亚洲范围"(Asian Sphere)项目,我将更多地参与指导从事以色列考古研究,包括对我使用的方法(如系统区域调查)感兴趣的研究生。我认为,虽然以色列的考古学非常发达,但很长一段时间太封闭了,通过向世界其他地区,包括中国的考古学家开放,以色列考古学家能把研究的问题放入更广泛的比较视角,这不仅能发展出与我们这个区域具体历史有关的思想,而且还将涉及一般的社会、经济和文化的发展。

以色列有悠久的历史,地上地下随处可见文物古迹,文物保护应该是贵国的一项重要任务。能否介绍一下贵国的文物考古管理机构的设置?你们是否颁布了相关的文物法规和政策?文物考古与建设部门如果发生矛盾的话,将如何处理?

---

1. Pines, Y., Shelach, G., Falkenhausen, L.v., & Yates, R. D. S.(Eds.).(2013). *Birth of an Empire: The State of Qin Revisited*. Berkeley: University of California Press.

以色列的情况与中国相似,两国的考古遗存都非常地丰富,研究和保存这些文化资源的愿望与经济发展的需要不可避免地会产生冲突。以色列文物管理局是负责保护考古遗址的主要机构,一旦某个地方被它(以色列文物管理局)列为考古遗址,没有它的允许,任何工作都不能在那个地方进行。此外,他们还会检查以色列的每一个建设项目,负责批准以色列考古学家(主要是以色列几所大学)和国际项目开展的考古工作。与中国情况不同的是,以色列文物管理局自己也进行考古调查和发掘工作,其中有些与建设项目相关,也有些是纯粹的科学项目,或旨在发展考古遗址旅游景点的项目。

请介绍一下贵国在文化遗产保护、维修、古遗址勘查、考古发掘等方面的情况。以上几方面是否从国家的层面统一进行管理?或者说各级地方政府也参与其中?

因为以色列是一个比较小的国家,一切(包括文化遗产保护、考古发掘等)都是在以色列文物管理局监督下在国家的层面进行的。然而,许多长期的大型项目是由大学完成的。例如希伯来大学的考古学家发起并负责以色列一些非常著名的遗址,如马萨达(Masada)、哈措尔(Hatzor)、伯珊城(Beit-Shean)、乌贝迪亚(Ubadia)和雅各布女儿之桥(Gesher Bont-Yaacov)[1],以及海洛迪厄姆(Herodium)等。另外,因为以色列的历史和重要的世界性宗教,如犹太教、基督教和伊斯兰教的发展历史密切相关,以色列吸引了许多外国考古项目,其中有些规模很大。我认为这种本地和外来考古学家之间的互动,在以色列的工作中卓有成效。

---

1. 这是两个著名的旧石器时代遗址。

和大多数国家一样，以色列也面临保护古代遗存免遭盗掘和快速开发的问题，但以色列有相对严格的法律保护考古遗产，这些法律执行得很好。一般来说，大多数以色列公众都能认识到考古的重要性，也能理解保护的需要，即使这样的保护会造成一些不便（如房屋建造延期或改变发展规划等）。

我曾发起并参加了湖南道县玉蟾岩遗址的中外考古合作项目。该项目除了哈佛大学以外，还有几位以色列魏兹曼科学研究院的学者参加。请问，魏兹曼科学研究院是一个什么样的机构？那里是否也设置有考古学或相应的考古研究机构？

在以色列，魏兹曼科学研究院是一个非常特殊的机构。虽然它看起来像个大学，但它只招收研究生（没有本科生），并且只关注实验科学，没有社会科学与人文科学。然而，他们那里的一些科学家也对考古感兴趣，特别是科技手段可以用作考古研究的一部分。在过去的20年里，他们参与开发了一些技术，不仅在实验室，也在田野中，他们经常成为考古研究团队的一部分。我觉得，科学家和考古学家之间这样紧密的合作是非常重要的，也能有一些新的发现。

听说以色列很多大学都设置有考古专业。你们的生源如何？年轻人是否愿意学考古？他们毕业后都能找到工作吗？

以色列只有五所主要大学，全部都设有考古学系。在以色列的建国早期，考古学是一个非常流行的专业，因为它将我们的文化和国家认同与复兴联系了起来。现在的考古学没有以前那么流行了，这就如同我们所知的，因为考古是一项非常辛苦且收入不高的工作。尽管如此，我们所有的考古系都有足够的本科生和研究生，并且许多学生都能在以色列的文物管理局找到工作。正如我所言，相较于世界其他地方，在以色列，考古学仍然是许多人感兴趣的话题，甚至在国家的新闻中你经常能听到新的考古发现报道。因此我不担心以色列考古学的未来。

以色列和中国有着良好的关系。我也看到你所在的希伯来大学有不少中国留学生。你（所在）的学校设置有考古学系，还有亚洲研究系，二者之间有什么区别？你是否希望能多招一些中国学生去以色列学习考古？贵国有无专项基金资助学习考古的学生？这方面有怎样的潜力？

我是亚洲研究系的一员，在那里我们教授中国、日本和韩国古代历史与文化，当然也包括这些国家的当代社会。我们是人文学院的一部分，除了亚洲研究系以外，我们学院还有许多其他的系，包括考古、历史、哲学、中东研究、犹太研究、艺术史等。我们确实希望吸引更多的中国学生来以色列在我们大学的人文学院学习，我们也有一些中国候选人可以申请的项目和奖学金。过去，在希伯来大学，教学只能用希伯来语进行，但现在有些项目和课程用英语教授，所以外国学生也能加入并拿到学位。对中国留学生来说，在考古学领域（或其他领域），一个选择是在希伯来大学注册学位，另一个选择是在中国学习期间到希伯来大学交换一年或一学期。这种短期项目能够集中在一个特定的主题或技术方面，能成为拓展学生学术视野的一种方式。在此我不可能详述所有可行的机会，但我建议中国学生可以到希伯来大学的网站上查询各种不同的选择。如果他们有任何问题的话，可以与我个人联系，我将很乐意帮忙。

以色列的耶路撒冷是世界三大宗教的圣地,文物古迹众多,旅游业在贵国的社会经济生活中占有重要地位,这应该有利于考古学的发展。我想知道,考古学家在贵国享有怎样的社会地位?

就像我所说的,和其他国家一样,从事考古工作不是最赚钱的职业,但在以色列,考古学家仍然享有崇高的声誉。虽然我们已经意识到发掘和保护考古遗址有助于发展旅游业,但我想我们应该能做得更多。一些著名遗址,如马萨达是以色列游客最多的景点,我希望国家能在这些遗址上投入得更多。

前不久得知你的新作《早期中国的考古:从史前到汉代》(*The Archaeology of Early China: from Prehistory to the Han Dynasty*)[1]一书在剑桥大学(出版社)出版,真的为你高兴,也向你表示祝贺!因为你的著作都是用英文或希伯来文写作的,中国学者能看到的不多,希望你能在这里给大家简要介绍一下你的这几部学术著作。

实际上我也出版过一些中文著作,包括一本我在中国出版的书,《中国北方边疆地区的史前社会:公元前一千年间身份标识的形成及经济变化的考古学观察》[2]。最近出版的这本书是关于中国考古学的概述。除了展示不同时期重要的和最新的考古发现以外,我还在书中阐述了对一些基本问题的不同理解。例如,我在本书的许多章节讨论了在我们所认知的中国境内存在的大量文化和经济的差异性。我讨论不同地区的经济和文化是如何发展的,以及不同文化之间和传统跨区域交流的重要性。我还讨论了不同区域的社会复杂化和国家社会发展的

---

1. Shelach-Lavi, G.(2015). *The Archaeology of Early China: From Prehistory to the Han Dynasty*. Cambridge: Cambridge University Press.
2. 吉迪著,余静译:《中国北方边疆地区的史前社会:公元前一千年间身份标识的形成及经济变化的考古学观察》,中国社会科学出版社,2012年。

不同轨迹。我听说我的一篇关于中国国家起源的文章最近被译成了中文[1]。如上所述，我目前的研究兴趣之一是中国北方地区农业和定居社会的发展。概括地讲，我觉得这是一个复杂的过程，它不仅涉及经济和技术的创新。对这一重要过程及其不同的表现形式，我们仍然有许多东西需要学习。

你在中国考古的时间也不短了，能否从国外学者的视角对中国考古学的现状和发展前景谈谈你的看法。

这是一个非常广泛的话题。我参与其中并观察中国考古学的发展至今已有 20 多年了。在此期间，我感觉中国的考古已取得了巨大的发展，许多新的方法被整合到了这一研究领域，中国考古学现在越来越成为世界考古学的一部分。你能看到，许多中国考古学家出现在世界各地的学术会议上，中国考古学家和外国考古学家之间的对话越来越频繁和密集，我确信中国考古学将会继续发展。今天从事与开发项目并行的抢救性考古面临许多压力，但是，我希望在中国以问题为导向的学术项目不会因此被搁置一旁，我也希望联合进行田野工作及分析考古材料的国际合作项目能被优先考虑。在今天的全球化时代，这是包括考古学在内的所有学科取得进步的方式。

（《南方文物》2018 年 2 期）

---

1. Shelach, G., & Jaffe, Y. (2014). The Earliest States in China: A long-term Trajectory Approach. *Journal of Archaeological Research*, 22 (4), 327—364.

傅罗文

专业化生产与社会复杂化进程

傅罗文
（Rowan K. Flad）

1994年毕业于美国芝加哥大学，获学士学位。随后进入加州大学洛杉矶分校，师从罗泰（Lothar von Falkenhausen）教授。1998年、2004年分别获得硕士和博士学位。2000—2001年曾在北京大学考古文博学院作访问学者（Visiting Graduate Student）；2002—2003年在哥伦比亚大学人类学系作访问学者；2003—2004年在康奈尔大学任东亚项目助理研究员；2004年和2006年在中国社会科学院考古研究所做访问学者。

傅罗文教授曾任美国锡拉丘兹大学（Syracuse University）历史系助理教授（2003）。2004年正式受聘于哈佛大学人类学系，从事考古学教学和研究工作，曾任人类学系主任（2014—2015）。2015年任哈佛大学人类学系考古学哈德逊（John E. Hudson）讲席教授。2008年以来任内蒙古赤峰大学红山文化国际研究中心联系教授（Affiliated Professor）。2013—2014 年，任斯坦福人文中心玛尔塔·萨顿（Marta Sutton）研究员（Weeks Fellow）。

傅罗文教授专长于中国考古学。他的研究视野宽广，涉及墓葬考古、动物考古、中国早期甲骨、盐业考古、手工业生产的专业化等领域。他曾连续数年参与重庆忠县中坝遗址的考古发掘，并以中坝遗址的发掘资料为研究对象，撰写了博士学位论文《中国四川盆地东部中坝史前遗址的专业化制盐生产和社会结构变迁》(*Specialized Salt Production and Changing Social Structure at the Prehistoric Site of Zhongba in the Eastern Sichuan Basin, China*)。

傅罗文教授与北京大学、中国社会科学院考古研究所、四川省文物考古研究院、成都市文物考古研究所、甘肃省文物考古研究所、兰州大学等单位有过合作。他曾参与和主持的中美合作项目有："中国成都平原及周边地区古代盐业的景观考古学研究（1999—2004）"、"成都平原聚落考古调查和研究（2008—2011）"，以及目前正在进行的"甘肃洮河流域新石器至青铜时代文化与社会演进研究（2015—2019）"和"亚洲古代犀牛 DNA 研究（2017— ）"。目前他主要致力于史前时期社会复杂化进程的研究。

傅罗文教授已出版学术专著有：《古代中国的盐业生产和社会等级：三峡地区盐业生产专业化的考古学探索》(*Salt Production and Social Hierarchy in Ancient China: An Archaeological Investigation of Specialization in China's Three Gorges*, Cambridge University Press, 2011)；《古代华中：长江流域的中心及边缘》（与陈伯桢合著，*Ancient Central China: Centers and Peripheries Along the Yangzi River*, Cambridge University Press, 2013)。并在《亚洲考古研究》(*Archaeological Research in Asia*)、《放射性

碳素》(Radiocarbon)、《田野考古期刊》(Journal of Field Archaeology)、《植物史和植物考古学》(Vegetation History and Archaeobotany)、《自然：科学报告》(Nature: Scientific Reports)、《亚洲观察》(Asian Perspectives)、《考古科学期刊》(Journal of Archaeological Science)、《当代人类学》(Current Anthropology)、《中国科学通报》(Chinese Science Bulletin)、《地球与空间科学通讯》(Eos: Earth & Space Science News)、《全新世》(The Holocene)、《亚洲观察》(Asian Perspectives)、《古物》(Antiquity)、《法国汉学》(French Sinology)、《美国国家科学院院报》(PNAS)、《人类考古学期刊》(Journal of Anthropological Archaeology)、《远东古物博物馆馆刊》(Bulletin of the Museum of Far Eastern Antiquities)、《东亚考古学期刊》(Journal of East Asian Archaeology)、《考古》、《南方民族考古》、《盐业史研究》、《南方文物》、《成都文物》等期刊发表学术论文数十篇。

采访 | 李水城

翻译 | 朱 萍[1]

你大学本科就读于芝加哥大学的社会人类学,其后选择了中国考古?是否受到家人或哪位老师的影响?

这是我自己选的。上大学之前我就对考古学有点不深的爱好,和很多同龄学生一样,我喜欢看有关考古的东西。我申请大学的时候与其他人有点不同。在美国,一个学生可以申请很多大学,每次申请费50到100美元。由于经费有限,父母规定我们兄妹三人只能申请5到10所大学,而且一定要申请我爸爸教书的大学。这样如果录取,我就可以免费上学。其他则由我自己选择。美国有很多大学,我在选择时主要考虑的是我入学后不一定要学考古,但这所学校一定要有考古学和天体物理学这两个专业,这样的话,即使我没选到这两个专业,我也可以去旁听相关的课程。但这两个专业在美国大学中并不常见,这样我的选择范围就很小。当我申请到芝加哥大学以后,我决定放弃天体物理学,但也没马上选择考古学,因为在芝加哥大学可以到三、四年级再确定专业。那里大概有一半的课程是固定的,即一、二年级大家都要上这些课,如数学、外语、社会学、文学等,其他只有几个不多的选择。在上课过程中,我比较喜欢的是社会科学方面的研究,选课时主要选的最有意思的课是与人类学、考古学有关的课程。我想要学习人类学,因为人类学既有社会人类学的课,也有考古人类学的课。我最感兴趣的是考古人类学的课,我还参加了田野实习。但我的专业是社会人类学,毕业论文也是社会人类学,不是考古学。但是在

---

1. 北京大学考古文博学院博士研究生。现任中央民族大学讲师。

我所上的人类学课程中，有一半以上的课程是考古学，所以我的考古背景是相当专业的，可是专业又不是考古学。即便到了大学毕业时，我还是没有正式选择考古学，但做过田野考古实习，并在毕业那年夏天再次回到我的实习地点——西班牙一个旧石器时代遗址当助教。工作结束后，我又去了土耳其的一个红铜时代遗址做田野。这个遗址的发掘队长是芝加哥大学的一位考古学家，他不是教授，是芝加哥大学的工作人员，认识我的夫人，知道我有考古学背景，对欧洲也有兴趣，所以邀请我去。这三次实习的经验让我发现，我不仅仅是喜欢考古学，而且喜欢做考古，也有这个能力，比较能懂得考古学的东西。

其实，很多人都是在经历了田野（考古）之后才真正喜欢上考古学的，但也有一部分人在经历了田野（考古）之后就彻底离开了考古学。

对，没错！那年夏天，我回到美国后开始找工作，先在老家一个咖啡厅工作，同时也在找与考古有关的工作，后来申请到一家考古公司相当于技工的工作。进入公司工作了一年半。其间，我开始考虑如何继续做考古，便申请去读研究生。

社会人类学的背景对你做考古研究有帮助吗？

我觉得有很大帮助。我现在做中国考古，最主要的原因之一就是我了解到自己对考古有兴趣。当然，我喜欢做考古，但我更喜欢考古学理论，原因之一是我对考古学的大问题感兴趣，特别是与所谓的社会复杂化相关的问题，比如，社会复杂化是怎样一个过程？在不同的地方这个过程是怎样进行的？有哪些相同的方面？又有哪些不同的方面？特别是与当地历史、环境背景有怎样的关系等等。我开始考虑申请读考古研究生时，需要决定我将来做哪个地方的考古。当时我对好几个地方感兴趣,有些地方最终被放弃,这是因为我在某些方面做得不是很好。比如地中海地区,我的主要背景不是课程上的,而是我的实习地点在那里,但我觉得学地中海考古需要掌握很多语言,而且都是我不会的语言。当时我已经学了5年德语,但还是基本不会。西班牙语会一点,但不喜欢。当时考虑最多的还有南美考古。有关南美考古的课我上了很多,但我没去过那里,只是看过很多有意思的相关资料。最终放弃的原因是,我觉得当时有很多人做南美考古,这也是我没考虑美洲考古的原因。做的人太多,不是因为我不喜欢和其他人一起做研究,而是我觉得在美国或英美考古学理论和考古资料中,关于社会复杂化问题最缺乏(研究)的地方就是亚洲,特别是东亚。而当时我对东亚基本不了解,但有兴趣,再加上还有点家庭关系,所以我觉得应该多了解一些。我开始自己看书,看有关东亚的书,还学了点中文。当时的想法是,如果我申请到一个研究所,我可能会往这条路上走,如果申请不到的话,我会再考虑别的。

然后你便选择申请做了罗泰教授的学生?

是。我当时申请的所有学校都是因为那儿有做东亚考古的人,所以和当年选择大学时一样,没有多少地方可供选择。其实,当时我也不是很了解具体情况。那时做东亚考古最多、而且历史最长的大学应该是匹兹堡大学,但我没有发现,所以就没申请。如果当时申请了匹兹堡大学,我应该也可以成功,而且也可能会去那儿,因为我当时最大的兴趣是去中国东北,这与我的家庭有关,我的硕士论文[1]也是往那

---

1. Flad, R. (1998). *Honoring the Dead or the Living? Burial Practices and the Use of Animal Remains at the Cemetery Site of Dadianzi, Inner Mongolia, China*. M.A.Thesis, University of California, Los Angeles, Interdisciplinary Program in Archaeology.

个方向走的。我开始学习中国历史、中国考古时,就对那个区域感兴趣了。

  因为选择罗泰做导师,研究方向便转到了长江三峡?还是说,三峡地区原有的考古工作太少,机会比较大?

  对。我的硕士论文是有关中国东北地区墓葬研究的,我本来也考虑确实要做那边的研究。当时关玉琳也在东北参加相关的工作。我在中国学中文时去过东北一次,参观了一些地方,开始对那里感兴趣。但后来因为有机会去了三峡,加上罗泰先生和北大的关系,所以就转到了三峡。

  有一件很有意思的事,当我还在考古公司工作、准备申请研究生时,我去了几个地方找人给我提点有关申请学校的建议。我曾经去过哈佛大学人类学系,因为我想申请哈佛大学的一个硕士班(哈佛大学区域研究[东亚地区]项目)Harvard's Regional Studies—East Asia program(RSEA)。但我也知道,我申请不到人类学系的研究生,因为张光直先生要求很高,特别是对语言要求很高。他要求至少中文要很好,最好还会点儿日语。也许是因为罗泰先生的原因,让他觉得西方的学生至少都(得像)是罗泰先生(那样)的,他才会考虑。当时张光直先生还健在,我到他办公室跟他聊了一次。他给了我一些建议,后来还给我写了封信。他说,如果有机会你应该想办法去三峡,因为那地方需要人。

  你的硕士论文是研究夏家店下层文化的大甸子墓地,并运用了丹麦学者乔根森(Jørgensen)首创的"随葬品定量分析法",但你在研究中做了些改进。能谈谈在墓葬研究领域的心得吗?

我对墓葬研究的兴趣是从宗教考古和祭祀考古来的，而且我当时也对如何用统计方法研究社会复杂化问题感兴趣。墓葬资料的最大优点是，每个单位都有比较清楚的意义、比较直接的代表性。如果是一个完整的墓葬，就能确定这是一个完整的、有意义的单位。当研究对象是一个墓地或墓群的时候，如果保存得比较好，用统计学方法来比较不同的单位应该很有意义。我觉得有大甸子这样清楚的、资料比较全的报告，对于使用统计学方法来考虑中国祭祀考古与社会复杂化的有关问题，是一个很好的机会。但我也有个遗憾，在读书时，我应该多学一些体质人类学的知识，因为做墓葬考古，体质人类学的知识很重要。我们在 UCLA 时没有很好的机会，学校里有体质人类学家，但没有专门做体质人类考古的老师。所以，我的硕士论文是一个单独的实验，我学到的是方法。我发表的第一篇学术论文[1]的主要内容就来自我的硕士论文，但还有相当一部分内容没收进去。

所以，你觉得用统计学的方法研究墓葬是一种非常好的方法？

是。当然，用统计学方法来研究考古资料时，最重要的是要考虑清楚资料的来源和特点是什么，这就是为什么墓葬和墓地是很好的研究资料的原因，它们有一个很大的优点就是，单位有意义，因为是完整的。如果两个墓葬属于同一群人，而且在做比较时发现它们有很清楚的差别，那这个差别应该是有某种意义的。当然，是什么样的意义还是要考虑的，而且要用各种方法考虑。这是基本想法。如果有很多这方面可做比较的单位，统计学是一个很好的方法。统计学的研究除了需要有意义的单位以外，还需要一个必须要有的特点，就是应该考

---

1. Flad, R. (2001). Ritual or Structure? Analysis of Burial Elaboration at Dadianzi, Inner Mongolia. *Journal of East Asian Archaeology*, 3—4, 23—52.

虑整个资料总体是否有代表性。如果你做比较的东西完全不能代表你想了解的情况，那你用多现代的方法都没用。在一个比较完整的墓地中，资料总体应该是有代表性的，因为基本上所有的墓葬都在，而且每个墓葬应该是有意义的，那两个最基本的问题就已经解决了：单位有意义，资料总体有代表性。所以，墓葬是用统计学方法研究的好资料。

你写论文的时候去当地看过资料吗？或者只是依靠发掘报告的资料？

我论文的资料来自考古报告，但是后来为了考虑报告中的某些问题，我去了三次与报告有关的地方。一是去社科院考古所库房看大甸子墓地的出土遗物；二是去大甸子墓地现场；三是陕西历史博物馆，因为当时有个有关东北地区考古的临时展览，展品中有部分大甸子的东西。这些是在我写完硕士论文之后，发表论文之前。我在展览中发现了一些报告中没说清楚的地方，比如有几件大甸子出土的彩陶鬲上面有海贝，但在报告中都没写。但我在论文中讨论到海贝，因为有的墓葬中的海贝是有数量意义的。

问这个问题是因为中国很多八九十年代的报告公布资料不全，往往是选择典型墓葬资料全面公布，其他墓葬则不太全面。

但大甸子报告是一个例外，这也是为什么我选择大甸子作为研究对象的一个原因。当时虽然有些小的问题，但除了大甸子墓地报告外，基本上所有墓地的报告资料都不太全面。大甸子报告的最后，有一个所有墓葬的统计表。这个统计表最关键，所有墓葬都有详细的资料，如墓主性别、年龄，墓葬方向、深度、大小，所有随葬品等，都在表上，虽然可能也有一些资料不全，但相对来说较好。遗憾的是图不全，所以要做空间分析的话，这个报告发表得还是不够全面。我的论文中有一个跟空间有关的想法，就是随葬品有在葬具里面的，有在二层台上的，还有在填土中的、在壁龛中的，不同单位的区别。这些信息在统计表中能看出来，表中都说明了随葬品出自哪里，虽然还不能详细到某个随葬品离脚近还是离头近，不能系统地做这方面比较，但还是能做一个相当于和空间有关的研究。大甸子在这方面可以说是很好的报告。

你对中国史前占卜也做过一些研究。有哪些新的发现？中国南方和北方的早期占卜有差异吗？

这个是读博士期间进行的。因为在三峡考古发掘时，我们的探方出有卜骨，所以开始感兴趣，这些卜骨和河南卜骨有什么关系？我当时就想到南方的占卜和北方有什么关系？包括时空上的关系等。这个研究曾得到一位老学者的很大帮助和鼓励。他就是吉德炜（David N. Keightley）教授，美国最著名的甲骨研究专家，加州大学伯克利分校的教授。我在 UCLA 读书时，他来给我们讲过两周甲骨文的课，是一位非常好的先生。三峡发现占卜资料后，我和他通过一次信，想要了解一些背景情况。他回信说，这批资料很好，你应该多看些东西，并给我一个统计表。他一直在收集考古报告中新的占卜资料，做了一个统计表。我拿到这个表之后，就开始系统地去找不同地方出土的卜骨，看看什么时候出现了占卜，哪里有出土，不同的地方有哪些特点等。重庆中坝遗址的占卜材料都是龟壳，也有一片鱼骨可能有占卜痕迹，但不确定。再往长江中游走，有几处遗址不仅有龟，还有鱼鳃骨，但没有哺乳动物的肩胛骨。但北方地区大部分为肩胛骨。后来我写论文时就用了这些方面的资料,如中坝的资料特点是什么,这些占卜在全国的古代占卜中的位置等。后来,我有时间系统地看了一些资料,并在《现代人类学》杂志发表了一篇文章[1]。当时是因为荆志淳在温哥华的 UBC 要开个商代考古的会,邀请我去参加,所以写了这篇文章,即《现代人类学》上发表的那篇先是给会议提交的报告,会议论文集用中文发表[2]。至于南北差异,北方地区没有用鱼骨占卜的,只有乌龟和哺乳动物骨骼。除了文字载体有区别之外,文章中还提到其他的各种区别,包括新石器时代开始到商代的越来越专业化,动物多样性越来越少,占卜痕迹的形状越来越系统、趋于标准化等。但到现在为止,仍然是一批很不系统的资料,所以我现在正在和博凯龄（Katherine Brunson）[3]、李志鹏一起做一个卜骨资料库。因为我文章中的资料很不系统,不知道是否有代表性,所以任何稍微偏统计分析的话就有点问题。资料库的建设非常关键,现在已基本完成。我们需要多收些资料,各方面、各个地区、各个时代的资料,看能否做成一个比较全面的资料库。

你做动物考古也是博士阶段开始的吗?

是。我读研究生时上了动物考古学的课。在三峡参加考古发掘时,和陈伯桢做基本资料的类型学分析,因为我当时已有一些动物考古学的背景,所以同时也做了我们探方所出兽骨的动物考古研究。这

---

1. Flad, R. (2008). Divination and Power: A Multi-regional View of the Development of Oracle Bone Divination in Early China. *Current Anthropology* 49 (3), 403—437.
2. Flad, R. (2008). Zhenren: Guanyu zao qi Zhongguo shi zhuo zhanbu qiyuan yu fazhan de yixie sikao (贞人:关于早期中国施灼占卜起源与发展的一些思考), Divine Specialists: Some Thoughts on the Origins and Development of Pyromantic Divination in Early China. In Jing, Zhichun & Ken-ichi Takashima (Eds.). *Procedings of the Workshop on Early Chinese Civilization* (荆志淳、唐际根、高嶋谦一编:《多维视域:商王朝与中国早期文明研究》). Beijing: Kexue Chubanshe, 85—113.
3. 现为美国维思大学考古学助理教授。

其实跟墓葬研究有些关系。能自己发掘的最大优点是,我们可以控制发掘方法,我们还可以考虑到资料是否有代表性,至少可以代表我们探方的情况,我们也完全能自己控制采集的方法,完全能了解方法的缺点和优点。因为中坝的资料非常丰富,一个探方的资料足够做很详细的动物考古研究和陶器分析,以及其他很多方面的研究。我们负责一个 10×10 米的探方,前后两次共发掘了 16 个月,第一次近 10 个月,第二次又挖了 6 个月。

你做盐业考古是否是因为参加了三峡的考古发掘?

完全对,因为罗泰先生最早和李水城先生讨论这个合作项目时,就决定了大的方向是盐业考古。第一次是 1999 年秋天的盐业考古调查,当时去了很多地方,包括四川蒲江、邛崃、自贡和重庆三峡等。当时要考虑的问题是,如果我和陈伯桢参加这个项目,我们能做哪方面的博士论文。如果真要做盐业考古,在那么大一个地区,当时最好的地方当然是中坝。刚好在发掘过程中发现了直接和盐业考古有关的资料。

你是何时开始做生产专业化方面研究的?

这方面的研究与盐业考古有关,另一方面也是考古人类学的特点。当你面对一批资料时,当然要考虑它在历史背景上有何意义。除历史背景外,也要考虑这批资料有什么样的理论意义,有什么样的考古学的基本意义,要么是方法上的,要么是理论上的,要么两方面都有。所以,有考古人类学背景的人做演讲或写文章时,开始的第一部分就是讨论一个大问题,那个大问题在不同背景下有什么样的研究历史,接下来会谈一个例子。我自己的背景是人类学,我自己研究的第一个问题也是人类学对我的研究有何意义。我也有这个习惯，当然要考虑历史背景和历史情况，考虑资料和研究方法、研究问题跟其他地方有怎样的关系，怎样能把关系说清楚，需要说清楚的每个单词是什么意思。比如说，生产是什么意思？专业是什么意思？生业是什么意思？而且我一直对经济人类学感兴趣。当我们选择去中坝开展研究并且知道能参加中坝工作时，我首先要考虑的是，如果我现在有这个机会进入到一个有关盐业考古的项目，我就要了解盐业考古在那个地方、那个时代的情况，当时的盐业生产方法是什么，当时的历史过程是什么，历史意义又是什么。但这也是中坝遗址的发掘者和参与者都要了解的问题。但我自己的角度是什么？我自己的角度是我要看从早到晚的生产是否有变化。而且我可以用各方面的资料来研究这个小问题，这也是一个大问题，不只是一个遗址的大问题，还是跟其他地方做任何与生产有关的考古学研究相关的一个结论性的大问题。

你在"专业化生产"的研究领域颇有心得，这方面的研究中国比较欠缺。可否简单介绍一下相关的优秀案例？

从世界角度看，特别是美国学者有很多这方面的研究。但这个问题比较难回答。在理论方面，如瓦伦汀·若克斯（Valentine Roux）是做陶器方面的。我在文章[1]中也提到很多这方面的知名学者，包括迈克尔·施弗尔（Michael B. Schiffer）、岛田泉（Izumi Shimada）、猪股武（Takeshi Inomata）等，很多是做中美洲和南美洲考古的。最近可能又加入了一些新人。还有些是偏科技考古的，如做冶金考古的菲利

---

1. Flad, R. K., & Hruby, Z. X. (2007). "Specialized" Production in Archaeological Contexts: Rethinking Specialization, the Social Value of Products, and the Practice of Production. In Hruby, Z. X. & Flad, R. K. (Eds.). *Rethinking Craft Specialization in Complex Societies: Archaeological Analyses of the Social Meaning of Production*. American Anthropological Association and the University of California Press, 1—19.

普·科尔（Philip L. Kohl）。最近做得很好的大部分是对某种物质遗存的研究，或是陶器，或是石器。我比较满意的是，我们那里最近毕业的几个研究生在这方面做得很好，在理论方面包括林永昌、斯图尔特，他们都做冶金；还有一个做动物考古的，包括江雨德（Roderick Campbell）在河南殷墟的研究也做得比较好。但是很抱歉，这个问题我不可能回答得很好，我还需要认真考虑一下。下个学期我要开一门《经济考古学》的课，有关生产方面的。我有两个大类，一个是与生产专业化有关的，一个是与经济交流有关的。前一个偏生产，后一个偏流通，同样都有经济人类学的背景。

你认为"标准化"和"生产专业化"之间的关系是什么？

标准化的东西不一定就是生产专业化的产物，要考虑专业化的目的是什么，专业化的来源是什么。有的专业化是专门要做不标准的东西，艺术家就是非标准化的专业化，所以不是那么简单的，但二者当然有关系。我觉得标准化有时代表一种专业化，或者基本上代表一种专业化。陶器方面可能是一种意识，要看陶器生产出来是做什么的，陶器的贸易是什么样的贸易方法，是买卖、赠送还是上贡？这些都会影响到陶器的特点。有的特点是标准化，有的特点是故意的标准化，有的特点是非故意的标准化。我的博士论文[1]以及其他人的一些研究都有这样的论述，就是非故意特点的标准化，理论上应该是代表一种专业化的情况。所以，如果你能确定某一种特点是当时制陶者没有太注意的，才能用这个特点来衡量标准化。如果是故意的特点，那你首先

---

1. Flad, R.（2004）. *Specialized Salt Production and Changing Social Structure at the Prehistoric Site of Zhongba in the Eastern Sichuan Basin, China*. PhD Dissertation, University of California, Los Angeles, Interdisciplinary Program in Archaeology（Committee Chair: Lothar von Falkenhausen）.

要考虑故意的意图是什么,为什么要改意。

你所研究的领域涉及墓葬分析、动物考古、占卜、盐业、专业化生产等多个方面,你如何平衡它们之间的关系?是否它们之中有某种共同点,可以让你做到平衡?

如果你 10 年前问这个问题,我会说这些研究都与社会复杂化有关。但现在我觉得它们都与技术有关。我认为技术是一个很宽的概念。我最近最有兴趣的大课题就是技术。技术是什么?技术变化是什么?技术发展过程是什么?宗教、祭祀、农业、专业化等几个不同的题目都与技术有关。有的是方法,有的是理论。但我现在恐怕不怎么能算一个动物考古学家,因为太久没有专门做了。但是我还是有兴趣。在我自己现在的研究中,动物考古越来越变为一个题目,或一个理论方面的问题,不是一个技术或是方法方面的问题。

你读博士以来,先后参与了北京大学与四川省文物考古研究院、北京大学与成都市文物考古研究所、北京大学与甘肃省文物考古研究所,以及与社会科学院考古研究所等单位的合作。能谈谈你在这方面的感受及收获吗?

我运气很好,因为我正式加入中国考古学以来,中国考古学家越来越愿意与国外学者合作,思想越来越开放,越来越多样化。我觉得在我前面的一代人,当然有的人做得很成功,但我觉得他们比我的经历复杂得多,难度也大得多。我与这些单位合作的感想是我运气好,因为这些单位都愿意与我合作,特别是我一开始在中国考古时他们就很热情,愿意接纳我来。陈伯桢虽然不是大陆人,但他是那么友好的人,谁都喜欢他,他也喜欢我。我们从开始到现在也都很尊重大陆的考古学家,当然很多西方学者也这样。但有一些不是这样,有部分西方学者,特别是我开始学中国考古的时候,经常听他们说中国考古学没一个人(做得很好),或方法不行,或不现代等。事实是,从很早以前到现在都不是这样的。每个地方都有做得不太好的,做得不太全面的,西方也是如此。我觉得要合作得好,前提就是互相尊重。而且我的好运气是,我认识的相当一部分中国考古学家对我很好,尊重我,我对他们也很好,也尊重他们。

你说到中国和美国都有做得好的方面,也有不好的方面。中美两国的学科设置、历史背景有很大不同。以你的经验,这两个国家在考古学理论和实践方面有什么可以互相借鉴的吗?中国考古学在理论方面是否做得还不够?

我觉得在传统考古学中,美国考古学家不仅关注自己所研究领域的考古资料,还会多了解一下其他地方的考古学。中国和欧洲的考古学家,甚至可以说大部分地区的考古学家,他们往往只是了解一个地方的情况,他们的经验和背景都在一个地方。但这个情况已经开始发生变化了,特别是近10年来变化越来越大。我觉得,一方面西方考古学的好习惯是这样的,中国也开始往这个方面走。相反,我觉得对理论有兴趣的一些中国考古学家,他们开始了解西方考古学理论时,不只是要把西方的考古学理论拿来中国,还要考虑怎么用西方理论研究解决中国考古的实际问题。我觉得这样不仅会影响中国考古学,也会影响世界考古学。西方的考古学家,特别是偏理论的考古学家比较大的缺点是,很少考虑非西方、非英美考古学所要研究的问题和理论方面的研究背景。西方考古学看起来很有理论性,但也不一定,也有些西方考古学家很不喜欢理论,而且学理论时都学北美和英国,不学俄国、欧洲、中国、南亚、南美等地方。

中国考古学在理论研究上整体上做得不够。现在做得比较好的，他们不只了解西方考古学理论的问题和背景，而且也考虑这些理论跟中国考古学想要回答的问题是什么关系，这是一个进步。有些人主要是翻译西方考古学的理论著作，但翻译和介绍仅仅是第一步。我强调的是第二步，就是要运用西方考古学的理论解决中国的问题。

你觉得有没有值得美国考古界向中国借鉴的？或者说中国有哪些做得好的方面？

科技考古是其中一个方面。中国的科技考古进步很快。而且跟西方比较的话，中国科技考古进入的过程中有一个比较好的优点。在西方，科技考古大部分由科学家来做考古学的问题，原来中国也是这样的。但最近中国有部分带头的科技考古学家是有一定考古背景的，而且是较全面的考古背景，或者跟考古学家有比较好的合作，而不是完全单独地做工作。当然也有不少人单独做工作。但相对来说，这方面要比西方好。这也可能是因为我了解中国考古学中科技考古的程度要比我了解西方的要多一些，所以我的观点不一定正确。我觉得在某些方面，中国传统考古学的技术非常高，比如发掘技术。最近20年来，在美洲考古中，南美考古占很大比重，但他们没有很好的技工，或者类似技工的经验。这方面中国比较像欧洲和西南亚地区，即有部分人专门做发掘，他们不在大学教书，也不考虑其他活动，就是发掘。所以我觉得，中国考古学跟其他国家的考古学很不一样。当然，各国都有不同历史，很多方面有同样的问题、同样的优点和缺点。

你提到美国学者做研究时不仅要了解自己研究的领域，也会了解其他地方的资料。你作为发起人和负责人之一的"哈佛燕京中美考古研究所培训项目"(The Harvard-Yenching Institute Mesoamerican Archaeology Training Program,简称 MATP),目的是要为中国培养这方面的人员吗?能否简单介绍一下这个项目?

当然!这个项目的历史比较悠久。我们在成都平原做调查时,曾经利用这个项目的机会邀请了几位中方学者到美国参加中部的考古发掘。我在哈佛大学还有一个中美洲洪都拉斯的发掘项目,我当时的合作伙伴是北大、成都市所、四川省所,也有几个朋友是社科院考古所的。我们一直讨论另外找办法开展一些类似的合作。我跟王巍也讨论过怎么才能打开考古所年轻学者的眼界,所以就在洪都拉斯用一些西班牙裔的银行经费,邀请考古所两三位年轻学者参加哈佛在洪都拉斯的发掘。另外还有一个发掘在美国的伊利诺伊州南部,和关玉琳合作。两个活动的目的都是为中国年轻考古学家提供一个打开眼界的机会,能够到美洲参加考古发掘。我自己就有不同地方的考古发掘背景,我要求我的学生也要有这种背景。我觉得,如果一直在一个方法和系统中,等到后来当队长时碰到新的情况就完全不知道如何用另外的方法解决问题,完全不知道如何用你听说过的别人讲过的方法去做。这个项目的主要目的即如此。后来,因为这个关系,我们这里研究玛雅文化的学者比尔·费什(Bill Fash)被邀请去参观考古所的工作,王巍也有兴趣去洪都拉斯,关系也越来越密切。哈佛燕京有类似的项目,就是哈佛大学不同专业的老师可以组建研究组,以前有过两年的藏学研究组,还有比较文学研究组。前两年我参加会议时就问他们,是否愿意支持建立这方面的研究组,让亚洲学者到其他地方去学习考古,他们说可以考虑。后来我就和比尔及戴维·卡拉斯寇(David Carrasco)谈。如果他们不愿意的话,光靠我一人也不行。结果他们愿意，这个项目就启动了。2016年是第一年，如果比尔和戴维他们愿意继续，哈佛燕京愿意给两年的经费，至少两年。我觉得他们很满意。今年就有中国大陆、中国台湾、韩国三个地方的申请者，也邀请了越南，但他们没有申请。我们故意没让日本学者申请，因为他们有很久的美洲考古背景，包括中美洲、南美洲，好几个日本大学、单位都去做过。一方面，日本不怎么需要这样的机会。另一方面，日本是学术政治比较复杂的社会，在日本有几个单位，他们之间关系可能不好，如果我们选中一个单位的申请者，可能会影响这里做拉美考古的研究员和另一家单位的关系。但也说不定，如果我们做两次的话，也可能会邀请日本年轻学者来。这次来的5个都是大陆年轻学者，面试时他们是十几个申请者中最好的5个，其他国家和地区就没有申请到。其实我们原来不想这样，因为哈佛燕京希望不只是培养新的年轻学者，还可以提高东亚国家学者之间的互相交流，所以最好是三个中国大陆的，一个韩国的，一个中国台湾的或者一个越南的。他们回去后，如果真要继续做中美考古的话，就有了一个东亚中美考古的群，那样他们就可以多交流。这也是我们做第二期时想要让日本学者参加的一个原因，虽然他们有到美洲考古的机会，但来参加这个项目就能和其他国家的学者建立关系。

你还是哈佛东亚考古研讨会（Harvard East Asian Archaeology Seminar，简称EAAS）的负责人，请介绍一下EAAS的创办过程、发展及下一步设想？

EAAS是张光直先生在20世纪90年代初创立的，后来活动停止了几年。我到哈佛大学工作后，有人推荐我继续来做，我就申请了一笔经费，邀请一些美国其他地方做东方考古的学者，或者来波士顿访问的人来做演讲。从 2005 年到 2012 年，隔几个礼拜就有一个讲座，而且大部分是比较正式的，邀请的人有哈佛燕京的学者，也有其他到访学者。每学期我大概还会专门请两三位美国其他地方的学者来。我的一个目的是多了解美国的同行，这对我也有好处，大家可以互相认识。后来因为某些原因，活动的方式有所调整，其中一个原因是哈佛学生太多，我们自己就有讨论会，每周三都有，加上其他的讲座，有点太多了。我有了孩子以后就不能每晚都不在家，但又不能停止活动，所以我就让博士生哈克（Yitzchak Y. Jaffe）负责这件事，而且变成了一个比较随意的交流，大家一起吃个饭，讨论一下最新的考古发现和资料，借此机会也互相认识。现在就变成有时是正式的学术报告，有时是讨论的形式。将来也打算这样下去。哈佛最大的优点之一是，每年都有不少来访的学者，但大家事情太多，如果没有一个专门的机会让大家互相见见、认识一下，一年中见面机会就更少了。至少我还会继续做下去，但活动次数要把握好个度，不能不做，也不能太多。

你在哈佛人类学系任教以来，招收了不少中国学生，包括读学位的和进修的。对这些有不同学科背景、不同研修方向的中国学生，你有些什么好的建议？你对中国学生有怎样的要求？

我没有很具体的要求。可能一定要有、而且永远不变的要求就是，他们要有自己的想法，可以自己想个有意思的问题，不需要别人告诉他们怎么做，可以学到新的想法、新的东西，就要有这样的学习态度。

就是自己要去发现问题？

对！但怎么样知道人有这个能力很难。我招收的做中国考古的研究生，大部分来之前就有硕士学位，但也不是全部。到现在为止，所有来这里学习的研究生都有较好的中文能力，这不是一个必需的要求，但如果没有这个能力，语言缺乏，至少需要其他方面的某种能力。因为我这里的研究生在第一、第二年时，不能直接学你自己想研究的专业。所以如果你来这里学中国考古，但中文较差、中国考古学背景较少、田野经验也较少，那完全没办法。如果你田野经验较少，但已经读过不少中国考古资料，而且中文较好，我们还可以想办法教你怎么做考古；如果你不懂中国考古，但田野经验较好，而且还会点中文，比如是华裔，或中国人，只是以前没学中国考古，我可以教你中国考古。如果你不会中文，但看过很多中国考古资料，而且有考古背景，那你可以学一下中文，同时用其他已有的能力学习。所以没有非常固定的要求。但是你相关背景越全或越强，就越有好处，因为你可以学到新的东西。我们已有不少中国考古学硕士，或至少有本科背景、中文也好、有中国考古背景、也有田野背景，这几方面都达到一定程度，那你就可以用第一、第二年多考虑一下原来没有考虑到的问题，比如中国考古学中缺什么方法、理论等。这是最好的，你可以直接过到第二步。第一步你先把基本经验、基本理论等都掌握，才能到第二步，比较深入地了解中国考古学中某个时代、某种方法或理论上缺什么，有什么样的空白点你可以去做，可以加入新的资料、新的想法、新的方法。因为我们的研究生不能只是把原来做过的研究再继续做一遍，至少要在中国考古学的某个方面加入一个新的认识，这是我希望能达到的程度。如果要做博士论文，那一定要到第三步，即选定自己研究的题目并做成功。

你与北京大学、甘肃省文物考古研究所合作开展的"洮河流域社会复杂化进程"国际合作项目已得到中国政府批准。对此你有怎样的设想？希望能解决哪些问题？

这个项目主要是关注一些跟技术有关的遗迹,然后做同一时代不同遗址的比较以及同一地区不同时代的比较,看能否把那个区域文化中技术变化的年代定得比较准。因为按照现在的认识,大家都喜欢讨论马家窑到齐家到辛店、寺洼那个阶段的某些变化,但做了这么多年工作,我们能确定时代的地方还是很少,而且不一定有代表性,这几个文化的范围很大,时空范围都很大。大家知道,同一个文化之中,不同地方、不同时代也有区别,这些问题都不是很清楚。所以我们主要想做的是详细地看一个小区域中的年代阶段,一千来年中的各种技术变化,包括专业生产方面的技术,主要是冶金、制陶、农业技术,包括植物和动物,这四种技术是我们最看重的。大概的时间段是马家窑到辛店、寺洼,以齐家为基点,即关注从齐家之前到齐家之后的变化以及齐家本身的变化。因为即便是齐家文化的遗址,情况也不一样,所以也关注齐家文化遗址中技术方面的多样性有多大,以及这个多样性和之前、之后的关系。

你提到四个方面的技术,是分别有人专门来做吗?

迄今为止,还没有专门做冶金的,因为我们没有冶金方面的直接资料,但有可能会发现相关的资料。因为研究的区域(涉及的)那个时代涉及冶金的出现,所以我一直考虑能否在这个区域发现冶金是何时出现的,有怎样的过程。这些都是比较有意思的问题。动物考古我们有好几位,我能做,我有几个学生也能做。农业主要由山东大学的靳桂云负责做植物鉴定。陶器由洪玲玉和吴浩森(Andrew Womack)负责,他们所做的是陶器方面的科学分析;类型学方面我们一直靠李水城先生和王辉所长。

未来几年你的研究兴趣还在这片区域吗？是否还跟技术有关？

对！未来几年我主要还是在甘肃做。我有几个研究生可能将来也会继续在那儿做，他们可以把我们项目中的一部分拿来做，项目是（涉及）整个洮河流域的，现在主要在下游开展工作，但涉及的遗址也有不少在上游。我希望能经常或每几年有几个学生，要么是哈佛的，要么是中国的，参加我们项目后，继续在那个区域内自己琢磨一个问题，属于项目范围的问题，并且尝试去回答这个问题，至少在方法上要跟我们项目的方法相同，即用相同的方法研究同一个区域的问题。如果要做好一个小区域的话，要做长期的打算才行。

你已经出版了两部专著。接下来的研究兴趣是什么？

我的下一个大动作是把成都平原的考古调查报告做出来。这个工作一直没有完成。一方面是陈伯桢去世后，他的工作要由我来完成。还有就是，要等我们项目中几个人写完他们负责的部分后，我才能完成所有工作。资料都是电子的，关键是要有时间。

甘肃的工作最后也会出个大报告吧？

可以出大报告，但我们要看是不是需要，到时候再说。因为我们的目标是把每一步研究至少做成一篇文章，而且是写得比较全面的文章，这样的话最后整合成一个大报告也可以。或者有新的内容。比如，我们今年在齐家坪发掘了两个探方，出土了不少动物骨骼，我们已经做了鉴定，博凯龄在发掘结束后已经写出一个报告，这个报告是很有用的第一手资料，但是不能单独发表，因为这就没多大意义了。要么等我们有个比较全面的报告时加进去，要么跟其他动物骨骼的鉴定结果一起形成一篇文章。再有，如果甘肃省文物考古研究所有出大报告要求的话，就会写。

你在北京大学做过访问研究生（Visiting Graduate Student）。你与中国很多高校有学术交流，也认识很多的老师和研究生。你觉得哈佛大学与中国高校在考古教学和人才培养方面有哪些合作的可能？

我们在甘肃的项目也包括了学生培训，做过一个 GIS 培训，在四川成都的项目做过一个地磁遥感类的培训班，而且很有成效。我们一直有这方面的想法。但我觉得最有用的培训是中国考古学比较缺的方面，如国外考古、地球物理考古等。GIS 在中国某些高校也有，而且和我们差不多，但不是每个地方都有，而且这个也好培训。除了北大以外，其他地方有这个技术的原因是他们曾派学员参加了我们组织的培训。

我们以前也通过项目方式邀请中国的年轻学者来美国参加考古实习，我的学生也通过各种机会参加中国的研究。最近哈佛和四川大学正在商讨一个合作，即在四川大学做一个中国西部的研究中心，不仅仅是考古，更是一个多学科的研究中心。通过这种形式让学生展开交流。但最多的还是我们做田野时，中外的学生一起参加我们的项目，主要有北大的学生，也常有川大的学生等。前一次是在成都平原，现在是甘肃洮河流域，下一次如果还做的话有可能会在厦大。张闻捷曾两次参加我们的培训，并来做翻译，他现在厦大工作，他想邀请我们去他的学校做个培训。但学生不限于厦大，他的想法是全国招人，或者是东南地区。甘肃的项目培训就是全国招人，主要原因是我们希望合作单位的人能来参加培训。在四川时，我们集中邀请的就是南方长江流域各省区的学员。

（《南方文物》2018 年 3 期）